深智數位
股份有限公司

前 言

❑ 為什麼要寫這本書

隨著電腦科學的不斷發展，商品期貨量化交易越來越流行。電腦能夠以比人類快 1000 倍的速度執行交易，從而降低主觀交易成本、增加獲利機會，使量化交易廣泛應用於商品期貨交易中，金融與科技的結合勢在必行，在可預見的未來，我們將見證金融市場的高度自動化。

由於金融量化交易行業有較高的門檻，因此要進入這個行業，除了需要有紮實的主觀交易基礎，還要有電腦程式設計功底。目前圖書市場關於量化交易的圖書很多，但真正從實戰交易出發，透過各種經典量化交易策略案例指導讀者提高量化交易水準的圖書很少。

本書以實戰為主旨，系統地講解商品期貨量化交易基礎知識、Python 程式設計語法、量化交易 API、完整的策略案例，讓讀者全面、深入、透徹地理解量化交易的各種基礎知識及各種經典交易策略的使用方法，幫助讀者打破萬事開頭難的局面，更好、更快地入門金融量化交易，提高實際策略開發水準和實戰能力。

❏ 本書有何特色

1. 本書附帶完整的策略程式，提高學習效率

為了便於讀者理解本書內容，提高學習效率，作者為本書中 CTA 策略的相關章節提供了完整的策略程式，讀者可以下載使用。

2. 涵蓋 Python 程式語言基礎知識

本書涵蓋 Python 程式語言基礎知識，包括 Python 的基礎語法、Python 中的變數和資料型態、Python 中的資料運算、Python 中的數字和字串、Python 中的串列和字典、Python 中的條件陳述式和迴圈敘述、Python 中的日期和時間、Python 中的常用內建函數、Python 中的異常處理。

3. 對量化交易策略案例進行分析

本書以商品期貨為標的，利用簡潔、高效的 Python 語言，從量化交易策略原理著手分析，深入淺出地揭示量化交易的本質，引導讀者從理解量化交易開始，逐步掌握行情資料的獲取和管理方法、技術指標的視覺化方法，並且在熟練程式設計的基礎上，在練習過程中摸索期貨量化交易的技巧，建構個性化的交易策略系統。

4. 專案案例典型，實戰性強，有較高的應用價值

本書在 CTA 策略的相關章節提供了多個入門策略案例，這些案例來自商品期貨市場經典策略，具有很高的應用價值和參考性。這些案例按照功能模組逐步實現，便於讀者融會貫通地理解本書內容。

5. 提供完整的技術支援和售後服務

本書提供了專門的技術支援電子郵件：support@fmz.cn。讀者在閱讀本書過程中有任何疑問都可以透過該電子郵件獲得幫助。

❏ 本書內容及知識系統

第 1 章　量化交易基礎

本章主要介紹量化交易的基礎知識，包括量化交易的發展和特點、量化交易與主觀交易的區別、量化交易流程及一個完整的交易策略包含的要素等。

第 2 章　Python 程式設計入門

Python 是一個物件導向的指令碼語言，其憑藉簡潔、高效的語言特性，以及在資料分析方面的巨大優勢，在金融領域獲得了廣泛的應用。本章主要介紹 Python 的基礎知識，將 Python 作為策略開發工具，為期貨量化交易提供助力。

第 3 章　量化交易 API

在掌握了 Python 的基礎知識後，就可以利用這些知識開發量化交易策略了。但如果從零開始對接原始的行情和交易 API，則會是一個龐大的 IT 系統工程。對初學者來說，利用免費開放原始碼的發明者量化 SDK，可以快速進行量化交易策略開發。本章主要介紹量化交易 API。

第 4 章　CTA 之趨勢追蹤策略

CTA 策略是一種多樣性的投資策略，一般是指商品期貨和金融期貨策略。無論是主觀交易，還是量化交易，只要其交易方法相對規則化、系統化，就都可以稱為 CTA 策略。本章會結合不同的策略理論開發 CTA 策略。

第 5 章　CTA 之回歸策略

回歸策略是與趨勢追蹤策略邏輯相反的一種交易策略，根據平均值回歸原理，價格始終圍繞其平均值上下波動，透過低買高賣賺取差價。本章會結合回歸策略的多種形式開發 CTA 策略，包括布林帶跨期套利策略、乖離率策略。

第 6 章　量化交易回測與實盤

　　一個新開發出來的交易策略，需要經過全方位檢測，才能應用於實戰。一個優秀的交易策略是在試錯中不斷改進產生的。本章主要介紹量化交易回測與實盤，包括使用 Tick 資料讓回測更精準、回測績效報告詳解、如何避開回測中的陷阱、遞進和交叉回測、量化交易實盤。

第 7 章　風險管理與投資組合

　　量化交易是有風險的，對大部分交易者來說，風險是一個令人不愉快的話題。雖然嚴格控制風險表示與暴利絕緣，但對優秀的量化交易者來說，掌握風險管理的方法是非常有必要的。本章主要介紹期貨市場三大風險及正確的倉位管理方法。

第 8 章　交易技巧及交易理念

　　玩轉量化交易，學會一定的操作技巧是非常有必要的。本章主要介紹常用的止盈和止損方法、量化交易與基本面資料、交易中常用的數理知識、量化交易與統計學。

❏　適合閱讀本書的讀者

- 需要全面學習量化交易的主觀交易者。
- 金融分析師。
- 金融專業學生。
- 喜歡交易的 IT 從業者。
- 希望提高量化交易水準的人員。

❑ 閱讀本書的建議

- 需要對量化分析或量化交易有濃厚的興趣，並且能夠接受高強度的學習內容。

- 本書對學員專業沒有限制，但要求學員具備自主深入學習的能力。

- 對於零基礎的讀者，建議從第 1 章順次閱讀。

- 有一定交易或程式設計基礎的讀者，可以根據實際情況有重點地選擇閱讀各章節。

- 對於量化交易策略案例，先自己思考一下實現的想法，再閱讀，學習效果更好。

目 錄

1 量化交易基礎

2　Python 程式設計入門

3　量化交易 API

4 CTA 之趨勢追蹤策略

5 CTA 之回歸策略

6 量化交易回測與實盤

7　風險管理與投資組合

8 交易技巧及交易理念

量化交易基礎

作為一種新型的金融投資方法，量化交易利用電腦技術，結合數學建模和統計學分析，從大量的歷史資料中提煉出交易策略，透過電腦強大的運算能力實現自動交易，從而減少交易者受情緒影響做出的非理性交易。

1.1 什麼是量化交易

量化交易作為交易與電腦結合的產物，正在改變著現代金融市場的格局。如今已經有很多交易者將目光轉向了這一領域。如何最大限度地降低風險並盡可能多地取得收益，是許多交易者孜孜以求的目標。

1.1.1 量化交易概述

很多人一聽到「量化交易」就會覺得高端大氣。在人工智慧時代，伴隨著深度學習、巨量資料、雲端運算等先進技術的興起，指定了量化交易神秘的色彩。似乎只要運用量化交易，就能建構出「完美無缺」的交易策略。在一定程度上，量化交易已經被神話了。

量化交易的原理是借助電腦，利用統計學、數學等方法，透過科學的投資系統，找到一套正期望的交易訊號系統。這個訊號系統會告訴交易者應該在什麼時間以什麼價格進行交易。

1.1.2 量化交易的發展

追本溯源，早在 19 世紀，法國股票經紀人助理朱爾斯·雷格納特就採用量化交易方法分析價格資料變化，從中發現了市場價格漲跌規律，並且提出了股票價格變化的現代理論，然後出版了《機率計算和股票交易哲學》一書，在這本書中詳細闡述了自己發現的市場漲跌規律（正態分佈），即「價格的偏差與時間的算術平方根成正比」，最後以理性量化的投資方法獲取了交易上的成功。

如今，在網際網路＋巨量資料＋雲端運算＋人工智慧的時代背景下，量化交易也獲得了快速發展。曾經的全球金融腹地倫敦金絲雀碼頭，早已變成了 IT 公司集散地。世界頂尖投行，也都在培養自己的量化交易團隊，試圖躋身於「得策略者得天下」的金融大戰中，這些開發交易模型的 IT 團隊被稱為 Quant Team。無論是硬體裝置，還是投研實力，都處於發展初期階段。但已經有越來越多的機構和專業投資者意識到量化交易的優勢，並且參與到這一領域。如今商品期貨市場逐步規範、市場有序開放，量化交易具有廣闊的成長空間。

1.1.3 量化交易的特點

量化交易脫胎自主觀交易。主觀交易在每次下單前都需要人為判斷行情，然後結合自己的交易邏輯進行交易，這在實際交易中很難與自己的交易邏輯保持一致，尤其在行情波動劇烈的情況下，帳戶盈虧時時刻刻左右著交易者的心智，使交易者很難做出正確判斷。而量化交易可以彌補主觀交易的缺點。量化交易的特點如圖 1.1 所示。

▲ 圖 1.1 量化交易的特點

- 科學驗證：在撰寫完交易策略後，如果用模擬盤測試它的有效性，則可能需要付出很高的時間成本；如果用實盤測試，則更可能損失真金白銀。量化交易中的回測功能，可以透過大量的歷史資料，以科學的方式檢驗交易系統。

- 客觀準確：在交易過程中，交易者真正的敵人是自己，心態管理說起來容易，做起來難。貪婪、恐懼、僥倖等人性的弱點，在交易市場中會被數倍放大，量化交易可以隱藏這些弱點，在交易中做出更理性的決策。

- 及時高效：在主觀交易中，人的反應速度是無法快過電腦的，並且人的體力和精力有限，不像電腦可以 24 小時運行，在機會稍縱即逝的交易市場，量化交易完全可以代替主觀交易，尋找更多的交易機會，及時、快速地追蹤市場變化。

- 風險控制：量化交易可以從歷史資料中挖掘價格未來可能重複的規律，這些規律可以轉化為較大機率取勝的策略；還可以建構多種不同的投資組合，降低系統性風險，平滑資金曲線。

注意　主觀交易並非一無是處，在量化交易中，電腦很難辨識千變萬化的 K 線形態，如雙重頂底、頭肩頂底、V 型反轉等，但主觀交易可以很容易地將其分辨出來。此外，相對來說，主觀交易更加細膩。例如，對於一些似是而非的交易訊號，主觀交易會選擇性回避。

1.1.4 量化交易有哪些入門策略

量化交易策略是一系列規則的集合，通常包含買入規則、賣出規則、資金管理、風險控制等。根據不同的策略邏輯，量化交易策略大致可以分為趨勢追蹤策略和均值回歸策略，如圖 1.2 所示。對初學者來說，均線策略、突破策略、網格策略較容易入門。

▲ 圖 1.2 量化交易策略分類

　　開盤突破策略：在一般情況下，開盤半小時往往能決定一天的走勢，該策略將開盤後半小時內價格是陽線還是陰線作為判斷日內趨勢走向的標準。如果是陽線，就開倉買入；如果是陰線，就開倉賣出；在收盤前平掉倉位。這是一個非常簡單的交易策略。

　　唐奇安通道策略：該策略可以說是量化交易的雛形，其規則如下：如果當前價格高於前 N 根 K 線的最高價，就開倉買入；如果當前價格低於前 N 根 K 線的最低價，就開倉賣出。著名的海龜交易法用的就是修正版的唐奇安通道策略。唐奇安通道策略如圖 1.3 所示。

　　跨期套利策略：該策略是套利交易中最普遍的策略之一，比較同一個交易品種在不同交割月份合約的價格，如果二者出現了較大的價差幅度，就同時買賣不同時期的期貨合約，進行跨期套利。

　　假設主力合約與次主力合約價差的取值範圍長期維持在 -50 ～ 50 元，如果某一天價差達到 70 元，預計價差的取值範圍會重新回歸到 -50 ～ 50 元，就賣出主力合約，同時買入次主力合約，從而做空這個價差，反之亦然。

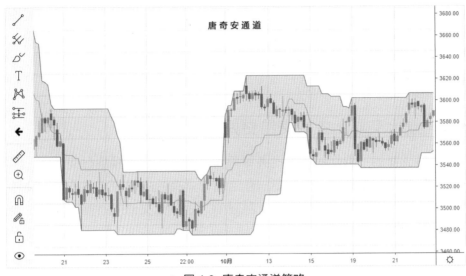

▲ 圖 1.3 唐奇安通道策略

1.2 為什麼選擇量化交易

　　很多人在探討量化交易時會以複雜的策略程式設計為切入點，這無形中給量化交易披上了一層神秘的面紗。本節會以通俗易懂的語言，對量化交易進行簡單的介紹，即使是毫無基礎的「小白」，也能輕鬆理解。

1.2.1 量化交易與主觀交易的區別

　　主觀交易更重視人為的分析和盤感，即使出現了交易訊號，也會選擇性地下單交易，寧可錯過行情，也不願做錯。人的感覺是複雜多變且不可靠的，一旦發生連續虧損，大部分交易者就會轉而採用另一種方法。交易的隨機性較強，容易被浮動盈虧困擾，導致難以穩定盈利。

　　量化交易可以根據對交易的理解，制定一致性的交易策略。在交易過程中，對所有走勢一視同仁，開倉、平倉全部系統化處理，寧可做錯，也不願錯過。它還具有完整的評價系統，透過對歷史資料進行回測，確定策略更適合哪一類的行情和期貨品種，並且搭配多種策略和品種，從而實現盈利。

　　簡而言之，主觀交易是量化交易的基礎，量化交易是主觀交易的提煉。主觀交易更像是練武，最後成功與否，天賦占較大比重，有十年不悟的，也有一朝悟道的。量化交易更像是健身，只要刻苦努力，就算沒有天賦，也能練出一身肌肉。

1.2.2　量化交易比主觀交易更好嗎

　　一個成功的主觀交易者，從某種角度來看，也是一個量化交易者。因為一個成功的主觀交易者，必然有一套自己行之有效的規則和方法，即交易系統。成功的主觀交易必須建立在交易規則之上，而交易規則其實就是主觀交易中的量化部分。

　　成功的量化交易者，都脫胎自主觀交易，因為量化交易策略其實就是主觀交易方法的具體實現。如果一個交易者對市場的理解和認知，從一開始就是錯誤的，那麼這個交易者開發出來的交易策略，長期也是難以獲利的。

　　從長期穩定盈利的角度來看，決定一個交易者最終可以成功的關鍵在於交易理念，而不在於是主觀交易還是量化交易。量化交易看似高大上，其盈利的本質與主觀交易沒有區別，它們就像是一個事物的兩面性，既對立，又統一。但是不可否認，作為交易工具，量化交易確實有很多優勢。

- 復盤更快：如果需要檢驗一個交易策略，就需要計算大量的歷史資料，量化交易在幾分鐘之內就能計算出結果。這個速度比主觀交易快得多。

- 更加科學：評價一個策略是否優秀，依靠的是資料（如夏普比率、最大回撤率、年化收益），優秀的策略和交易理念通常具有可證偽性。

- 更多機會：商品期貨有幾十個交易品種，主觀交易不可能同時盯盤，但量化交易可以全市場即時盯盤，不錯過任何交易機會，從而提高交易效率。

1.2.3 量化交易一定能賺錢嗎

量化交易當然能賺錢，但長期堅持下來是一件很難的事。賺錢與否並不取決於量化交易本身，量化交易只是將交易思想程式化、規則化、數量化，程式代替的只是執行力。但同一種量化交易策略很難長期穩定地賺錢，因為市場是動態的，交易思路要跟著市場動態進行對應的轉變。

1.2.4 量化交易的風險

量化交易也有風險，為什麼呢？因為量化交易的本質是在歷史資料中挖掘規律，從而形成交易策略。但金融市場是一個生態系統，其規律和人性是一個相互作用的動態過程，歸根結底還是人的市場。金融市場的規律會受人性影響，而人性中的貪婪、恐懼都會隨著市場的變化而變化。所以市場上很少有一成不變的規律，再厲害的交易策略也很難應對突如其來的規律變化。

綜上所述，量化交易不是一種獨特的交易方法，而是一種交易工具，主要用於幫助我們分析交易邏輯，完善交易策略。無論是基本面分析，還是技術面分析，無論做的是股票、債券、商品，還是選擇權，其實都可以量化。與靠個人經驗做決策的主觀交易者相比，量化交易者手中的武器是市場證據和理性。

 量化交易的風險大部分來自市場的風險，所以先學習交易，再學習量化。

1.3 量化交易需要哪些準備工作

完整的量化交易生命週期，不僅僅是交易策略本身，它至少由 5 個環節組成，包括策略構思、建立模型、回測最佳化、模擬交易、實盤交易，如圖 1.4 所示。

策略構思 ▷ 建立模型 ▷ 回測最佳化 ▷ 模擬交易 ▷ 實盤交易

▲ 圖 1.4 量化交易生命週期

1.3.1 安裝 SDK

在進行策略構思前，首先安裝發明者量化提供的免費 SDK，它是一套基於 Python 的量化交易回測框架，由發明者量化發起並貢獻主要程式，內建近百個技術指標及對應的原始程式，可以用少量程式建構各種交易策略，並且提供歷史資料回測功能。在命令列中輸入安裝 SDK 的命令，如圖 1.5 所示。

```
C:\Users\FMZ>pip install https://github.com/fmzquant/backtest_python/archive/master.zip
```

▲ 圖 1.5 在命令列中輸入安裝 SDK 的命令

注意　在安裝 SDK 前，需要先在電腦上安裝 Python 3。此外，在 Mac 作業系統中安裝 SDK 時，如果有安全限制，則需要在 pip 命令前增加 sudo 命令，在執行安裝命令前，會要求輸入系統密碼。如果有需要，則可以手動安裝與金融量化交易有關的協力廠商函數庫，如 talib、numpy、pandas 等。

在 SDK 安裝完成後，在程式的第 1 行輸入「from fmz import *」，即可使用 SDK。在下面的程式中，首先設定回測設定（包括資料起止時間、資料週期、回測品種等），再匯入 SDK，接著使用 VCtx() 函數對 task 物件進行初始化，然後呼叫 SDK 中的 GetAccount() 函數和 GetTicker() 函數分別獲取帳戶資訊和 Tick 資料，最後呼叫初始化後的 task 物件獲取回測結果。

```
# 回測設定
'''backtest
start: 2018-05-01 00:00:00
end: 2020-01-01 00:00:00
period: 1h
basePeriod: 1h
exchanges: [{"eid":"Futures_CTP","currency":"FUTURES"}]
'''

# 匯入發明者量化 SDK
from fmz import *

task = VCtx(__doc__)            # 呼叫 VCtx() 函數，根據 __doc__ 對 task 物件進行初始化
exchange.SetContractType("MA888")      # 訂閱合約程式
print(exchange.GetAccount())          # 呼叫 GetAccount() 函數獲取帳戶資訊並輸出
print(exchange.GetTicker())           # 呼叫 GetTicker() 函數獲取 Tick 資料並輸出
print(task.Join(True))                # 呼叫初始化後的 task 物件獲取回測結果並輸出
```

上述程式的執行結果如圖 1.6 所示。

```
PS C:\Users\FMZ> & python c:\Users/FMZ/Downloads/fmzsdk_test.py
{'Balance': 10000.0, 'FrozenBalance': 0.0, 'Stocks': 3.0, 'FrozenStocks': 0.0}
{'Time': 1524812340000, 'High': 2682.0, 'Low': 2680.0, 'Sell': 2682.0, 'Buy': 2680.0, 'Last': 2681.0, 'Volume': 56022.0, 'OpenInterest': 679372.0}
                    balance  fee    net
2018-04-30 00:00:00+08:00   10000.0  0.0  10000.0
2018-05-01 00:00:00+08:00   10000.0  0.0  10000.0
2018-05-02 00:00:00+08:00   10000.0  0.0  10000.0
2018-05-03 00:00:00+08:00   10000.0  0.0  10000.0
2018-05-04 00:00:00+08:00   10000.0  0.0  10000.0
...                         ...      ...  ...
2019-12-28 00:00:00+08:00   10000.0  0.0  10000.0
2019-12-29 00:00:00+08:00   10000.0  0.0  10000.0
2019-12-30 00:00:00+08:00   10000.0  0.0  10000.0
2019-12-31 00:00:00+08:00   10000.0  0.0  10000.0
2020-01-01 00:00:00+08:00   10000.0  0.0  10000.0

[612 rows x 3 columns]
PS C:\Users\FMZ>
```

▲ 圖 1.6 執行結果

免費開放原始碼的 SDK 不僅可以輸出最終的回測結果，還可以以圖表的形式輸出各種績效曲線，包括帳戶權益、週期盈虧、資金占比。例如，雙均線策略使用 SDK 中的 Show() 函數繪製回測圖表，程式如下：

```python
# !/usr/local/bin/python
# -*- coding: UTF-8 -*-


# 回測設定
'''backtest
start: 2019-01-01 00:00:00
end: 2020-12-31 00:00:00
period: 1d
basePeriod: 1d
exchanges: [{"eid":"Futures_CTP","currency":"FUTURES"}]
'''


# 匯入發明者量化 SDK
from fmz import *
import numpy as np


task = VCtx(__doc__)        # 呼叫 VCtx() 函數，根據 __doc__ 對 task 物件進行初始化
# 策略開始
mp = 0                                          # 定義一個全域變數，用於控制虛擬持倉
futures_code = 'AP000'                          # 設定期貨合約程式


def get_close(r):                               # 將 K 線串列轉換成收盤價串列
```

```
    arr = []
    for i in r:
        arr.append(i['Close'])
    return arr

# 策略主函數
def onTick():
    # 獲取資料
    exchange.SetContractType(futures_code)      # 訂閱期貨品種
    bar_arr = exchange.GetRecords()              # 獲取K線串列
    if len(bar_arr) < 50:                        # 如果K線數量過少
        return

    # 計算均線
    close_arr = get_close(bar_arr)               # 將K線串列轉換成收盤價串列
    np_close_arr = np.array(close_arr)  # 將收盤價串列轉換為 numpy.array 類型的資料
    ma1 = TA.MA(np_close_arr, 5)                 # 短期均線
    ma2 = TA.MA(np_close_arr, 10)                # 長期均線

    # 策略邏輯
    global mp                                    # 匯入全域變數
    last_close = close_arr[-1]                    # 獲取最新價格
    if mp == 1 and _Cross(ma1, ma2) < 0:         # 如果有多單且死叉
        exchange.SetDirection("closebuy")        # 設定交易方向和類型
        exchange.Sell(last_close - 1, 1)         # 平多單
        mp = 0                                   # 設定虛擬持倉變數的值為0，即空倉
    if mp == -1 and _Cross(ma1, ma2) > 0:        # 如果有空單且金叉
        exchange.SetDirection("closesell")       # 設定交易方向和類型
        exchange.Buy(last_close, 1)              # 平空單
        mp = 0                                   # 設定虛擬持倉變數的值為0，即空倉
    if mp == 0 and _Cross(ma1, ma2) > 0:         # 如果無持倉且金叉
        exchange.SetDirection("buy")             # 設定交易方向和類型
        exchange.Buy(last_close, 1)              # 開多單
        mp = 1                                   # 設定虛擬持倉變數的值為1，即有多單
    if mp == 0 and _Cross(ma1, ma2) < 0:         # 如果無持倉且死叉
        exchange.SetDirection("sell")            # 設定交易方向和類型
        exchange.Sell(last_close - 1, 1)         # 開空單
        mp = -1                                  # 設定虛擬持倉變數的值為-1，即有空單


def main():                                      # 策略入口函數
    while True:                                  # 無限迴圈模式
        onTick()                                 # 執行策略主函數


# 回測結果
try:
```

```
    main()                              # 呼叫策略入口函數
except:
    task.Show()                         # 回測結束，輸出圖表
```

　　上述程式是一個完整的雙均線交易策略。在使用發明者量化 SDK 執行上述程式後，會顯示 Python 本地回測圖表，包括帳戶權益、週期盈虧、資金占比等的回測績效曲線，如圖 1.7 所示。

　　發明者量化 SDK 可以與發明者量化交易平台配合使用，從而提供更加完整的量化交易功能及開放的量化交易社區。

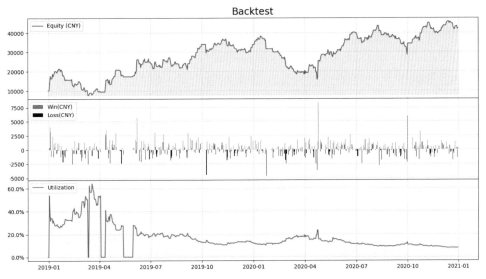

▲ 圖 1.7　Python 本地回測圖表

1.3.2　策略構思

　　進行量化交易必須先回到交易市場，要在市場中多觀察價格，理解市場波動的規律，並且嘗試推斷每一個交易邏輯，從而複習出交易策略。這裡沒有捷徑，閱讀經典的投資書籍或許有幫助，或者不斷地堅持做交易，在失敗中總結經驗。

　　對初學者來說，開發交易策略最好的方式是模仿。直接利用現成的技術

分析指標建構策略邏輯，寫入交易規則，可以得到一個簡單的交易策略。例如，單均線的策略邏輯為，如果價格高於最近 10 天的平均價格，就開倉買入；如果價格低於最近 10 天的平均價格，就開倉賣出。

隨著市場經驗的累積，在形成自己的交易方式後，策略邏輯的選擇會越來越多樣化，會進階到更加系統的量化交易。無論是在股票市場上，還是在期貨市場上，做一個有量化思維的交易者都是一件值得慶幸的事。

1.3.3 建立模型

交易者需要掌握一個量化交易工具，用於撰寫交易策略，實現其交易想法。如果你想成為一名高端的量化交易者，就需要學會一門電腦語言，這裡推薦使用 Python 程式設計語言，因為它是科學計算的權威語言，並且可以提供各種開放原始碼的分析套件、檔案處理工具、網路、資料庫等。Python 策略預設程式如下：

```
def main():
    Log(exchange.GetAccount())
```

1.3.4 回測最佳化

在撰寫完策略後，對策略進行回測，對參數進行篩選和最佳化。可以利用不同的參數對策略進行回測，觀察該策略的夏普比率、最大回撤率、年化收益率等。透過對策略的不斷偵錯和修改，最終得到一個完整的量化交易策略。例如，可以將 2010—2015 年的歷史資料作為樣本內資料，將 2016—2020 年的歷史資料作為樣本外資料。先用樣本內資料最佳化出幾組表現好的參數，再用這些參數對樣本外資料進行回測。

在一般情況下，樣本外資料的回測結果沒有樣本內資料的回測結果好，但如果樣本外資料與樣本內資料的結果大相徑庭，那麼這個策略可能是無效的，需要觀察分析，判斷策略故障的原因。

如果發現策略故障是因為在樣本外資料中出現極端行情導致的大幅虧損，那麼可以增加一個固定止損條件，用於避開這種風險；如果發現策略故障是因為交易次數過多，那麼可以將交易邏輯收緊，降低交易頻率。

　　如果一開始交易邏輯就是錯誤的，那麼再怎麼修改也很難得到一個賺錢的策略，這時需要重新審視自己的策略思路。此外，在參數最佳化中，可用的參數組越多越好，説明策略的適用性廣泛。

　　策略的核心參數越少越好，如果參數過多，則容易造成資料過擬合。在回測時，對於交易次數過少的策略，其回測結果可能存在倖存者偏差。如果回測結果是一個超級賺錢的資金曲線，那麼通常是策略邏輯寫錯了。

注意
　　本地 SDK 回測不支援回測最佳化，如果需要回測最佳化功能，則可以在發明者量化終端進行線上回測。

1.3.5　模擬交易

　　當交易邏輯正確，樣本內、外資料回測都賺錢時，先不要急著在真實帳戶上交易，尤其對初學者來説，一定要先用模擬帳戶運行至少 3 個月，如果是中低頻隔夜策略，則需要更長的模擬交易時間。在未來一段完全未知的模擬行情中，觀察策略在模擬交易中的表現，仔細核對回測訊號與模擬交易訊號是否吻合，下單時的價格與成交時的價格是否有偏差，如果表現與預期相符，那麼説明策略有效。

1.3.6　實盤交易

　　在經過一段時間的模擬交易檢驗後，就可以將策略放入實戰中進行交易了。不過在量化交易過程中也要保持警惕，防範極端行情。在實盤交易中，策略的期望一般要打折扣，很難達到回測時的水準。

1.4　一個完整的策略有哪些要素

　　一個完整的策略，其實就是交易者給自己定的各種規則，它包括交易的各方面，並且不給交易者留主觀想像的餘地，對於每個交易決定，該策略都會舉出答案。完整策略的要素包含策略選擇、品種選擇、資金管理、下單交易、交易心態、極端行情應對等，如圖 1.8 所示。

▲ 圖 1.8 完整策略的要素

1.4.1 策略選擇

從專業角度來看，主流的量化交易策略可以分為趨勢交易策略、配對交易策略、籃子交易策略、事件驅動策略、高頻交易策略、期權策略等，如圖 1.9 所示。當然，策略的分類方法不是固定的。

對量化交易初學者來說，不用管這麼多名詞概念，從簡單的策略開始學習。趨勢交易策略是一個不錯的選擇，其特點是策略邏輯簡單，用有限的虧損換取無限的利潤，長期來看是正期望策略。

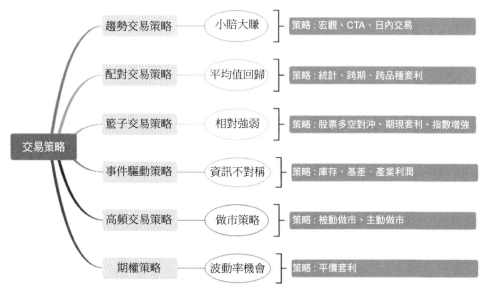

▲ 圖 1.9 主流的量化交易策略分類

1.4.2　交易什麼

做過交易的人應該知道，每個品種都有各自的性格。有些品種性格很「火爆」，流動性好、波動率高；有些品種性格很「溫順」，常年在一定區間內震盪，波動率低。

在選擇交易品種時，需要考慮品種的波動率，波動率高的品種通常很容易得到不錯的趨勢行情。如果採用趨勢追蹤策略，則儘量選擇工業產品，從品種屬性上來講，工業產品通常比農產品波動率高。

不同的策略適用於不同的品種，選擇合適的交易品種，對期貨交易來說非常關鍵。整體來說，沒有絕對好的品種，也沒有絕對不好的品種。要根據交易者不同的投資風格，以及不同的風險承受力和標準進行對應的調整。

1.4.3　交易多少

交易是賠錢容易賺錢難的事情，在帳戶資金虧損 50% 後，挽回損失需要 100% 的盈利。就算賺很多次 100%，但只要賠一次 100%，就虧光了。所以成熟的交易策略應該包含資金管理。

事實上，大部分根據傳統技術指標建構的交易策略的最大回撤率很高，有時甚至超過 50%。但一個風險很大的策略完全不能用嗎？顯然不是，最大回撤率完全可以透過資金管理進行控制，即控制交易多少。

如果將倉位降低一半，那麼風險也會降低一半；如果將倉位再降低一半，那麼風險會降低更多，這是一個簡單的資金管理方法。但是一味地降低倉位也不是好辦法，因為降低倉位意味著降低利潤，如何取捨要看交易者對風險的承受能力。

1.4.4　何時交易

一個好的買點，是成功的一半，它能夠迅速擺脫成本區。但是價格不是上漲就是下跌，從大數定律的角度來看，好的買點成功率很難超過 50%，一味地追求勝率反而是捨本逐末。筆者認為，開倉不是決定交易的核心，對趨勢策略來說，交易的核心是在開倉之後，如何最佳化處理持倉，從而達到贏沖輸縮的目的。

　　無論是短線策略，還是長線策略，比的不是看誰持倉時間長，而是風險收益比。換言之，影響策略績效最終結果的是如何出場。出場方法可以分為兩種：止損出場和止盈出場。這兩種出場方法是關乎交易策略成敗的分水嶺。

1.4.5 如何交易

　　如果何時交易是技術，那麼如何交易是技巧。在價格瞬息萬變的環境中，酌情使用訂單類型和下單方式，可以增加訂單成交率，也可以降低滑點和交易成本。交易技巧通常需要考慮以下幾種情況：

- 委託下單類型和方式：委託下單的類型和方式有許多種。例如，可以用排隊價、對手價、最新價、超價、漲停價、跌停價、買一價、買二價、賣一價、賣二價；也可以先用排隊價，再用超價，分批報單；還可以將大單拆成一個個小單；或者直接將單子全部報出去。

- 撤單：如果下單沒有成交，則需要考慮是繼續等待還是撤單。如果繼續等待，則意味著可能錯失行情；如果撤單，則需要考慮是否繼續追單。

- 追單：如果在撤單後繼續追單，是按最新價去追，還是按對手價去追，還是按漲停價/跌停價去追。如果追單仍未成交，那麼是否繼續追單。當價格與最初的訊號相差甚遠時，是不限成本追單，還是放棄這個訊號。

- 漲、跌停價：有時當下單訊號出現時，剛好是漲、跌停價，是否在漲、跌停價掛單排隊成交；如果沒有成交，那麼應該怎麼辦；在持倉與行情反向時，如何對沖補救。

- 集合競價：在開盤集合競價時，哪個報價最高，就採用哪個價格開盤。盤面是不顯示價格的，只能根據自己的預判進行申報，這裡面充滿不確定性（如要不要參與、怎麼參與）。

- 夜盤：有些商品期貨品種夜盤是從 21:00 至次日 02:30，人的精力是有限的，所以要考慮這段時間做不做，人工做還是讓電腦來做。

- 重大節日：在重大節日的超長假期之前，倉位需不需要保留。如果保留，那麼如何控制風險。如果節後價格反向跳空，那麼如何處理。

- 極端行情和突發事件：在價格瞬間漲停、瞬間跌停、連續漲停、連續跌停、烏龍指事件、黑天鵝行情等價格踩踏事件發生時，或者遇到突然斷電、斷網、電腦故障、軟體當機、銀期轉帳暫停、自然災害等情況，應該如何應對。

1.4.6 交易心態

市場會在無形中放大交易者的情緒，影響交易者的負面情緒有很多種，其中貪婪、恐懼和僥倖是交易中常見的 3 種負面情緒。因此交易者需要有一個強大的交易心理系統，在不同階段對上述 3 種情緒加以控制和利用。

注意 交易不僅考驗技術基本功，還考驗交易者的心態，可以說人性的弱點在交易過程中會被展現和放大。只有不斷學習和總結經驗，不斷歷練，才能克服人性的思維共通性和心理弱點。

沒有完美的策略，也沒有更好的策略，只有更適合自己性格的策略。結合自身的性格和資金情況去衡量該策略是否適合自己，如果適合自己，則需要充分評估自己堅持下去的可能性。對於最壞的結果，要事先規劃好退路，如果最慘的一面你都考慮到了，那麼執行下去的可能性相對較高。

1.5 溫故知新

學完本章內容，讀者需要回答：

1‧簡述量化交易與主觀交易的區別。

2‧量化交易需要哪些準備工作？

3‧一個完整的策略有哪些要素？

在下一章中，讀者會了解到：

1‧Python 的基礎語法。

2‧Python 的資料型態和條件迴圈敘述。

3‧Python 的常用內建函數。

Python 程式設計入門

Python 是一門物件導向的指令碼語言，它憑藉極其簡潔、高效的語言特性，以及在資料分析方面的巨大優勢，在金融領域獲得了廣泛的應用。本章會在發明者量化交易策略開發環境中系統地介紹 Python 的相關知識。

2.1 為什麼要學習 Python

量化交易離不開資料分析，而 Python 有很多以資料分析和處理為主的協力廠商函數庫，如 talib、pandas、numpy 和 matplotlib，因此 Python 成為量化交易策略開發的首選程式設計語言。從資料獲取到策略回測，再到實盤交易，Python 可以覆蓋整個量化交易應用鏈。

2.1.1 Python 的特點

完整的量化交易流程包括獲取資料、分析資料、處理資料、下單交易等步驟。在資料分析方面，Python 既精於計算，又能保持較好的性能，尤其在時間序列資料（K 線資料）處理方面，Python 有更加簡潔、高效的優勢。

與其他程式設計語言相比，Python 的語法更簡單，不需要大量的電腦系統理論知識，學習曲線比較平緩，即使是非專業的初學者，也可以輕鬆掌握。此外，Python 程式與英文區別不大，具有極高的可讀性。

Python 在量化交易領域是一門比較全面且平衡的程式設計語言，既可以提高量化交易策略程式執行時期的性能，又可以輕鬆完成各種複雜的數學運算、建模分析、統計分析、機器學習等資料處理任務，並且有許多的工具庫（套件）支援，可以滿足量化交易策略開發過程中的各種需求。

市面上的大部分量化交易平台都支援 Python 程式設計語言，在這些量化交易平台上撰寫的策略很容易學習、研究、遷移、延伸開發。

在量化交易領域，Python 的特點可以歸納如下：

- 語法簡單，不需要考慮電腦底層細節問題，初學者更容易入門。
- 生態豐富，大量成熟的協力廠商函數庫，具有無與倫比的便利性。
- 應用廣泛，大部分量化交易平台支援 Python 程式設計語言，方便學習、研究、遷移、延伸開發。
- 在跨平台、多執行緒、資料庫等方面都有很好的支持。
- 擴充性強，程式通俗易懂，易於維護。
- 學習資料十分豐富，有許多活躍的社區可以進行學習、討論、研究。

2.1.2 Python 的版本

Python 分為 Python 2 和 Python 3 兩個版本，並且這兩個版本不相容，如果同時安裝了 Python 2 和 Python 3，則可以透過在策略中撰寫「#!python3」或「#!python2」設定當前使用的 Python 版本。由於 Python 官方宣佈 2020 年 1 月 1 日停止對 Python 2 的更新，因此本書程式以 Python 3 為主。

如果不在程式中指定 Python 版本，則預設使用 Python 3 執行策略程式。

2.2 Python 的基礎語法

　　Python 與 C 語言、Java 有很多相似之處，但比這兩種語言更簡潔。Python 的變數無須宣告，可以直接給變數給予值。Python 的程式區塊強制以 Tab 鍵或 4 個空格縮排，用於區分程式之間的層次。

2.2.1 編碼

　　Python 可以在程式檔案開頭設定編碼格式，如果不設定，則預設採用 UTF-8 編碼格式。除非有特殊需要，一般不用設定。將編碼格式設定為 cp-1252 的程式如下：

```
# -*- coding: cp-1252 -*-  # 設定編碼格式
```

2.2.2 變數命名

　　顧名思義，變數就是可以變化的量，它就像一個盒子，裡面可以儲存各種東西。在給變數命名時，需要遵守 Python 變數的命名規則。Python 變數的命名規則如下：

- 變數名是區分大小寫的。
- 變數名只能由字母、數字、底線組成，並且不能以數字開頭。
- 變數名中不能包含空格。
- Python 的關鍵字和函數名不能作為變數名。
- 避免使用小寫字母 l 和大寫字母 O，因為可能會錯看成 1 和 0。

　　根據 Python 變數的命名規則，定義一個字串變數，程式如下：

```
def main():                    # 策略入口函數
    name = "Hello, World!"     # 定義一個字串變數
```

> **注意**
> 在給 Python 變數給予值時不需要宣告變數類型。在使用該變數前，必須對其給予值，在給予值之後，變數才會被建立。

2.2.3 關鍵字

在使用 Python 撰寫程式時，有一些特殊的單字是不能作為變數名、函數名的，這些單字稱為關鍵字或保留字。Python 附帶的 keyword 模組可以輸出這些關鍵字，程式如下：

```
import keyword                    # 匯入協力廠商函數庫

def main():                       # 策略入口函數
    Log(keyword.kwlist)           # 在日誌中列印關鍵字串列
```

輸出結果如下：

```
['False', 'None', 'True', 'and', 'as', 'assert', 'break', 'class',
'continue', 'def', 'del', 'elif', 'else', 'except', 'finally', 'for',
'from', 'global', 'if', 'import', 'in', 'is', 'lambda', 'nonlocal', 'not',
'or', 'pass', 'raise', 'return', 'try', 'while', 'with', 'yield']
```

> **注意** 'False'、'None' 和 'True' 等單字是預先保留的關鍵字，不能再用作其他變數或函數的名稱。此外，Python 是一種動態語言，關鍵字會隨著時間的變化而變化。

2.2.4 註釋

為了提高程式的可讀性，可以在程式中增加註釋進行說明。良好的程式註釋可以說明程式作用和上下文關係，便於理解策略邏輯，方便日後維護策略。Python 的單行註釋由一個「#」符號開頭，後面跟上註釋文字，範例程式如下：

```
def main():                       # 策略入口函數
    # 單行註釋
    Log("你好，世界！")              # 使用 Log() 函數可以在日誌中輸出一筆資訊
```

如果註釋的內容較多，則可以使用多行註釋。多行註釋會在註釋文字前、後各使用 3 個連續的單引號 ''' 或 3 個連續的雙引號 """，語法格式如下（可以用多行註釋符號註釋單行程式）：

```
def main():                              # 策略入口函數
    '''
    第 1 行註釋
    第 2 行註釋
    ......
    '''
```

　　程式在執行時期會忽略已經被註釋的程式，所以基本不會影響程式的執行速度。除此之外，註釋可以幫助偵錯工具BUG，如果覺得某段程式有問題，則可以先將這段程式註釋起來，然後再次執行程式，如果可以正常執行，則說明 BUG 是由這段程式引起的。合理地利用註釋，可以縮小 BUG 的範圍，提高偵錯策略的效率。

2.2.5 縮排

　　Python 的縮排是一種獨特的語法格式，也是該語言的一個特點，與其他語言使用大括號「{}」分隔程式區塊不同，Python 使用 Tab 鍵或 4 個空格進行程式縮排，從而控制程式的作用域，相同縮排的程式處於同一個作用域內。

```
def main():                  # 策略入口函數
    if True:
        print ("Answer")
        print ("True")
    else:
        print ("Answer")
     print ("False")         # 縮排不一致，會導致執行錯誤
```

注意 在上述程式中，空格和 Tab 鍵縮排不能混合使用，否則會顯示出錯。在使用空格縮排時，如果空格數量不一致，也會顯示出錯。

2.2.6 程式區塊

　　縮排相同的一組敘述組成一個程式區塊。在使用 while、def、class、if 等關鍵字時，在英文冒號「:」後換行。一個正確的縮排程式範例如下：

```
def main():                           # 策略入口函數
    if 1 < 2 :                        # 1 < 2 的結果是 True
        Log("1 小於 2 為真 ")          # -----
        Log(" 計算一下 2 比 1 大多少？ ")  # 這個條件會觸發
        Log(" 計算：2-1=", 2-1)        # -----
    elif 1 > 2 :                      # 1 > 2 的結果是 False
        Log("1 大於 2 為真 ")          # 這個條件不會觸發
```

輸出結果如下：

```
1 小於 2 為真
計算一下 2 比 1 大多少？
計算：2-1= 1
```

在上述程式中，每一個 if 敘述中都有一個作用域，如果 if 敘述為真，則執行 if 敘述作用域內的程式；如果 if 敘述為假，則跳過 if 敘述作用域內的程式。

2.2.7 空行

在撰寫程式時，通常會在函數之間使用空行分隔，表示新的一段程式。這個並不是語法，僅僅是撰寫策略時的習慣，便於之後閱讀程式，其主要作用是分隔兩段功能或含義不同的程式。

2.2.8 匯入模組

模組就像已經製造好的汽車零組件，透過生產線將各個零件組裝成一個整體。程式設計也是同樣的道理，在撰寫策略時，可以使用「import」匯入模組，從而提高策略開發效率。通常將模組寫在程式開頭，有以下 4 種形式。

● 匯入整個模組，語法格式如下：

```
import module
```

● 匯入某個模組中的某個函數，語法格式如下：

```
from module import def
```

- 匯入某個模組中的多個函數，語法格式如下：

```
from module import def1,def2
```

- 匯入某個模組中的所有函數，語法格式如下：

```
from module import *
```

2.3 Python 中的變數和資料型態

變數其實是記憶體空間中的值，在建立變數時，Python 會自動辨識值的資料型態，並且根據資料型態將變數分配到指定的記憶體空間中。Python 中變數的資料型態包括數字、字串、串列、字典等。

2.3.1 變數

Python 中的變數不需要宣告，但每個變數在使用之前必須給予值。在給變數給予值後，該變數才會被建立。使用「=」符號給變數給予值，「=」符號左邊為變數名稱，右邊為儲存於變數中的值，範例程式如下：

```
def main():                # 策略入口函數
    pi = 3.1415926535897
    name = " 圓周率 "
    year = 2019
    Log(pi, name, year)    # 列印日誌
```

輸出結果如下：

```
3.1415926535897 圓周率 2019
```

上述程式分別定義了 3 個變數，將 3.1415926535897、" 圓周率 "、2019 分別賦給變數 pi、name、year，最後使用 Log() 函數將這 3 個變數列印到日誌中。

2.3.2 標準資料型態

Python 中的變數僅僅只是一個名字（name），它連結著記憶體空間中的一個資料（object）。而變數的資料型態實際上是該變數連結在記憶體空間中的資料（object）的資料型態。Python 3 有 6 種標準資料型態，分別為 Number（數值）、String（字串）、List（串列）、Tuple（元組）、Set（集合）、Dictionary（字典）。在撰寫策略程式時，常用的資料型態有 Number（數值）、String（字串）、List（串列）、Dictionary（字典）。下面重點講解這幾種資料型態。

2.3.3 Number（數值）

Number 資料型態主要用於儲存數字，常用的 Number 資料型態有 int（整數）、float（浮點數）。int 型態資料就是不帶小數點的數字，正整數、負整數和 0 都是 int 型態資料。Number 是不可變資料型態，Number 變數的值一旦改變，就意味著需要重新分配記憶體空間。

> **注意**
> Python 中的布林（bool）類型只有兩個值，分別 True 與 False（注意：字首要大寫），數字 1 和 0 可以分別用於表示 True 和 False。

定義 Number 變數的範例程式如下：

```
def main():                     # 策略入口函數
    value_int = 10              # int 型變數，簡單理解就是整數變數
    value_float_1 = 3.14        # float 型變數，簡單理解就是有小數部分的變數
    value_float_2 = 3.00        # 值為 3.00 的變數也是 float 型變數
```

Python 是動態程式設計語言，通常需要判斷物件的資料型態，可以使用內建的 type() 函數查詢物件的資料型態，範例程式如下：

```
def main():
    value_int = 10              # int 型變數，簡單理解就是整數變數
    value_float = 3.14          # float 型變數，簡單理解就是有小數部分的變數

    Log(type(value_int))        # 列印變數 value_int 的資料型態
    Log(type(value_float))      # 列印變數 value_float 的資料型態
```

輸出結果如下：

```
<class 'int'>
<class 'float'>
```

在這個例子中，分別定義了一個 int 型（整數）變數和一個 float 型（浮點數）變數，Log() 函數列印了 type() 函數返回的資料型態。無論是 int 型變數，還是 float 型變數，都可以用於表示數字，可以進行計算。

> **注意**　在 int 型變數、float 型變數混合計算時，Python 會先將 int 型變數轉換為 float 型變數。對於數字的除法，如果使用運算子「/」，則返回一個浮點數；如果使用運算子「//」，則返回一個整數。

2.3.4　String（字串）

字串是若干個字元的集合，是表示文字的資料型態，Python 中的字串用英文單引號 '' 或英文雙引號 "" 括起來，可以使用反斜線「\」逸出特殊字元。字串的第 1 個索引值是 0，第 2 個索引值是 1，依此類推。可以對字串進行連接、截取、複製等操作。可以透過中括號「[]」截取字串中的字元。例如，[0] 表示截取字串中的第 1 個字元，[-1] 表示截取字串中的倒數第 1 個字元。如果要截取字串中的連續幾個字元，則可以使用中括號加英文冒號。例如，[1:5] 表示截取字串中的第 2 ～ 5 個字元（索引值為 1 ～ 4 的字元），需要注意的是，不包括冒號右邊索引位上的字元（索引值為 5 的字元）。範例程式如下：

```
def main():
    str = 'hello world'          # 定義字串變數
    Log(str)                     # 輸出字串變數 str
    Log(str[0:-1])               # 輸出字串變數 str 中的第 1 個到倒數第 2 個字元
    Log(str[0])                  # 輸出字串變數 str 中的第 1 個字元
    Log (str[2:5])               # 輸出字串變數 str 中第 3 ～ 5 個字元
    Log (str[2:])                # 輸出字串變數 str 中第 3 個字元及之後的所有字元
    Log (str * 2)                # 輸出字串變數 str 兩次
    Log (str + "!!")             # 連接字串變數 str 和字串 "!!"
```

輸出結果如下：

```
hello world
hello worl
H
llo
llo world
hello worldhello world
hello world!!
```

注意　Python 中的字串不能改變，也就是說，字串在被建立後，就不能再改變了。範例程式如下：

```
def main():
    str = 'hello world'        # 定義變數
    Log(str[0])                # 列印變數
    str[0] = 'H'               # 修改字串變數 str 中的第 1 個字元的值，會引起顯示出錯
```

輸出結果如下：

```
h
Traceback (most recent call last): File "<string>", line 1481, in Run File
 "<string>", line 9, in <module> File "<string>", line 4, in main TypeEr
ror: 'str' object does not support item assignment
```

在這個例子中，首先將字串「hello world」賦給變數 str，然後透過索引 str[0] 修改字串變數 str 中第 1 個字元的值，結果引起顯示出錯。這印證了字串一旦建立，就不能被修改。

2.3.5 List（串列）

串列就像是備忘串列，每個編號都記錄著一項串列詳情，它是有序資料的集合，透過編號可以引用串列中的資料。串列也是策略開發中使用比較頻繁的資料型態，商品期貨 API 介面返回的大部分資料都是以串列形式呈現的。Python 中的串列可以儲存不同類型的元素，包括數字、字串、串列、字典等。

串列使用中括號「[]」包含元素，相鄰兩個元素之間使用英文逗點「,」作為間隔符。和字串類似，串列也可以透過索引獲取其中的元素，並且使用索引截取串列中的一部分，串列在被截取後會返回一個新的串列，範例程式如下：

```
def main():
    list = ["abc", 10, 3.14, ["1", 2, 3.0]]
    Log(list)                    # 輸出串列變數 list
    Log(list[0])                 # 輸出串列變數 list 中的第 1 個元素
    Log(list[1:3])               # 輸出串列變數 list 中第 2 個到第 3 個元素
    Log(list[2:])                # 輸出串列變數 list 中第 3 個元素及之後的所有元素
    Log(list*2)                  # 將兩個串列變數 list 連接在一起並輸出
    Log(list[-1][-1])            # 輸出串列變數 list 中嵌套串列中的最後一個元素
    Log(list + list[-1])         # 連接串列變數 list 及其中的嵌套串列並輸出
```

　　輸出結果如下：

```
['abc', 10, 3.14, ['1', 2, 3.0]]
abc
[10, 3.14]
[3.14, ['1', 2, 3.0]]
['abc', 10, 3.14, ['1', 2, 3.0], 'abc', 10, 3.14, ['1', 2, 3.0]]
3.0
['abc', 10, 3.14, ['1', 2, 3.0], '1', 2, 3.0]
```

　　在串列中可以使用 [頭索引 : 尾索引] 截取對應的元素，頭索引和尾索引可以是正數，也可以是負數，如果頭索引為空，則表示截取到頭部；如果尾索引為空，則表示截取到尾部。和字串不同的是，串列中的元素是可以改變的。可以對串列變數進行索引、切片、增加、刪除、修改、查詢等基本操作。範例程式如下：

```
def main():

    list = ["abc", 10, 3.14, ["1", 2, 3.0]]   # 定義串列變數 list
    Log(" 修改 list[0] 之前 :", list)           # 列印修改前的串列變數 list
    list[0] = "hello world!"                   # 修改串列變數 list 中第 1 個元素的值
    Log(" 修改 list[0] 之後 :", list)           # 列印修改後的串列變數 list
```

輸出結果如下：

```
修改 list[0] 之前: ['abc', 10, 3.14, ['1', 2, 3.0]]
修改 list[0] 之後: ['hello world!', 10, 3.14, ['1', 2, 3.0]]
```

Python 中有很多用於對串列進行操作的函數。例如，使用 len() 函數可以獲取串列中有多少個元素，使用 append() 函數可以在串列尾部增加一個元素，使用 pop() 函數可以刪除串列中的一個元素，預設刪除最後一個元素。範例程式如下：

```
def main():
    list = ["abc", 10, 3.14, ["1", 2, 3.0]]    # 定義串列變數 list
    list.append("aaa")                          # 在串列變數 list 尾部增加一個元素
    Log(list)                                   # 列印串列變數 list
    list.pop()                                  # 刪除串列變數 list 中的最後一個元素
    Log(list)                                   # 列印串列變數 list
```

輸出結果如下：

```
['abc', 10, 3.14, ['1', 2, 3.0], 'aaa']
['abc', 10, 3.14, ['1', 2, 3.0]]
```

在上述程式中，首先定義了一個串列變數，然後在串列變數尾部增加了一個元素，再使用 Log() 函數將修改後的串列變數列印出來，接著使用 pop() 函數刪除了串列變數中的最後一個元素，最後再次使用 Log() 函數將串列變數列印出來。

2.3.6 Dictionary（字典）

字典定義了鍵和值之間一對一的映射關係，主要用於儲存具有映射關係的資料，它是一個無序、可變、有索引的集合。字典中的資料會用大括號「{}」括起來，資料結構如下：

```
def main():
    dict1 = {                                   # 定義字典變數
        "name" : "TOM",
        "age" : 18,
        "address" : {
```

```
            "city" : "xxx",
            "street" : "yyy"
        }
    }

    Log(dict1)                                    # 列印字典變數
    Log(" 姓名：", dict1["name"], " 年齡：", dict1["age"], " 地址，城市：",
        dict1["address"]["city"], " 街道：", dict1["address"]["street"])
```

可以看到，字典中的元素是一個鍵名對應一個鍵值，如鍵名（keyName）"name" 對應鍵值（keyValue）"TOM"。和串列類似，字典也可以嵌套。例如，在上述程式中，字典變數 dict1 中的鍵名 "address" 對應的鍵值就是一個字典。

輸出結果如下：

```
{'name': 'TOM', 'age': 18, 'address': {'city': 'xxx', 'street': 'yyy'}}
姓名： TOM 年齡： 18 地址，城市： xxx 街道： yyy
```

> **注意** 因為字典是透過鍵名便捷鍵值的，所以字典中的鍵名必須是唯一的，並且鍵名的資料型態必須為不可變類型。可以使用內建的 keys() 函數輸出所有鍵名，使用內建的 values() 函數輸出所有鍵值，範例程式如下：

```
def main():
    dict1 = {                                     # 定義字典變數 dict1
        "name" : "TOM",
        "age" : 18,
        "address" : {
            "city" : "xxx",
            "street" : "yyy"
        }
    }
    Log(dict1.keys())                             # 列印字典變數 dict1 中的所有鍵名
    Log(dict1.values())                           # 列印字典變數 dict1 中的所有鍵值
```

輸出結果如下：

```
dict_keys(['name', 'age', 'address'])
dict_values(['TOM', 18, {'city': 'xxx', 'street': 'yyy'}])
```

在上述程式中，首先定義了一個字典變數，然後使用 Log() 函數分別列印出該字典變數中的鍵名和鍵值（values）。需要注意的是，如果字典變數中的鍵值是一個子字典，那麼該字典變數的 values() 函數會輸出整個字典變數中的值（包括子字典）。

2.3.7 資料型態轉換函數

Python 提供了幾種資料型態轉換函數，用於將一種資料型態的資料轉換為另一種資料型態的資料。例如，將浮點數轉換為整數，將整數轉換為字串，等等。

- 將 x 轉換為 int 類型：ret = int(x)。
- 將 x 轉換為 float 類型：ret = float(x)。
- 將 x 轉換為 string 類型：ret = str(x)。

Phthon 中資料型態轉換的範例程式如下：

```
def main():
    pi = 3.14                    # 定義 1 個浮點數變數
    Log(int(pi))                 # 將浮點數變數轉換為整數變數
    strPi = "3.14"               # 定義 1 個字串變數
    Log(float(strPi))            # 將字串變數轉換為浮點數變數
    Log(type(str(pi)))           # 將浮點數變數轉換為字串變數並列印其資料型態
```

輸出結果如下：

```
3
3.14
<class 'str'>
```

在上述程式中，首先定義了一個浮點數變數，然後使用 int() 函數將該浮點數變數轉換為整數變數，接著定義了一個字串變數，再使用 float() 函數將該字串變數轉換為浮點數變數，最後使用 str() 函數將浮點數變數 pi 轉換為字串變數並列印其資料型態。

2.4 Python 中的資料運算

Python 中的資料運算與數學運算類似，資料運算也是有優先順序的。Python 支援以下常用的資料運算。

- 算數運算。

- 關係（比較）運算。

- 給予值運算。

- 邏輯運算。

例如，在運算式 a+b=10 中，a、b 稱為運算元，「+」符號稱為運算子。Python 中有多種運算子，包括算術運算子、關係運算子、設定運算子、邏輯運算子。

2.4.1 算術運算子

算數運算就是數學運算，其運算規則與數學運算規則一樣。算術運算子就是用於對運算元進行數學運算的運算子，主要有「+」「-」「*」「/」「%」「**」「//」等運算子，範例程式如下：

```
def main():
    a = 3
    b = 2
    Log("加法運算子 + 計算結果:", a + b)        # 計算 a+b
    Log("減法運算子 - 計算結果:", a - b)        # 計算 a-b
    Log("乘法運算子 * 計算結果:", a * b)        # 計算 a×b
    Log(«除法運算子 / 計算結果:», a / b)        # 計算 a÷b
    Log(«求模運算子 % 計算結果:», a % b)        # 計算 a÷b 的餘數
    Log("冪運算子 ** 計算結果:", a ** b)       # 計算 a 的 b 次方
    Log("整除運算子 // 計算結果:", a // b)      # 向下取接近商的整數
```

輸出結果如下：

```
加法運算子 + 計算結果: 5
減法運算子 - 計算結果: 1
乘法運算子 * 計算結果: 6
除法運算子 / 計算結果: 1.5
```

```
求模運算子 % 計算結果：1
冪運算子 ** 計算結果：9
整除運算子 // 計算結果：1
```

在上述程式中，首先定義變數 a、b，分別將其給予值為數字 3、2，然後進行數學運算。其中 a % b 計算的是 a÷b 的餘數，a ** b 計算的是 a 的 b 次方，a // b 計算的是 a÷b 的結果向下取整的整數。

2.4.2 關係運算子

關係運算又稱為比較運算。關係運算子包括「==」「!=」「>」「<」「>=」「<=」等，主要用於對運算元進行大小比較。如果關係運算成立，則返回 True（真），否則返回 False（假）。範例程式如下：

```
def main():
    a = 3
    b = 2
    c = 2
    Log("c:", c, "b:", b, "使用 c == b 判斷，兩邊運算元是否相等，返回:", c == b)
    Log("a:", a, "b:", b, "使用 a == b 判斷，兩邊運算元是否相等，返回:", a == b)
    Log("a:", a, "b:", b, "使用 a != b 判斷，兩邊運算元是否不等，返回:", a != b)

    # a 的值為 3，b 的值為 2，3 > 2，關聯運算式 a > b 成立，返回 True（真）
    Log("a:", a, "b:", b, "使用 a > b 判斷，兩邊運算元大小關係，返回:", a > b)
    # b 和 c 的值均為 2，關聯運算式 c < b 不成立，返回 False（假）
    Log("c:", c, "b:", b, "使用 c < b 判斷，兩邊運算元大小關係，返回:", c < b)
    Log("c:", c, "b:", b, "使用 c >= b 判斷，兩邊運算元大小關係，返回:", c >= b)
    Log("b:", b, "a:", a, "使用 b <= a 判斷，兩邊運算元大小關係，返回:", b <= a)
```

輸出結果如下：

```
c: 2 b: 2 使用 c == b 判斷，兩邊運算元是否相等，返回：  True
a: 3 b: 2 使用 a == b 判斷，兩邊運算元是否相等，返回：  False
a: 3 b: 2 使用 a != b 判斷，兩邊運算元是否不等，返回：  True
a: 3 b: 2 使用 a > b 判斷，兩邊運算元大小關係，返回：  True
c: 2 b: 2 使用 c < b 判斷，兩邊運算元大小關係，返回：  False
c: 2 b: 2 使用 c >= b 判斷，兩邊運算元大小關係，返回：  True
b: 2 a: 3 使用 b <= a 判斷，兩邊運算元大小關係，返回：  True
```

在上述程式中，首先定義變數 a、b、c，分別將其給予值為數字 3、2、2，然後分別判斷其大小關係，各運算子的比較方法與數學大小比較方法一致。

在 Python 中，「==」運算子主要用於判斷兩個數是否相等，「!=」運算子主要用於判斷兩個數是否不相等。關係運算子也可以用於判斷字串、串列、字典、條件等的大小關係。

2.4.3 設定運算子

　　給予值運算是將「=」運算子右邊的值傳遞給「=」運算子左邊的變數，可以直接傳遞，也可以先計算（如加、減、乘、除、函式呼叫、邏輯運算等）再傳遞。設定運算子主要有「=」「+=」「-=」「*=」「/=」「%=」「**=」「//=」。範例程式如下：

```
def main():
    a, b = 3, 2
    a = b               # 將 b 的值賦給 a，列印 a，顯示 2
    Log(a)
    a, b = 3, 2
    a += b              # 等值於 a = a + b，列印 a，顯示 5
    Log(a)
    a, b = 3, 2
    a -= b              # 等值於 a = a - b，列印 a，顯示 1
    Log(a)
    a, b = 3, 2
    a *= b              # 等值於 a = a * b，列印 a，顯示 6
    Log(a)
    a, b = 3, 2
    a /= b              # 等值於 a = a / b，列印 a，顯示 1.5
    Log(a)
    a, b = 3, 2         # 等值於 a = a % b，列印 a，顯示 1
    a %= b
    Log(a)
    a, b = 3, 2         # 等值於 a = a ** b，列印 a，顯示 9
    a **= b
    Log(a)
    a, b = 3, 2         # 等值於 a = a // b，列印 a，顯示 1
    a //= b
    Log(a)
```

　　輸出結果如下：

```
2
5
1
```

```
6
1.5
1
9
1
```

在上述程式中，首先定義了兩個變數 a、b，並且分別將其給予值為數字 3、2。除了常用的等號給予值，Python 還提供了更便捷的給予值方法。例如，a += b 表示先計算 a+b，再將計算結果賦給 a。

2.4.4 邏輯運算子

Python 中的邏輯運算與數學中的邏輯運算類似。例如，如果 a 為真，b 為假，那麼「非 a」為假，「a 且 b」為假，「a 或 b」為真。Python 中的邏輯運算子有 and、or、not。

and 運算子又稱為「與」運算子。假設有兩個運算元 x、y（x、y 可以是運算式，也可以是數值），那麼 x and y 就是一個「與」邏輯運算式。如果 x 為 False，那麼 x and y 返回 False；如果 x 為 True，那麼 x and y 返回 y 的值。範例程式如下：

```
def main():
    x = 10
    y = 20
    z = False
    Log(x and y) # 因為 x 的值為 10，為 True，所以 "與" 邏輯運算式 x and y 返回 y 的值，即 20
    Log(z and y) # 因為 z 為 False，所以 "與" 邏輯運算式 z and y 返回 False
```

輸出結果如下：

```
20
False
```

or 運算子又稱為「或」運算子。假設有兩個運算元 x、y（x、y 可以是運算式，也可以是數值），那麼 x or y 是一個「或」邏輯運算式。如果 x 為 True，那麼 x or y 返回 x 的值；如果 x 為 False，那麼 x or y 返回 y 的值。範例程式如下：

```
def main():
    x = 10
    y = 20
    z = False
    Log(x or y) # 因為 x 的值為 10，為 True，所以 "或" 邏輯運算式 x or y 返回 x 的值，即 10
    Log(z or y) # 因為 z 為 False，所以 "或" 邏輯運算式 x or y 返回 y 的值，即 20
```

輸出結果如下：

```
10
20
```

not 運算子又稱為「非」運算子。假設有一個運算元 x（x 可以是運算式，也可以是數值），那麼 not x 是一個「非」邏輯運算式。如果 x 為 True，那麼 not x 返回 False；如果 x 為 False，那麼 not x 返回 True。範例程式如下：

```
def main():
    x = 10
    y = 20
    z = False
    Log(not (x or y))   # 因為 x or y 為 True，所以 not (x or y) 返回 False
    Log(not (z and y))  # 因為 z and y 為 False，所以 not (z and y) 返回 True
```

輸出結果如下：

```
False
True
```

在 Python 中，in 和 not in 是邏輯判斷的另一種方式。in 運算子主要用於判斷其左邊的內容是否存在於其右邊的內容中，如果存在，則返回 True；如果不存在，則返回 False。not in 運算子主要用於判斷其左邊的內容是否不存在於其右邊的內容中，如果不存在，則返回 True；如果存在，則返回 False。範例程式如下：

```
def main():
    a = "hello world!"                    # 定義字串變數
    b = [0, 1, 2, 3, 4, 5, 6, 7, 8, 9]    # 定義串列變數
    c = {"name": "world", "age": 10}      # 定義字典變數
    Log('a' in a)                         # 判斷字元 'a' 是否存在於變數 a 中
    Log('F' in a)                         # 判斷字元 'F' 是否存在於變數 a 中
    Log(10 in b)                          # 判斷 10 是否存在於變數 b 中
    Log(0 in b)                           # 判斷 0 是否存在於變數 b 中
```

```
Log('world' in c)              # 判斷字串 'say' 是否存在於變數 c 中
Log('name' in c)               # 判斷字串 'name' 是否存在於變數 c 中
```

輸出結果如下：

```
False
True
False
True
False
True
```

也可以將 in 理解為是否包含。例如，在上述程式中，'a' in a 表示判斷變數 a 是否包含字元 'a'。in 不但可以用在字串中，還可以用在串列和字典中。需要注意的是，如果將 in 用在字典中，則只會判斷字典中是否有這個鍵名。

2.4.5 運算子優先順序

Python 運算子的優先順序是一個很重要的概念，如表 2.1 所示。在一個運算式中有多個運算子時，運算子優先順序決定了先執行哪個運算子。

表 2.1 Python 運算子的優先順序

Python 運算子	運算子說明	優 先 級
**	次方	6
*、/、%、//	乘、除、取餘、整除	5
+、-	加、減	4
<=、<、>、>=、==、!=	關係運算子	3
=、+=、-=、*=、/=	設定運算子	2
not、and、or	邏輯運算子	1

表 2.1 從高到低列出了運算子的優先順序。先執行具有較高優先順序的運算，再執行具有較低優先順序的運算。可以使用小括號改變預設的運算順序。例如，在運算式 11 + 2 -5 * (3 + 2 – (5 + 1)) 中，小括號內的 5+1 最先計算。

2.5　Python 中的數字和字串

數字和字串是大部分程式設計語言中的基底資料型別，也是透過策略程式實現量化交易的基礎。Python 中有很多用於處理數字和字串的函數，這些內建函數可以滿足大部分策略開發需求。

2.5.1　內建數學函數

Python 中的 math 函數庫提供了很多複雜數學運算的相關資料和函數，如取絕對值，四捨五入等函數。這些函數不能直接存取，需要使用「import」匯入 math 函數庫，並且使用靜態物件呼叫。範例程式如下：

```python
import math                        # 匯入 math 函數庫

def main():
    a = -10                        # 定義變數
    Log(math.e)                    # 列印自然常數
    Log(math.pi)                   # 列印圓周率
    Log(abs(a))                    # 計算 a 的絕對值
    Log(math.ceil(math.pi))        # math.ceil(x) 返回大於或等於數字變數 x 的最小整數
    Log(math.exp(1))               # math.exp(x) 返回自然常數 e 的 x 次冪
    Log(math.fabs(a))              # math.fabs(x) 返回數字變數 x 的絕對值，返回值為浮點數
    Log(math.floor(math.pi))       # math.floor(x) 返回數字變數 x 的下舍整數
    Log(math.log(100, 10))         # math.log(x, y) 返回以 y 為基數的 x 的對數
    Log(max(a, math.pi))           # 求傳入的參數中的最大值，參數可以是串列
    Log(min([a, math.pi, 0]))      # 求傳入的參數中的最小值，參數可以是串列
    Log(math.modf(math.pi))        # modf(x) 返回數字變數 x 的整數部分和小數部分
    Log(round(math.pi, 1))         # round(x, n) 主要用於計算浮點數 x 的四捨五入值
    Log(math.sqrt(100))            # math.sqrt(x) 主要用於計算 x 的算術平方根
```

輸出結果如下：

```
2.718281828459045
3.141592653589793
10
4
2.718281828459045
10.0
3
2.0
3.141592653589793
-10
```

```
(0.14159265358979312, 3.0)
3.1
10.0
```

在上述程式中，首先匯入 math 函數庫，接著定義了一個數字變數，直接呼叫 math.e 和 math.pi 可以獲得自然常數和圓周率，math 函數庫中的函數還可以進行較複雜的數學運算，如計算絕對值、冪數、平方根等。

2.5.2 存取字串中的字元

字串是由多個字元組成的，字元與字元之間是有順序的，字元的順序號稱為索引。字串的索引值是從 0 開始的。例如，有一個字串 stringA = "Hello ABC"，它在記憶體空間中的儲存順序如表 2.2 所示。

表 2.2 字串 "Hello ABC" 在記憶體空間中的儲存順序

H	e	l	l	o		A	B	C	!
0	1	2	3	4	5	6	7	8	9

如果要選取字串區間內容，則需要遵循左閉右開的原則，即從「起始」位開始，到「結束」位的前一位結束（不包含結束位本身）。最後一個元素的索引值是 -1。範例程式如下：

```
def main():
    stringA = "Hello ABC!"          # 定義字串變數
    Log(stringA[6:9])               # 獲取該變數中索引值為 6 ～ 8 的元素
    Log(strintA[-1])                # 獲取該變數中的最後一個元素
```

輸出結果如下：

```
ABC
!
```

在上述程式中，首先建立了一個字串變數，然後根據字串的索引值獲取其中的字元。在這個例子中，「[6:9]」表示獲取該字串中索引值為 6 ～ 8 的字元，如果索引值為 -1，則獲取該字串中的最後一個字元；如果索引值為 -2，則獲取該字串中的倒數第 2 個字元；依此類推。

2.5.3　拼接字串

在 Python 中，字串的拼接有很多種方式，如透過加號（＋）拼接，或者透過逗點（，）拼接。當需要拼接大量字串時，這兩種方法就非常低效了，此時可以使用 Python 內建的 join() 函數進行拼接。範例程式如下：

```
def main():
    a = "hello,"                      # 定義字串變數
    b = "world!"                      # 定義字串變數
    Log(a + b)                        # 透過"+"符號拼接兩個字串並列印
    Log(a, b)                         # 透過","符號拼接兩個字串並列印
    Log(' '.join([a, b]))             # 使用 join() 函數拼接兩個字串並列印
```

輸出結果如下：

```
hello,world!
hello, world!
hello, world!
```

在上述程式中，定義了兩個變數 a、b，並且分別將其給予值為 "hello"、"world!"，然後透過 3 種方法拼接兩個字串（透過「＋」符號拼接，透過「,」符號拼接，使用 join() 函數拼接）並列印。

2.5.4　其他常用函數

Python 還提供了一些其他用於處理字串的函數。

- len() 函數：獲取字串中的字元個數，即字串長度。
- lower() 函數：將字串中的所有大寫字母轉換為小寫字母。
- upper() 函數：將字串中的所有小寫字母轉換為大寫字母。
- replace() 函數：替換字串中的部分字元。
- split() 函數：字串分割函數。

範例程式如下：

```
def main():
    stringA = "Hello World!"          # 定義字串變數
    Log(len(stringA))                 # 獲取字串變數的長度
```

```
Log(stringA.lower())            # 將字串變數中的所有大寫字母轉換為小寫字母
Log(stringA.upper())            # 將字串變數中的所有小寫字母轉換為大寫字母
Log(stringA.replace("World", "世界"))# 將字串變數中的 "World" 替換為 "世界"
arr = stringA.split(" ")        # 以空格分割字串變數，返回串列
Log(arr[0])                     # 獲取該串列中的第 1 個元素
Log(arr[1])                     # 獲取該串列中的第 2 個元素
```

輸出結果如下：

```
12
hello world!
HELLO WORLD!
Hello 世界 !
Hello
World!
```

在上述程式中，首先定義了一個字串變數，然後使用 len() 函數獲取該字串變數的長度，使用 lower() 函數將字串變數中的所有大寫字母轉換為小寫字母，使用 upper() 函數將字串變數中的所有小寫字母轉換為大寫字母，使用 replace() 函數替換字串變數中指定的字串，使用 split() 函數根據指定的字元分割字串並返回串列，最後獲取串列中的元素。

2.6 Python 中的串列和字典

串列和字典都是 Python 中的常用資料結構，串列是有序資料的集合，字典是無序資料的集合。串列中的每個元素都有其對應的索引值，字典中的每個元素都包含鍵值對。

2.6.1 串列索引

串列是 Python 中的基本資料結構，串列中的每個元素都有一個索引值，用於標記串列中元素的位置，第 1 個元素的索引值為 0，第 2 個元素的索引值為 1，依此類推。串列中的元素可以是不同類型的資料，範例程式如下：

```
def main():
    arr = ["Tom", 18, ["12345678@qq.com", 135123456789]] # 定義二維串列變數
    Log("姓名：", arr[0])                        # 獲取該串列變數中的第 1 個元素
```

```
Log(" 年齡：", arr[1])                 # 獲取該串列變數中的第 2 個元素
Log(" 聯繫方式，電子郵件：", arr[2][0])# 獲取該串列變數中的第 3 個元素中的第 1 個元素
Log(" 聯繫方式，電話：", arr[2][1])    # 獲取該串列變數中的第 3 個元素中的第 2 個元素
```

輸出結果如下：

```
姓名： Tom
年齡： 18
聯繫方式，電子郵件： 12345678@qq.com
聯繫方式，電話： 135123456789
```

在上述程式中，首先定義了一個二維串列變數，然後透過串列索引獲取其中的元素，當索引值為 0 時，獲取該串列變數中的第 1 個元素；當索引值為 1 時，獲取該串列變數中的第 2 個元素；依此類推。

2.6.2 串列切片

透過串列切片，可以獲取串列中的部分元素。串列切片與字串切片類似，也需要遵循左閉右開的原則，即從「起始」位開始，到「結束」位的前一位結束（不包含結束位本身）。最後一個元素的索引值是 -1。也可以用 len() 函數獲取串列中的元素個數。範例程式如下：

```
def main():
    arr = [1, 2, 3, 4, 5, 6]       # 定義串列變數
    Log(arr[1:3])                  # 獲取該串列變數中索引值為 1 ～ 2 的元素
    Log(arr[-1])                   # 獲取該串列變數中的最後一個元素
    Log(len(arr))                  # 獲取該串列變數的長度
```

輸出結果如下：

```
[2, 3]
6
6
```

串列切片與字串切片的使用方法一致。在上述程式中，首先定義了一個串列變數，在串列變數後面增加「[1:3]」，表示獲取該串列變數中索引值為 1 ～ 2 的元素，即獲取串列變數中的第 2 ～ 3 個元素；在串列變數後面增加「[-1]」，表示獲取該串列變數中的最後一個元素。

2.6.3 串列中元素的修改與刪除

　　串列是可變的資料型態，串列中的元素可以被修改、刪除。直接使用給予值操作符就能修改串列中的元素值。例如，將串列中索引值為 1 的元素值修改為 22（原本是 2），程式如下：

```
def main():
    arr = [1, 2, 3, 4, 5, 6]          # 定義串列變數
    arr[1] = 22                       # 將該串列變數中索引為 1 的元素值修改為 22
    Log(arr)
```

　　輸出結果如下：

```
[1, 22, 3, 4, 5, 6]
```

　　Python 提供了 4 種用於刪除串列中元素的方法，分別為 del 關鍵字、pop() 函數、remove() 函數、clear() 函數，不同的方法適用於不同的場景。範例程式如下：

```
def main():
    arr = [1, 2, 3, 4, 5, 6, 7, 8, 9, 10]
    del arr[1]                        # 根據索引值刪除元素
    Log(arr)
    arr.pop()                         # 根據索引值刪除元素，預設刪除最後一個元素
    Log(arr)
    arr.remove(5)                     # 根據元素值進行刪除
    Log(arr)
    arr.clear()                       # 刪除串列中的所有元素
    Log(arr)
```

　　輸出結果如下：

```
[1, 3, 4, 5, 6, 7, 8, 9, 10]
[1, 3, 4, 5, 6, 7, 8, 9]
[1, 3, 4, 6, 7, 8, 9]
[]
```

　　在上述程式中，首先使用 del 關鍵字刪除了串列中索引值為 1 的元素「2」，然後使用 pop() 函數刪除串列中的最後一個元素，接著使用 remove() 函數刪除串列中值為「5」的元素，最後使用 clear() 函數刪除串列中的所有元素。

2.6.4　二維串列

　　串列中的元素可以是任意一種資料型態，包括串列。如果一個串列中包含串列，那麼這個串列就是二維串列。在量化交易中心，二維串列通常在技術指標中使用。獲取二維串列中串列元素中元素的範例程式如下：

```
def main():
    arr = [[1, 2], [3, 4], [5, 6]]
    Log(arr[0][0])      # 獲取串列變數 arr 中第 1 個元素中的第 1 個元素
    Log(arr[1][0])      # 獲取串列變數 arr 中第 2 個元素中的第 1 個元素
    Log(arr[2][0])      # 獲取串列變數 arr 中第 3 個元素中的第 1 個元素
```

　　輸出結果如下：

```
1
3
5
```

　　MACD 指標一共有 3 個資料，分別為 dif 線、dea 線、macd 量柱。如果使用 talib 函數庫中的 MACD 指標計算 MACD 的值，則會返回一個二維串列。該二維串列中的第 1 個元素是 MACD 指標中 dif 線的資料，第 2 個元素是 MACD 指標中 dea 線的資料，第 3 個元素是 MACD 指標中 macd 量柱的資料。範例程式如下：

```
def main():
    macd = [[1, 2, 3], [1.1, 2.2, 3.3], [1.11, 2.22, 3.33]] # MACD 值
    Log("dif 線：", macd[0])          # 獲取二維串列變數 macd 中的第 1 個元素
    Log("dea 線：", macd[1])          # 獲取二維串列變數 macd 中的第 2 個元素
    Log("macd 量柱：", macd[2])        # 獲取二維串列變數 macd 中的第 3 個元素
    # 獲取二維串列變數 macd 中第 1 個元素中的倒數第 1 個元素
    Log("dif 指標值：", macd[0][-1])
```

　　輸出結果如下：

```
dif 線：  [1, 2, 3]
dea 線：  [1.1, 2.2, 3.3]
macd 量柱：  [1.11, 2.22, 3.33]
dif 指標值：  3
```

　　在上述程式中，首先定義了一個二維串列變數 macd，該變數中一共有 3 個元素，第 1 個元素是 dif 線的資料，第 2 個元素是 dea 線的資料，第 3

個元素是 macd 量柱的資料。並且每個元素都是串列，如果要獲取最新的 dif 值（dif 線的資料中的倒數第 1 個元素值），那麼 macd 的索引是「[0][-1]」。

2.6.5 串列中元素的增加

在 Python 中，append() 函數主要用於向串列尾部追加元素，如果所追加的元素是個串列，那麼這個串列會作為一個整體進行追加。範例程式如下：

```
def main():
    arr = [1, 2, 3, 4]                  # 定義串列變數
    arr.append("100")                   # 在該串列變數尾端增加 1 個字串
    Log(arr)
    arr.append([99, 100])               # 在該串列變數尾端增加 1 個串列
    Log(arr)
```

輸出結果如下：

```
[1, 2, 3, 4, '100']
[1, 2, 3, 4, '100', [99, 100]]
```

 在串列中增加元素後，串列的長度會自動增加。

2.6.6 串列反向排序

reverse 是串列中的一個非常實用的內建函數，它可以讓串列中的元素反向排序，該函數可以返回一個反向序列的迭代器（用於遍歷該反向序列）。範例程式如下：

```
def main():
    arr = [1, 2, 3, 4]                  # 定義串列變數
    arr.reverse()                       # 對該串列變數中的元素進行反向排序
    Log(arr)
```

輸出結果如下：

```
[4, 3, 2, 1]
```

在上述程式中，首先定義了一個串列變數 arr=[1, 2, 3, 4]，然後呼叫了該串列變數的 reverse() 函數，對該串列變數中的元素進行反向排序，輸出結果為 [4, 3, 2, 1]。

2.6.7　建立字典

字典中的元素可以是任意資料型態的資料，字典中的鍵名（key）和鍵值（value）是一一對應的，對應的一對鍵名和鍵值稱為鍵值對。在鍵值對中，鍵名是資料的名字，鍵值是資料。字典使用英文冒號「:」分隔鍵值對中的鍵名和鍵值，鍵值對之間用英文逗點「,」分隔，整個字典用大括號「{}」包裹起來。範例程式如下：

```
dict = {key1 : value1, key2 : value2 , key3 : value3}
```

字典中的鍵名必須是唯一的，鍵值可以是重複的。鍵值可以是任何資料型態的資料，但是鍵名必須是不可變資料型態的資料，如數值、字串都可以作為鍵名。字典的建立方法很簡單，範例程式如下：

```
def main():
    boy = {                                # 建立字典變數
        "name" : "tom",                    # 給字典變數中的 name 元素給予值
        "age" : 18,                        # 給字典變數中的 age 元素給予值
        "Email" : "123456789@qq.com"       # 給字典變數中的 Email 元素給予值
    }

    Log(boy)                               # 列印該字典變數
```

輸出結果如下：

```
{'name': 'tom', 'age': 18, 'Email': '123456789@qq.com'}
```

在上述程式中，首先定義了一個字典，並且將其賦給 boy 變數，然後使用 Log() 函數輸出字典變數 boy，在日誌中會顯示字典變數 boy 中的鍵值對。

2.6.8 存取字典中的鍵值

漢語字典可以透過拼音查中文字，Python 字典存取基於這個原理，可以透過鍵名（key）存取字典中的鍵值（value）。具體方法為，在字典變數名後面寫中括號「[]」，然後在中括號內寫要存取的鍵值對應的鍵名。範例程式如下：

```
def main():
    boy = {
        "name" : "tom",
        "age" : 18,
        "Email" : "123456789@qq.com"
    }

    Log("名字:", boy["name"])
    Log("年齡:", boy["age"])
    Log("地址:", boy["address"])         # 存取字典中不存在的鍵值，會顯示出錯。
```

輸出結果如下：

```
名字: tom
年齡: 18
Traceback (most recent call last): File "<string>", line 1481, in Run File
"<string>", line 15, in <module> File "<string>", line 10, in main KeyEr
ror: 'address'
```

注意　在存取字典中的鍵值前，需要先判斷字典中是否包含該鍵值對，如果存取的字典中並不存在該鍵值對，那麼程式會顯示出錯。

2.6.9 字典中元素的增加與修改

字典是可變資料型態的資料，也就是説，可以對字典中的元素進行增加、刪除、修改、查詢操作。如何增加和修改字典中的元素呢？和存取字典中鍵值的方式一樣，只不過是對其進行給予值操作。範例程式如下：

```
def main():
    boy = {
        "name" : "tom",
        "age" : 18,
```

```
        "Email" : "123456789@qq.com"
    }
    boy["height"] = "180cm"     # 由於字典變數中沒有該鍵值對，因此建立該鍵值對並給予值
    # 由於字典變數中該鍵值對存在，因此更新該鍵值對的鍵值
    boy["Email"] = "abcdefg@qq.com"
    Log(boy)
```

輸出結果如下：

```
{'name': 'tom', 'age': 18, 'Email': 'abcdefg@qq.com', 'height': '180cm'}
```

在上述程式中，首先建立了一個字典變數 boy，該字典變數中包含 3 個鍵名，分別為 "name"、"age" 和 "Email"，由於字典變數 boy 中沒有鍵名為 "height" 的鍵值對，因此建立了該鍵值對並為其給予值；由於字典中有鍵名為 "Email" 的鍵值對，因此更新該鍵值對的鍵值。

2.6.10 字典中元素的刪除

Python 中的字典有 4 種用於刪除元素的方法，適用于不同的應用場景。其中 del 是全域方法，既能刪除單一元素，又能刪除整個字典，範例程式如下：

```
def main():
    boy = {
        "name" : "tom",
        "age" : 18,
        "Email" : "123456789@qq.com"
    }

    del boy["age"]                          # 刪除字典變數中的元素（鍵值對）
    Log(boy)
    del boy                                 # 刪除整個字典變數
    Log(boy)
```

輸出結果如下：

```
{'name': 'tom', 'Email': '123456789@qq.com'}
Traceback (most recent call last): File "<string>", line 1481, in Run File
 "<string>", line 16, in <module> File "<string>", line 11, in main
UnboundLocalError: local variable 'boy' referenced before assignment
```

在上述程式中，首先建立了一個字典變數 boy，然後刪除了字典變數中的鍵名為 "age" 的元素（鍵值對），最後將字典變數 boy 刪除了。如果 del 關鍵字後面跟的是一個字典名（del boy），那麼刪除的是整個字典（boy）；如果 del 關鍵字後面跟的是字典名 [鍵名]（del boy["age"]），那麼刪除的是該字典中該鍵名對應的元素（鍵值對）。如果要清空字典中的所有元素，則可以直接呼叫字典的 clear() 函數，範例程式如下：

```
def main():
    boy = {
        "name" : "tom",
        "age" : 18,
        "Email" : "123456789@qq.com"
    }

    boy.clear()                                    # 清空字典變數中的所有元素
    Log(boy)
```

輸出結果如下：

```
{}
```

注意 字典中的元素可以是任意資料型態的資料，但是字典中的鍵名必須是不可變資料型態的資料，並且字典中的鍵名不能重複，如果在建立一個字典時出現兩次相同的鍵名，那麼只會記錄最後一個鍵名對應的鍵值對。範例程式如下：

```
def main():
    boy = {
        "name" : "tom",
        "age" : 18,
        "name" : "jack",        # 更新字典變數中鍵名 "name" 對應的鍵值（name 元素的值）
        "Email" : "123456789@qq.com"
    }
    Log(boy)
```

輸出結果如下：

```
{'name': 'jack', 'age': 18, 'Email': '123456789@qq.com'}
```

在上述程式中，建立了一個字典變數 boy，但是在該字典變數中有兩個鍵名為 "name" 的鍵值對（name 元素），那麼後面的鍵名 "name" 對應的鍵值（name 元素的值）會覆蓋前面的鍵名 "name" 對應的鍵值（name 元素）。

2.7 Python 中的條件陳述式和迴圈敘述

程式設計與生活息息相關，如紅燈停、綠燈行就是條件陳述式。條件陳述式和迴圈敘述在量化交易中很常用，如圖 2.1 所示。策略是否可以根據行情即時變化發現潛在的交易機會，取決於它在迴圈敘述中重複的判斷交易訊號是否成立。之所以會自動下單交易，是因為它可以根據條件陳述式執行下單動作。

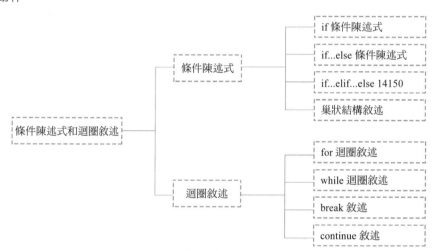

▲ 圖 2.1 條件陳述式和迴圈敘述

2.7.1 條件陳述式

電腦在執行程式時，會按照從上到下的順序逐行執行。但很多時候按循序執行程式有很大的局限性。假如有一個策略邏輯是只有在均線金叉時才能買入，這時就需要用到 if 條件陳述式了。if 條件陳述式的邏輯示意圖如圖 2.2 所示。

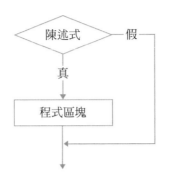

▲ 圖 2.2 if 條件陳述式的邏輯示意圖

　　if 條件陳述式屬於選擇結構，它就像一個開關，首先對條件進行判斷，然後根據判斷結果執行不同的程式。這個條件可以是單一的值，也可以是由運算子組成的運算式，只要這個條件能得到一個值，if 條件陳述式都能判斷它是否成立。如果條件成立，則會執行 if 敘述中的程式區塊，否則會跳過 if 敘述。範例程式如下：

```
def main():
    a = 5
    b = 10
    if a > 6:  # 如果 a 大於 6，則列印 a
        Log(a)
    if b > 6:  # 如果 b 大於 6，則列印 b
        Log(b)
```

　　輸出結果如下：

```
10
```

　　在大部分的情況下，if 敘述和 else 敘述可以組合成 if...else 條件陳述式。如果條件成立，那麼執行 if 敘述中的程式區塊，跳過 else 敘述中的程式區塊；如果條件不成立，那麼跳過 if 敘述中的程式區塊，執行 else 敘述中的程式區塊。if…else 條件陳述式的邏輯示意圖如圖 2.3 所示。

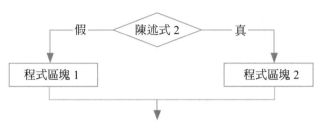

▲ 圖 2.3　if···else 條件陳述式的邏輯示意圖

範例程式如下：

```
def main():
    a = 5
    b = 10
    if a > 6:           # 如果a大於6，則列印a
        Log(a)
    else:               # 否則列印b
        Log(b)
```

輸出結果如下：

```
10
```

　　還有一種 if···elif···else 形式的條件陳述式，這種條件陳述式會依次判斷運算式的值，如果某個運算式的值為真，則執行對應的程式區塊；如果所有的運算式均為假，則執行 else 敘述中的程式區塊。if···elif···else 條件陳述式的邏輯示意圖如圖 2.4 所示。

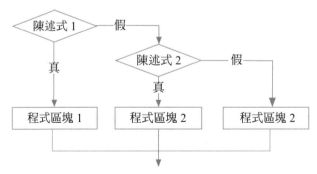

▲ 圖 2.4　if···elif···else 條件陳述式的邏輯示意圖

範例程式如下：

```
def main():
    a = 5
    b = 10
    if a > 100:                      # 如果變數 a 的值大於 100，則列印變數 a 的值
        Log(a)
    elif b > 100:                    # 否則如果變數 b 的值大於 100，則列印變數 b 的值
        Log(b)
    else:                            # 否則列印字串 'a、b 都小於 100'
        Log('a、b 都小於 100')
```

輸出結果如下：

a、b 都小於 100

條件陳述式可以嵌套使用。在嵌套條件陳述式中，可以將 if...elif...else 條件陳述式嵌套在另一個 if...elif...else 條件陳述式中。範例程式如下：

```
def main():
    boy = {                         # 定義字典變數
        "name" : "tom",
        "age" : 18,
        "Email" : "123456789@qq.com"
    }

    if boy["age"] == 20:            # 如果字典變數 boy 中的 age 元素的值等於 20
        Log("tom is 20 years old!")
    elif boy["age"] == 19:          # 如果字典變數 boy 中的 age 元素的值等於 19
        Log("tom is 19 years old!")
    else:
        Log("tom is not 20 or 19 years old!I don`t know his age.")
        # 如果字典變數 boy 中的 Email 元素的值等於 "123456789@gmail.com"
        if boy["Email"] == "123456789@gmail.com":
            Log("Although I don't know Tom's age, I can email him!")
            Log("123456789@gmail.com")
        # 否則如果字典變數 boy 中的 Email 元素的值等於 "123456789@qq.com"
        elif boy["Email"] == "123456789@qq.com":
            Log("Although I don't know Tom's age, I can email him!")
            Log("123456789@qq.com")
        else:
            Log("I don`t know his email address!")
```

輸出結果如下：

```
tom is not 20 or 19 years old!I don`t know his age.
Although I don't know Tom's age, I can email him!
123456789@qq.com
```

在上述程式中，首先定義了一個字典變數，然後使用 if 敘述判斷字典變數中 age 元素的值，由於字典變數中 age 元素的值是 18，因此 if 敘述和 elif 敘述中的程式區塊都不會被執行，轉而執行 else 敘述中的程式區塊。

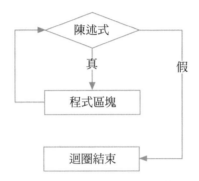

▲ 圖 2.5 迴圈敘述的邏輯示意圖

2.7.2 迴圈敘述

迴圈是讓電腦重複做某件事情。Python 提供了兩種迴圈敘述，分別是 for 迴圈敘述和 while 迴圈敘述。for 迴圈敘述通常用於表示有限次數的迴圈。while 迴圈敘述通常用於表示不定次數的迴圈，在某些條件觸發後退出迴圈。迴圈敘述的邏輯示意圖如圖 2.5 所示。

for 通常用於遍歷數量有限的資料（如字串、串列、字典等）或處理有限的任務。例如，使用 for 迴圈敘述將一個字串中的所有字元一個一個列印出來，範例程式如下：

```
def main():
    stringA = "abc123"        # 定義字串變數
    for char in stringA:      # 迴圈遍歷該字串變數
        Log(char)             # 每次列印當前字元
    else:
        Log(" 列印結束 ")
```

輸出結果如下：

```
a
b
c
1
2
3
列印結束
```

如果資料是無限的，或者需要處理無限重複的任務，則可以使用 while 迴圈敘述。while 迴圈敘述在每次開始迴圈前，都會先判斷條件陳述式是否為真，如果條件陳述式為真，那麼執行迴圈本體內的程式區塊。範例程式如下：

```
def main():
    a = 0
    while a < 100:          # 如果變數 a 的值小於 100，那麼執行迴圈本體內的程式區塊
        a = a + 1
        Log(a)
```

輸出結果如下：

```
1
2
...
100
```

在上述程式中，首先定義了一個變數 a 並將其給予值為 0，然後使用 while 迴圈敘述，其條件是 a<100，也就是說，如果 a<100，就重複執行迴圈本體內的程式區塊，每一次迴圈都將 a 的值加 1，直到 a=100，迴圈結束。

2.7.3 break 敘述

break 敘述是迴圈敘述的搭檔，當迴圈敘述中出現 break 敘述時，迴圈會立刻終止。如果是雙層迴圈敘述，那麼 break 敘述只會終止當前迴圈。範例程式如下：

```
def main():
    arr1 = [1,2,3,4]                # 定義串列變數 arr1
    arr2 = ["a", "b", "c", "d"]     # 定義串列變數 arr2
    for i in arr1:                  # 迴圈遍歷串列變數 arr1
        for j in arr2:              # 迴圈遍歷串列變數 arr2
            if j == "b":            # 如果串列變數 arr2 中的元素值等於 'b'，就終止迴圈
                break
            Log("i:", i, "  j:", j)
```

輸出結果如下：

```
i: 1 j: a
i: 2 j: a
i: 3 j: a
i: 4 j: a
```

在上述程式中，使用了兩個 for 迴圈敘述，分別用於遍歷串列變數 arr1 和 arr2，在遍歷串列變數 arr2 時遇到了 break 敘述，就跳出了當前的 for 迴圈，所以串列變數 arr2 中的第 2 ～ 4 個元素（"b"、"c" 和 "d"）都不會被列印出來，但是串列變數 arr1 中的元素都被列印了出來，說明 break 敘述只是跳出了迴圈 for j in arr2。

2.7.4 continue 敘述

continue 敘述與 break 敘述類似，和 break 敘述不同的是，continue 敘述不是終止整個迴圈，而是跳過本次迴圈，並且強制執行下一次迴圈。範例程式如下：

```
def main():
    arr = ["a", "b", "c", "d"]   # 定義串列變數
    for i in arr:                # 迴圈遍歷串列變數
        if i == "c":             # 如果串列變數中的元素值等於 "c"，就跳過本次迴圈
            continue
        Log(i)
```

輸出結果如下：

```
a
b
d
```

在上面的輸出結果中，字串 "c" 沒有被列印出來。因為在迴圈本體內使用 if 敘述判斷 i =="c" 時執行了 continue 敘述，所以跳過了當前迴圈，並未執行後面的 Log(i) 程式，直接執行了下一次迴圈。continue 敘述和 break 敘述類似，只能作用於當前迴圈，不影響外層迴圈（如果有的話）。

2.8 Python 中的日期和時間

量化交易經常需要和時間打交道，對於一些日內策略或交易頻率比較高的策略，對日期和時間的處理非常重要。Python 提供了 time、calendar、datetime 等函數庫，用於處理日期和時間，其中較為常用的是 time 函數庫和 datetime 函數庫。

2.8.1 time 函數庫

在 Python 中，處理時間需要使用 time 函數庫，匯入 time 函數庫非常簡單，使用 import 關鍵字即可。在匯入 time 函數庫後，即可呼叫該函數庫中的函數對時間資料進行處理。例如，使用 time.time() 函數可以讀取當前時間的秒級時間戳記，範例程式如下：

```
import time                          # 匯入 time 函數庫

def main():
    Log(time.time())                 # 列印當前時間戳記
```

輸出結果如下：

```
1595984400.0
```

在這個例子中，首先使用 import 關鍵字匯入 time 函數庫，然後呼叫 time 函數庫中的 time() 函數獲取當前時間戳記，最後使用 Log() 函數將當前時間戳記列印到日誌中。

2.8.2　什麼是時間戳記

　　時間戳記是指自 1970 年 1 月 1 日（00:00:00 GMT）至當前時間的總秒數，常用的有秒級時間戳記和毫秒級時間戳記。時間戳記具有唯一性，是用於驗證某個時間點存在的資料。嚴格來說，無論在地球的哪個地方、哪個時區，任意時間的時間戳記都是相同的。範例程式如下：

```
import time                              # 匯入 time 函數庫

def main():
    now = time.time()
    Log(now)                             # 列印當前時間戳記
    Log(type(now))                       # 判斷時間戳記的資料型態
```

　　輸出結果如下：

```
1598931147.2031229
<class 'float'>
```

　　在上述程式中，呼叫 time 函數庫中的 time() 函數獲取當前時間戳記，然後使用 type() 函數判斷該時間戳記的資料型態。根據返回結果可知，該時間戳記是 float 型態資料。

2.8.3　將時間戳記轉換為時間

　　根據前面的例子可知，時間戳記是一個數字，在商品期貨中，所有資料都是基於時間戳記的。但如果資料以時間戳記形式顯示，看起來不直觀，不利於觀察和分析資料，因此需要將時間戳記轉換為時間。

　　將時間戳記轉換為時間，可以使用 time 函數庫中的函數轉換，也可以使用發明者量化 SDK 中的 _D() 函數轉換。範例程式如下：

```
import time

def main():
    ts = time.time()                     # 使用 time.time() 獲取當前時間戳記
    strTs = _D(ts)                       # 將時間戳記轉換為可讀的時間字串
    Log("當前時間：", strTs)             # 列印時間字串
```

輸出結果如下：

當前時間： 2020-07-29 09:00:00

注意 時間戳記是不分時區、全球統一的，在量化交易中一般不需要考慮時
區的問題。

2.9 Python 中的常用內建函數

2.9.1 len() 函數

len() 函數主要用於返回物件的長度或元素數量，主要適用於字串、串
列、字典等資料。如果是字串，則返回字元數量；如果是串列，則返回元素
數量；如果是字典，則返回鍵值對數量。範例程式如下：

```
def main():
    a = "hello world!"                      # 定義字串變數
    b = [0, 1, 2, 3, 4, 5, 6, 7, 8, 9]      # 定義串列變數
    c = {"name": "world", "age": 10   }     # 定義字典變數
    Log(len(a))                             # 列印字串變數的長度
    Log(len(b))                             # 列印串列變數的長度
    Log(len(c))                             # 列印字典變數的長度
```

輸出結果如下：

```
12
10
2
```

在上述程式中，首先定義了 3 個變數，並且分別將其給予值為字串、
串列、字典，然後使用 len() 函數獲取它們的長度。需要注意的是，在使用
len() 函數判斷字典長度時，返回的是字典中的鍵值對數量。

2.9.2 range() 函數

range() 函數主要用於返回一個可以迭代的物件，這個物件是指定範圍內的一系列數字。range() 函數通常與 for 迴圈敘述搭配使用，並且至少需要一個參數，範例程式如下：

```
def main():
    for i in range(5):                    # 迴圈遍歷 range() 函數生成的數列
        Log(i)
```

輸出結果如下：

```
0
1
2
3
4
```

在上述程式中，range(5) 遵循左開右閉的原則，從 0 開始（包含 0）到 5 結束（不包含 5），產生了一個從 0 到 4 的數列。

可以給 range() 函數傳兩個參數，第 1 個參數表示起始數字，第 2 個參數表示結束數字，同樣遵循左開右閉原則，範例程式如下：

```
def main():
    for i in range(2, 5):                 # 迴圈遍歷 range() 函數生成的數列
        Log(i)
```

輸出結果如下：

```
2
3
4
```

range() 函數還可以和 len() 函數搭配使用，透過使用串列索引，遍歷一個串列（區別於 for i in arr，注意變數 i 具體代表什麼），範例程式如下：

```
def main():
    arr = ["a", "b", "c", "d"]            # 定義串列變數
    Log(" 第 1 個迴圈 :")
    for i in arr:                         # 迴圈遍歷串列變數
        Log(i)
```

```
Log(" 第 2 個迴圈：")
for i in range(len(arr)):                    # 迴圈遍歷 range() 函數生成的串列
    Log(i, " 使用 i 存取串列中元素：", arr[i])
```

輸出結果如下：

```
第 1 個迴圈：
a
b
c
第 2 個迴圈：
0 使用 i 存取串列中元素： a
1 使用 i 存取串列中元素： b
2 使用 i 存取串列中元素： c
3 使用 i 存取串列中元素： d
```

在上述程式中，在執行第 1 個迴圈時，每次列印 i 變數，顯示的是字母，說明每次從 arr 串列中取出元素並將其賦給 i，然後列印 i；在執行第 2 個迴圈時，每次列印 i 變數，顯示的是數值，說明 i 是串列中元素的索引。

2.9.3 split() 函數

split() 函數主要用於對字串進行分割，返回分割後的字串串列。範例程式如下：

```
def main():
    a = "hello world!"              # 定義字串變數
    b = a.split(" ")                # 使用空格分割字串變數
    Log(b)
```

輸出結果如下：

```
['hello', 'world!']
```

在上述程式中，首先定義了一個字串變數，然後使用 split() 函數分割該字串變數。split() 函數中有一個參數，表示進行分割的字元。

2.9.4 type() 函數

type() 函數是既簡單又實用的物件資料型態查詢函數，它是一個內建函式，它的參數為要查詢的物件，返回值為該物件的資料型態。範例程式如下：

```
def main():
    a = "hello world!"                    # 定義字串變數
    b = [0, 1, 2, 3, 4, 5, 6, 7, 8, 9]    # 定義串列變數
    c = {"name": "world", "age": 10}      # 定義字典變數
    Log(type(a))                          # 列印變數 a 的資料型態
    Log(type(b))                          # 列印變數 b 的資料型態
    Log(type(c))                          # 列印變數 c 的資料型態
```

輸出結果如下：

```
<class 'str'>
<class 'list'>
<class 'dict'>
```

在上述程式中，首先定義了 3 個變數，分別將其給予值為字串、串列、字典，然後使用 type() 函數判斷它們的資料型態，並且將其列印到日誌資訊中。

2.9.5 isinstance() 函數

isinstance() 函數主要用於判斷一個物件的資料型態是否為某個已知的資料型態，類似於 type() 函數，區別在於：type() 函數不會認為子類別是一種父類別類型，不考慮繼承關係。isinstance() 函數會認為子類別是一種父類別類型，考慮繼承關係。範例程式如下：

```
def main():
    a = 3.14                          # 定義浮點數變數
    b = 4                             # 定義整數變數
    Log(isinstance(a, float))         # 判斷變數 a 的資料型態是否為浮點數
    Log(isinstance(b, float))         # 判斷變數 b 的資料型態是否為浮點數
```

輸出結果如下：

```
True
False
```

在上述程式中，第 1 個參數是要判斷的物件，第 2 個參數為要對比的資料型態。因為變數 a 為浮點數資料，所以 isinstance(a, float) 返回 True；因為變數 b 不是浮點數資料，所以 isinstance(b, float) 返回 False。

2.9.6 取整函數

在量化交易中，對資料進行取整處理是不可避免的，取整方式包括向下取整、四捨五入取整、向上取整等。Python 提供了很多用於將浮點數資料取整的函數。

- int() 函數主要用於向下取整。

- round() 函數主要用於四捨五入取整。

- math 函數庫中的 ceil() 函數主要用於向上取整。

```
import math

def main():
    a = 3.14156            # 定義浮點數變數
    Log(int(a))            # 將變數 a 轉換為整數變數並列印
    Log(round(a))          # 將變數 a 四捨五入取整並列印
    Log(round(a, 3))       # 將變數 a 四捨五入，保留 3 位小數，並且列印
    Log(math.ceil(a))      # 將變數 a 向上取整並列印
```

輸出結果如下：

```
3
3
3.142
4
```

在上述程式中，首先使用 import 關鍵字匯入 math 函數庫，然後定義了一個變數 a 並將其給予值為 3.14156，接著使用 Python 附帶的 int() 函數將變數 a 向下取整並列印，再使用 round() 函數將變數 a 四捨五入取整並列印，最後使用 math 函數庫中的 ceil() 函數將變數 a 向上取整並列印。

2.10　Python 中的異常處理

在撰寫 Python 策略時，難免會出現錯誤，理想的情況是在策略啟動時，透過 Python 自檢發現錯誤。但實際上 Python 並不能主動找出所有的錯誤，有一些錯誤只有在執行過程中才能被發現，所以需要使用恰當的方法將錯誤來源及相關資訊呈現出來，並且對錯誤進行修正，從而提高策略的穩固性。

2.10.1　語法錯誤

語法錯誤是初學者經常遇到的情況。例如，少寫了括號，關鍵字 True 的字元 'T' 需要大寫，等等。不過這種錯誤在 Python 啟動時，透過對程式的解析會自動終止程式，並且顯示錯誤位置和錯誤原因。範例程式如下：

```
def main()                      # 語法錯誤，此行尾端缺少英文冒號
    Log(1)
```

輸出結果如下：

```
Traceback (most recent call last): File "<string>", line 1481, in Run File
"<string>", line 1 def main() ^ SyntaxError: invalid syntax
```

在上述程式中，第 1 行程式尾端缺少英文冒號「:」，導致策略語法錯誤，觸發了一個異常事件。當異常發生時，策略會終止執行，並且舉出錯誤位置和錯誤原因。

2.10.2　異常錯誤

異常錯誤比較隱蔽，通常在策略執行過程中才能被發現。例如，在進行除法運算時除數為 0，將一個值為空值的變數（None）當作字典變數使用，將整數變數和字串變數相加，使用未定義的變數參與運算，等等。範例程式如下：

```
def main():
    Log(10 / 0)                 # 計算錯誤，0 不能被整除
```

輸出結果如下：

```
Traceback (most recent call last): File "<string>", line 1481, in Run
File "<string>", line 7, in <module> File "<string>", line 2, in main
ZeroDivisionError: division by zero
```

在上述程式中，程式語法並沒有錯誤，但觸發了一個異常事件，根據錯誤訊息可知錯誤原因：在第 2 行程式中，0 不能作除數。

2.10.3 異常捕捉

為了檢索隱藏的異常錯誤，或者為了避免異常錯誤的發生，可以使用 try…except 敘述捕捉異常。當執行 try 敘述中的程式區塊時，如果發生異常錯誤，則會被異常檢測捕捉，範例程式如下。在下面第 4 行程式中，捕捉異常錯誤資訊 Exception，並且使用 as 關鍵字將其重新命名為變數 e。

```
def main():
    try:                            # 捕捉異常
        Log(10 / 0)                 # 計算錯誤，0 不能被整除
    except Exception as e:
        Log(' 錯誤 ', e)            # 列印錯誤原因
    Log('hello world')
```

輸出結果如下：

```
錯誤 division by zero
hello world
```

在上述程式中，在程式運算到 10/0 時，並沒有使程式停止，而是列印了一筆日誌，並且最後一筆日誌 Log("hello world") 也執行了。異常捕捉不僅可以提示程式錯誤的原因，還可以防止程式因為異常而終止執行。

2.11 溫故知新

學完本章內容，讀者需要回答：

1‧Python 中有哪些資料型態？

2‧Python 運算子的優先順序是什麼？

3‧什麼關鍵字能終止迴圈？

4‧什麼是時間戳記？如何將時間戳記轉換為時間？

5‧type() 函數與 isinstance() 函數有什麼區別？

在下一章中，讀者會了解到：

1‧API 中的全域常數和資料結構。

2‧常用的行情和交易 API。

3‧繪製圖表。

在學完第 1 章的量化交易基礎及第 2 章的 Python 程式設計相關知識後，就可以利用這些知識開發策略了。但如果從零開始對接原始的行情和交易 API，則會是一個龐大的 IT 系統工程。對初學者來說，利用免費開放原始碼的發明者量化 SDK，可以快速進行交易策略開發。

由於本地 SDK 功能和應用場景有限，因此，為了更加深入了解每個 API 函數的作用，本章會結合發明者量化交易平台進行講解。

3.1 全域常數和資料結構

在發明者量化 SDK 中，有很多 API 函數，每個函數都有各自的功能，它們返回的結果也不盡相同。在學習本節的全域常數和資料結構的相關知識後，即可知道這些函數返回的結果都有哪些意義。

3.1.1 exchange 交易所物件

在撰寫策略時，exchange 交易所物件是最常用的物件之一，因為大部分 API 函數都是該物件的函數。exchange 交易所物件在策略程式中代指在建立實盤或回測時增加的交易所。這些已經增加到發明者量化交易平台上的交易所，在增加時都綁定了交易所的 API KEY（存取金鑰）、資金帳號、資金密碼（對於商品期貨）。

所以在使用 exchange.GetAccount() 等函數獲取帳戶資訊時，可以獲取對應的 API KEY、資金帳號、資金密碼等資料（API KEY 是授權程式存取介面的金鑰，資金帳號、資金密碼是登入驗證的憑證）。exchange 是增加的第 1 個交易所物件。選擇商品期貨和選擇期貨公司的操作分別如圖 3.1 和圖 3.2 所示。

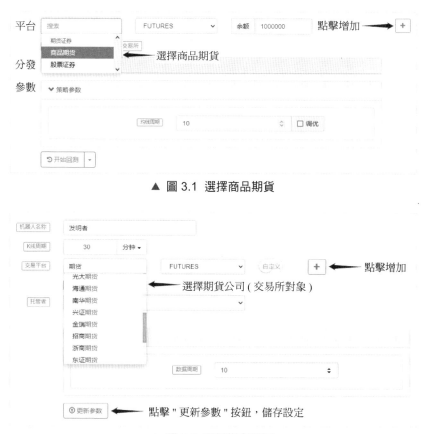

▲ 圖 3.1 選擇商品期貨

▲ 圖 3.2 選擇期貨公司

在增加了一個交易所物件後，可以在策略程式中寫入程式，用於列印該交易所物件的名字、標籤資訊，程式如下：

```
def main():
    # 列印交易所物件的名字和標籤資訊
    Log(" 在實盤或回測頁面上，增加的第 1 個交易所物件名字：", exchange.GetName(),
" ，標籤：", exchange.GetLabel())
```

3.1.2 exchanges 交易所物件串列

　　了解了 exchange 的概念，exchanges 的概念就容易理解了。exchanges 就是一系列交易所物件，將這些交易所物件儲存於一個串列中，因為一個策略可以設計成多交易所、多帳戶的架構，所以可以增加多個交易所物件。exchanges 串列中包含多個交易所物件，如圖 3.3 所示，exchanges[0] 即 exchange。

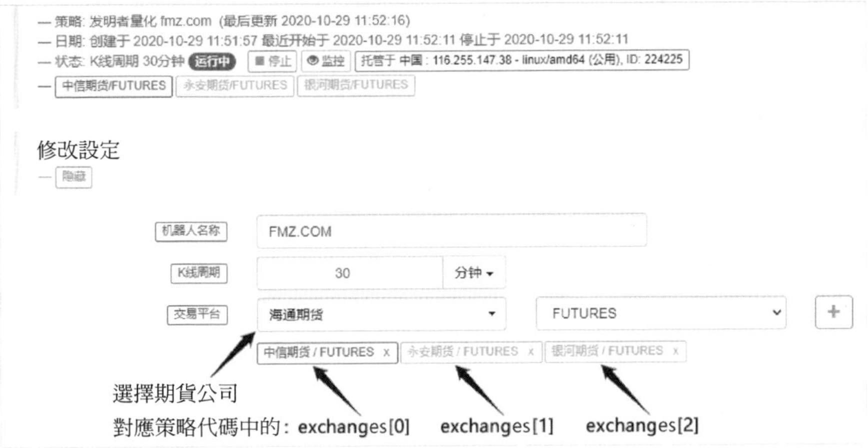

▲ 圖 3.3 交易所物件

　　增加的交易所物件對應策略程式中的 exchanges[0]、exchanges[1]、exchanges[2]……同樣，在實盤或回測時，可以使用以下程式測試，遍歷交易所物件串列 exchanges，一個一個列印交易所物件的名稱、標籤資訊，程式如下：

```
def main():
    for i in range(len(exchanges)):                    # 遍歷交易所物件串列 exchanges
        Log("增加的交易所物件索引（第1個值為0，依此類推）：", i, " 名稱：",
exchanges[i].GetName(), " 標籤：", exchanges[i].GetLabel())
```

3.1.3 Order 資料結構

　　Order 資料結構即訂單資料結構，由 exchange.GetOrder()、exchange.GetOrders() 函數返回。在 Order 資料結構中，屬性 Status、Type、Offset 的值為固定的幾種取值。Order 資料結構如下：

```
{
    Info: {...},              # 請求交易所介面返回的原始資料，在回測時無此屬性
    Id: 123456,               # 訂單 ID，交易單唯一標識，用於取消某個訂單
    Price: 1000,              # 下單價格
    Amount: 10,               # 下單數量
    DealAmount: 10,           # 成交數量
    AvgPrice: 1000,           # 成交均價
    Status: 1,                # 訂單狀態，如掛單、完全成交、撤銷
    Type: 0,                  # 訂單類型，用於標記訂單是買單還是賣單
    Offset: 0,                # 訂單的開平倉方向，用於標記訂單是開倉單還是平倉單
    ContractType: ""          # 訂單的合約程式
}
```

Order 資料結構中 Status 屬性的值如表 3.1 所示。

表 3.1 Order 資料結構中 Status 屬性的值

常 數 名	含 義	值
ORDER_STATE_PENDING	未完成	0
ORDER_STATE_CLOSED	已完成	1
ORDER_STATE_CANCELED	已取消	2
ORDER_STATE_UNKNOWN	未知狀態	3

在撰寫策略程式時，可以直接使用常數名判斷訂單狀態，因為常數名非常直觀，容易看明白訂單狀態，而用狀態值非常不直觀。範例程式如下：

```
# 第 1 種寫法
if order["Status"] == ORDER_STATE_PENDING:
    Log(" 訂單狀態值 :", order["Status"])

# 第 2 種寫法
if order["Status"] == 0:
    Log(" 訂單狀態值 :", order["Status"])
```

Order 資料結構中 Type 屬性的值如表 3.2 所示。

表 3.2 Order 資料結構中 Type 屬性的值

常 數 名	含 義	值
ORDER_TYPE_BUY	訂單為買單	0
ORDER_TYPE_SELL	訂單為賣單	1

Order 資料結構中 Offset 屬性的值如表 3.3 所示。

表 3.3 Order 資料結構中 Offset 屬性的值

常　數　名	含　義	值
ORDER_OFFSET_OPEN	訂單為開倉方向	0
ORDER_OFFSET_CLOSE	訂單為平倉方向	1

注意　GetOrder() 函數需要傳入訂單 ID 參數，獲取的是某個訂單的 Order 資料結構。而 GetOrders() 函數不需要傳入參數，獲取的是所有未完成訂單的 Order 資料結構串列。在當前交易中沒有掛單時，exchange.GetOrders() 會返回空串列，即 []。

3.1.4 Position 資料結構

Position 資料結構由 exchange.GetPosition() 函數返回，主要用於儲存期貨交易中的持有倉位資訊，如當前品種持倉數量、持倉方向、持倉盈虧等。Position 資料結構如下：

```
{
    Info: {...},              # 請求交易所介面返回的原始資料，在回測時無此屬性
    MarginLevel: 10,          # 槓桿大小
    Amount: 100,              # 持倉量
    FrozenAmount: 0,          # 倉位凍結數量
    Price: 10000,             # 持倉均價
    Profit: 0,                # 持倉浮動盈虧
    Type: 0,                  # 持倉方向
    ContractType: "quarter",  # 持倉的合約程式
    Margin: 1                 # 倉位佔用的保證金
}
```

Position 資料結構中 Type 屬性的值如表 3.4 所示。

表 3.4 Position 資料結構中 Type 屬性的值

常　數　名	定　義	值
PD_LONG	多頭倉位	0
PD_SHORT	空頭倉位	1
PD_LONG_YD	昨日多頭倉位	2
PD_SHORT_YD	昨日空頭倉位	3

注意
GetPosition() 函數獲取的是所有持倉品種的持倉資訊，如果沒有持倉品種，則返回空串列，所以在呼叫該函數前要先判斷是否有持倉品種。

3.1.5 Trade 資料結構

可以透過 exchange.GetTrades() 函數獲取交易市場最近時間的成交記錄，該函數返回 Trade 資料結構，其中包括成交時間、成交價格、成交量、買單主動成交或賣單主動成交等資料。Trade 資料結構如下：

```
{
    Time: 1567736576000,        # 毫秒級時間戳記，用於記錄市場上這筆交易的成交時間
    Price: 1000,                # 市場上這筆交易的成交價格
    Amount: 1,                  # 市場上這筆交易的數量
    Type: 0                     # 標記這筆交易是買單主動成交，還是賣單主動成交
}
```

3.1.6 Ticker 資料結構

商品期貨的盤口資料通常儲存於 Ticker 資料結構中，該資料結構中包含交易所原始資料、24 小時內的最高價、24 小時內的最低價、賣一價、買一價、最後成交價、24 小時內累計的成交量、時間戳記等。Tricker 資料結構可以透過呼叫 exchange.GetTicker() 函數獲得。Ticker 資料結構如下：

```
{
    Info    : {...},            # 請求交易所介面返回的原始資料，在回測時無此屬性
    High    : 1000,             # 一般為 24 小時內的最高價
    Low     : 500,              # 一般為 24 小時內的最低價
    Sell    : 900,              # 賣一價
    Buy     : 899,              # 買一價
    Last    : 900,              # 最後成交價
    Volume  : 10000000,         # 最近成交量
    Time    : 1567736576000     # 毫秒級時間戳記
}
```

3.1.7 Record 資料結構

標準的 Record 資料結構中包含開盤價、最高價、最低價、收盤價、

成交量、時間戳記等資料，它是組成 K 線的最基本資料，由 exchange. GetRecords() 函數返回此資料結構串列。其中每個 Record 資料結構都代表一個 K 線。Record 資料結構如下：

```
{
    Time: 1567736576000,       # K 線時間戳記
    Open: 1000,                # 開盤價
    High: 1500,                # 最高價
    Low: 900,                  # 最低價
    Close: 1200,               # 收盤價
    Volume: 1000000            # 交易量
}
```

3.1.8 Depth 資料結構

市場深度由 exchange.GetDepth() 函數返回，返回值是 Depth 資料結構，包含兩個串列及時間戳記 Time。這兩個串列分別是 Asks[] 和 Bids[]，每個串列中都包含價格 Price、數量 Amount。

```
{
    Asks    : [...],           # 賣單串列，MarketOrder 串列，按價格從低到高排序

    Bids    : [...],           # 買單串列，MarketOrder 串列，按價格從高到低排序
    Time    : 1567736576000    # 毫秒級時間戳記
}
```

Depth 資料結構中的 Asks 串列為賣單串列，串列中的每個資料均為 MarketOrder 資料。Depth 資料結構中的 Bids 串列為買單串列，串列中的每個資料均為 MarketOrder 資料。

3.1.9 Account 資料結構

Account 資料結構是由 exchange.GetAccount() 函數返回的帳戶資訊，主要包含 3 個資料：帳戶餘額、帳戶凍結餘額及請求交易所介面返回的原始資料。Account 資料結構如下：

```
{
    Info: {...},               # 請求交易所介面返回的原始資料，在回測時無此屬性
```

```
    Balance: 1000,        # 可用資金數量，在 CTP 商品期貨中，該屬性為可用錢數
    FrozenBalance: 0,     # 帳戶凍結的餘額，如果訂單未成交，則凍結該訂單用於交易的資金
    Stocks: 1,            # 無效
    FrozenStocks: 0       # 無效
}
```

3.1.10 策略參數

在策略程式中，在策略介面中設定的策略參數是全域變數。在 JavaScript 策略中，可以直接存取或修改策略介面中設定的策略參數；在 Python 策略中修改策略介面中的策略參數時，需要使用 global 關鍵字。策略參數一共有 5 個，如表 3.5 所示。

表 3.5 策略參數

參　數	類　型	預 設 值	說　明
number	數字型	1	數字
string	字串	Hello World	輸入無須加雙引號，輸出字串
bool	布林型	True	選取為 True，不選取為 False
combox	下拉串列	1|2|3	透過下拉串列方式選擇參數
secreString	加密字串	passWord	字串被加密發送

注意　在策略程式中，策略參數均為全域變數。combox 參數，參數值為下拉串列中所選選項的索引值，索引值從 0 開始。

3.2 獲取 Tick、深度、歷史 K 線資料

商品期貨量化交易過程需要用到很多不同類型的資料，如交易所原始 Tick 資料、訂單深淺資料及 K 線資料。下面介紹如何使用 API 函數獲取這些資料及常用的商品期貨策略框架。

3.2.1　獲取 Tick 資料函數 GetTicker()

　　Tick 資料又稱為交易快照，交易所內的資料就像河流一樣，而交易快照就是這條河流的某個截面。商品期貨是每秒兩個 Tick 資料。exchange.GetTicker() 函數主要用於獲取即時 Tick 資料，返回 Ticker 資料結構。在回測系統中，該函數返回的 Tick 資料中的 High、Low 值為模擬值，取自當時盤口的賣一價、買一價。在實盤系統中，GetTicker() 函數返回的 Tick 資料中的 Hign、Low 值為交易所 Tick 介面定義的一定週期內的最高價、最低價。

　　下面來看一個實例。首先使用 exchange.SetContractType() 函數訂閱甲醇 MA 主力連續資料，然後使用 exchange.GetTicker() 函數獲取 Tick 資料，最後使用 Log() 函數列印 Tick 資料，程式如下：

```
def main():
    exchange.SetContractType("MA888")      # 訂閱甲醇 MA 主力連續資料
    Log(exchange.GetTicker())              # 列印 Tick 資料
```

　　回測輸出結果如下：

```
{
    'Time': 1594170000000,                 # 時間戳記
    'High': 1795.0,                        # 最高價
    'Low': 1793.0,                         # 最低價
    'Sell': 1795.0,                        # 賣一價
    'Buy': 1793.0,                         # 買一價
    'Last': 1794.0,                        # 最後成交價
    'Volume': 0.0,                         # 最近成交量
    'Info': {}                             # CTP 原始資料
}
```

> **注意**
> 　　在呼叫存取交易所介面的 API 函數（如 exchange.GetTicker()、exchange.Buy (Price, Amount)、exchange.CancelOrder(Id) 等）時，可能由各種問題導致存取失敗，因此需要對這些函數的呼叫做容錯處理。範例程式如下：

```
def main():
    exchange.SetContractType("MA888")      # 訂閱甲醇 MA 主力連續資料
    ticker = exchange.GetTicker()          # 獲取 Tick 資料
    if not ticker:                         # 如果返回的 Tick 資料為 None
        ticker = exchange.GetTicker()
```

在上述程式中，獲取 Tick 資料函數 exchange.GetTicker() 可能由交易所伺服器問題、網路傳輸問題等導致該函數返回值為 None，因此需要做容錯處理。

3.2.2 獲取深度資料函數 GetDepth()

exchange.GetDepth() 函數主要用於獲取交易所訂單簿（深度資料），返回 Depth 資料結構，該資料結構中包含兩個串列，分別是 Asks[] 和 Bids[]，其中 Asks[] 是賣一價串列，Bids[] 是買一價串列，這兩個串列中又嵌套了一個字典，其中 Price 是價格，Amount 是數量，如表 3.6 所示。

表 3.6 Depth 資料結構

資料類型	變 數 名	說 明
number	Price	價格
number	Amount	數量

例如，需要獲取當前的賣一價，程式如下：

```
def main():
    exchange.SetContractType("MA888")          # 訂閱甲醇 MA 主力連續資料
    depth = exchange.GetDepth()                # 獲取深度資料
    price = depth["Asks"][0]["Price"]          # 獲取賣一價
    Log(" 賣一價為 :", price)
```

注意　當商品期貨漲停時，賣單賣一的價格是漲停價格，訂單量是 0；當商品期貨跌停時，買單買一的價格是跌停價格，訂單量是 0。透過判斷買一、賣一的訂單量，可以判斷漲、跌停情況。

3.2.3 獲取 K 線資料函數 GetRecords()

exchange.GetRecords() 函數主要用於獲取歷史 K 線資料，可以指定參數，表示要獲取的歷史 K 線資料的 K 線週期。如果不指定參數，則獲取預設的 K 線週期資料。

```
def main():
    exchange.SetContractType("MA888")        # 訂閱甲醇 MA 主力連續資料
    Log(exchange.GetRecords(60 * 2))         # 獲取 2 分鐘資料
    Log(exchange.GetRecords(PERIOD_M5))      # 獲取 5 分鐘資料
```

可以傳入秒數作為要獲取的 K 線資料的週期，也可以傳入系統定義的值 PERIOD_M5 作為要獲取的 K 線資料的週期。

exchange.GetRecords() 函數返回的資料為串列，串列中的元素為 Record 資料結構。

3.2.4　商品期貨策略框架

策略框架實際上是相對固定的策略設計模式。例如，在獲取行情資料之前，需要先訂閱合約；使用 SetContractType() 函數設定合約程式名稱；在訂閱合約之前，先檢測與期貨公司前置機的連接狀態，只有在連接成功後，才能繼續進行下一步操作。一個完整的商品期貨策略框架程式如下：

```
def main():                                  # 策略入口函數
    while True:                              # 進入無限迴圈
        if exchange.IO("status"):           # 判斷是否與期貨公司前置機連接
            exchange.SetContractType("rb888")  # 訂閱螺紋鋼 rb 主力連續資料
            ticker = exchange.GetTicker()   # 獲取 Tick 資料
            depth = exchange.GetDepth()     # 獲取深度資料
            trades = exchange.GetTrades()   # 獲取交易歷史資料
            records = exchange.GetRecords() # 獲取 K 線資料
            Log("rb888 ticker Last:", ticker["Last"]) # 列印最新價格
            Log("rb888 depth:", depth)      # 列印深度資料
            Log("rb888 trades:", trades)    # 列印交易歷史資料
            Log("rb888 records:", records)  # 列印 K 線資料
            LogStatus(_D(), "已經連接 CTP！")
        else:
            LogStatus(_D(), "未連接 CTP！")
```

在上述程式中，我們陌生的程式只有以下 3 筆。

- exchange.IO("status")：主要用於判斷當前是否與期貨公司前置機連接，如果連接，則返回 1；如果未連接，則返回 0。

- exchange.SetContractType("rb888")：主要用於將當前合約設定為 rb888 並訂閱該合約，rb888 是螺紋鋼 rb 主力合約。如果要使用指數合約，則可以將當前合約設定為 rb000。

- LogStatus(_D(), 「已經連接 CTP ！ ")：主要用於在實盤狀態列中顯示時間資訊，_D() 函數可以返回當前時間的字串。該策略程式會迴圈執行並列印行情資料，如圖 3.4 和圖 3.5 所示。

状态信息

2020-04-17 14:58:00 已经连接CTP！

▲ 圖 3.4 狀態資訊

日志信息

时间	平台	类型	价格	数量	信息
2020-04-17 14:58:00		信息	rb888 records: [{'Time': 1570982400000, 'Open': 3432.0, 'High': 3438.0, 'Low': 3351.0, 'Close': 3352.0,
2020-04-17 14:58:00		信息	rb888 trades: []
2020-04-17 14:58:00		信息	rb888 depth: {'Asks': [{'Price': 3382.0, 'Amount': 1000.0}], 'Bids': [{'Price': 3380.0, 'Amount': 1000.0}]}
2020-04-17 14:58:00		信息	rb888 ticker Last: 3381.0
2020-04-17 14:54:00		信息	rb888 records: [{'Time': 1570982400000, 'Open': 3432.0, 'High': 3438.0, 'Low': 3351.0, 'Close': 3352.0,
2020-04-17 14:54:00		信息	rb888 trades: []
2020-04-17 14:54:00		信息	rb888 depth: {'Asks': [{'Price': 3384.0, 'Amount': 1000.0}], 'Bids': [{'Price': 3382.0, 'Amount': 1000.0}]}
2020-04-17 14:54:00		信息	rb888 ticker Last: 3383.0

▲ 圖 3.5 日誌資訊

3.3 獲取和取消訂單、獲取當前掛單

有時在下單之後，可能會出於行情或價格的原因，導致訂單不能完全成交或訂單只成交了一部分。所以需要在下單之後了解訂單狀態，並且對未成交的訂單進行撤單處理。

3.3.1　訂閱合約程式函數 SetContractType()

在商品期貨中，要想獲取行情和下單交易，需要先訂閱合約程式，才能進行下一步操作。exchange.SetContractType(ContractType) 函數主要用於設定合約類型，參數值為字串資料。下面來看一個例子，程式如下：

```
def main():
    while True:
        if exchange.IO("status"):                          # 如果商品期貨行情和交易連接正常
            ret = exchange.SetContractType("MA888")        # 訂閱甲醇 MA 主力連續資料
            Log(" 訂閱的合約的詳細資訊：", ret)                # 列印合約的詳細資訊
            break
        else:
            LogStatus(_D(), " 未連接 ")
```

exchange.SetContractType(「MA888」) 會返回合約的詳細資訊，並且將其賦給 ret 變數，最後輸出 ret 變數。輸出結果如下：

```
{
    'CombinationType': 48,             # 組合類型
    'CreateDate': 0,                   # 建立日期
    'DeliveryMonth': 4,                # 交割月份
    'DeliveryYear': 0,                 # 交割年份
    'EndDelivDate': 0,                 # 結束交割日
    'ExchangeID': 'CZCE',              # 交易所程式
    'ExchangeInstID': 'MA005',         # 合約在交易所中的程式
    'ExpireDate': 0,                   # 合約到期日
    'InstLifePhase': 49,               # 合約生命週期狀態
    'InstrumentID': 'MA005',           # 合約程式
    'InstrumentName': 'MA 連續 ',        # 合約名稱
    'IsTrading': 1,                    # 當前是否交易
    'LongMarginRatio': 0.07,           # 多頭保證金率
    'MaxLimitOrderVolume': 1000,       # 限價單最大下單量
    'MaxMarginSideAlgorithm': 48,      # 是否使用大額單邊保證金演算法
    'MaxMarketOrderVolume': 1000,      # 市價單最大下單量
    'MinLimitOrderVolume': 1,          # 限價單最小下單量
    'MinMarketOrderVolume': 1,         # 市價單最小下單量
    'OpenDate': 0,                     # 合約上市日期
    'OptionsType': 0,                  # 期權類型
    'PositionDateType': 50,            # 持倉日期類型
    'PositionType': 50,                # 持倉類型
    'PriceTick': 1,                    # 最小變動價位
    'ProductClass': 49,                # 產品類型
    'ProductID': 'MA',                 # 合約程式
```

```
    'ShortMarginRatio': 0.07,              # 空頭保證金率
    'StartDelivDate': 0,                   # 開始交割日
    'StrikePrice': 0,                      # 執行價
    'UnderlyingInstrID': '',               # 基礎商品程式
    'UnderlyingMultiple': 1,               # 基礎商品乘數
    'VolumeMultiple': 10                   # 合約數量乘數
}
```

可以看到有很多資訊可以在我們寫策略時使用，合約乘數是在設計合約時交易所規定的。例如，1 手螺紋鋼是 10 噸，1 手玻璃是 20 噸。

注意
    在將當前合約程式設定為 MA888 後，即可獲取當前 MA 主力合約的行情，並且對當前主力合約下單。在進行所有操作前，要確保與期貨公司前置機（伺服器）連接，然後明確當前操作的是哪個合約。

3.3.2 設定期貨交易方向和類型函數 SetDirection()

SetDirection() 函數主要用於設定期貨交易的方向和類型，如表 3.7 所示。常用的參數有 4 種，分別為 buy、closebuy、sell、closesell。此外，由於商品期貨在平倉時分為平今倉和平昨倉，因此 closebuy 和 closesell 預設是平昨倉，如果要平今倉，則可以使用 closebuy_today 和 closesell_today。

表 3.7 設定期貨下單方向

exchange.SetDirection("buy")	買入開多倉
exchange.SetDirection("sell")	賣出開空倉
exchange.SetDirection("closebuy")	賣出平多倉
exchange.SetDirection("closesell")	買入平空倉
exchange.SetDirection("closebuy_today")	賣出平今日多倉
exchange.SetDirection("closesell_today")	買入平今日空倉

3.3.3 Buy() 函數

Buy() 函數為買單函數，第 1 個參數為下單價格，資料型態為 number；第 2 個參數為下單量，資料型態為 number。在下單成功後，Buy() 函數會返回一個訂單 ID。下面來看一個測試 Buy() 函數的例子，程式如下：

```
def main():
    while True:
        if exchange.IO("status"):                      # 如果交易和行情連接正常
            ret = exchange.SetContractType("MA888")    # 訂閱甲醇 MA 主力連續資料
            ticker = exchange.GetTicker()              # 獲取 Tick 資料
            exchange.SetDirection("buy")               # 設定買入開多倉
            id = exchange.Buy(ticker.Buy, 1)           # 買入開多倉
            Log(id)                                     # 列印訂單 ID
            break
        else:
            LogStatus(_D(), " 未連接 ")
```

在上述程式中，在 main() 函數的 while 迴圈中，首先使用 exchange.
IO("status") 函數判斷交易和行情連接是否正常，然後使用 exchange.
SetContractType() 函數訂閱甲醇 MA 主力連續資料，再使用 exchange.
GetTicker() 函數獲取 Tick 資料，接著使用 exchange.SetDirection() 函數設定
交易方向和類型，最後使用 exchange.Buy() 函數下單交易。

執行上述程式，在日誌資訊中輸出結果，如圖 3.6 所示。

上面的程式是一個買入開多倉的例子，其中開倉的價格是買一價，
開倉的數量是 1 手。需要注意的是，在下單之前首先要使用 exchange.
SetDirection() 函數設定交易方向和類型，最後使用 exchange.Buy() 函數下單
交易。此外，期貨交易至少有 6 種下單類型，分別為買入開多倉、買入平空
倉、賣出開空倉、賣出平多倉、買入平今日空倉、賣出平今日多倉，如表 3.8
所示。

時間	平台	類型	價格	數量	信息
2020-01-22 10:00:00		信息	1		
2020-01-22 10:00:00	Futures_CTP	買入 開多	2241	1	

▲ 圖 3.6 日誌資訊

表 3.8 期貨交易的下單類型

下 單 函 數	SetDirection() 函數參數	備 註
exchange.Buy	"buy"	買入開多倉
exchange.Buy	"closesell"	買入平空倉
exchange.Sell	"sell"	賣出開空倉
exchange.Sell	"closebuy"	賣出平多倉
exchange.Buy	"closesell_today"	買入平今日空倉
exchange.Sell	"closebuy_today"	賣出平今日多倉

3.3.4 Sell() 函數

Sell() 函數為賣單函數，返回訂單編號，主要用於查詢訂單資訊和取消訂單。在進行商品期貨下單前，必須注意交易方向是否設定正確。範例程式如下：

```
def main():
    while True:
        if exchange.IO("status"):                        # 如果交易和行情連接正常
            ret = exchange.SetContractType("MA888")      # 訂閱甲醇 MA 主力連續資料
            ticker = exchange.GetTicker()                # 獲取 Tick 資料
            exchange.SetDirection("sell")                # 設定賣出開空倉
            id = exchange.Sell(ticker.Sell, 1)           # 賣出開空倉
            Log("開空倉訂單 ID：", id)                     # 列印訂單 ID
            break
        else:
            LogStatus(_D(), "未連接")
```

在上述程式中，在 main() 函數的 while 迴圈中，首先使用 exchange.IO("status") 函數判斷交易和行情連接是否正常，然後使用 exchange.SetContractType() 函數訂閱甲醇 MA 主力連續資料，再使用 exchange.GetTicker() 函數獲取 Tick 資料，接著使用 exchange.SetDirection() 函數設定交易方向和類型，最後使用 exchange.Sell() 函數下單交易。

將 exchange.Buy() 函 數 和 exchange.SetDirection("closesell") 函 數 組合使用表示下空頭倉位的平倉單。將 exchange.Sell() 函數和 exchange.SetDirection("closebuy") 函數組合使用表示下多頭倉位的平倉單。

> **注意**　在進行商品期貨下單前，必須使用 SetDirection() 函數設定交易方向和類型。

3.3.5 取消訂單函數 CancelOrder()

exchange.CancelOrder(orderId) 函數主要用於根據訂單 ID 取消訂單。下面來看一個例子，程式如下：

```
def main():
    while True:
        if exchange.IO("status"):                      # 如果交易和行情連接正常
            ret = exchange.SetContractType("MA888")    # 訂閱甲醇 MA 主力連續資料
            ticker = exchange.GetTicker()              # 獲取 Tick 資料
            exchange.SetDirection("sell")              # 設定賣出開空倉
            id = exchange.Sell(ticker.Sell, 1)         # 賣出開空倉
            Log(" 開空倉訂單 ID：", id)                  # 列印訂單 ID
            Sleep(5000)                                # 使程式休眠 5 秒
            exchange.CancelOrder(id)                   # 根據訂單 ID 取消訂單
            break
        else:
            LogStatus(_D(), " 未連接 ")
```

在上述程式中，首先訂閱 MA888 合約，然後獲取 Tick 資料，接著設定交易方向和類型，並且使用 Sell() 函數下單，再使用變數 id 接收下單後返回的訂單 ID，最後使用 CancelOrder() 函數根據傳入的 id 參數取消這個訂單。break 敘述主要用於在撤單後跳出迴圈，否則會不停下單、撤單。

在大部分的情況下，賣出開空倉應該使用買價，但在上述程式中，為了測試 CancelOrder() 函數，賣出開空倉使用的是賣價，很明顯該訂單不會成交，然後使用變數 id 接收訂單 ID，最後使用 CancelOrder() 函數透過訂單 ID 取消該訂單。執行上述程式，在日誌資訊中輸出結果，如圖 3.7 所示。

日志信息					
时间	平台	类型	价格	数量	信息
2020-01-22 10:00:05	Futures_CTP	撤销			
2020-01-22 10:00:00		信息			开空仓订单ID：1
2020-01-22 10:00:00	Futures_CTP	卖出 开空	2243	1	

▲ 圖 3.7　日誌資訊

3.3.6 獲取所有未完成訂單函數 GetOrders()

GetOrders() 函數主要用於獲取所有未完成的訂單，返回值為 Order 資料結構。當交易所物件 exchange 代表的帳戶當前沒有掛單時，呼叫 exchange.GetOrders() 函數會返回空串列，即 []。範例程式如下：

```
def main():

    # 建立一個包含多個合約程式的串列變數
    contractTypeList = ["MA888", "rb888", "i888"]
    while True:
        if exchange.IO("status"):                        # 如果交易和行情連接正常
            for i in range(len(contractTypeList)):       # 迴圈遍歷串列變數
                ret = exchange.SetContractType(contractTypeList[i]) # 訂閱合約
                ticker = exchange.GetTicker()            # 獲取 Tick 資料
                exchange.SetDirection("sell")            # 設定交易方向和類型
                id = exchange.Sell(ticker.Sell, 1)       # 賣出開空倉
                Log(contractTypeList[i], "開空倉訂單ID:", id) # 列印訂單 ID
            orders = exchange.GetOrders()                # 獲取所有未完成的訂單
            for i in range(len(orders)):                 # 迴圈遍歷所有未完成的訂單
                Log(orders[i])                           # 列印訂單 ID
            break
        else:
            LogStatus(_D(), "未連接")
```

在上面的程式中，首先建立了包含多個合約的串列，然後在迴圈中分別訂閱合約獲取 tick 資料，賣出開空倉並列印訂單 ID，最後呼叫 exchange. GetOrders() 函數，用於獲取所有未完成的訂單，並且列印該訂單號。執行上述程式，在日誌資訊中輸出結果，如圖 3.8 所示。

日志信息					
时间	平台	类型	价格	数量	信息
2020-01-22 10:00:01		信息			{'Id': 3, 'Price': 657.5, 'Amount': 1.0, 'DealAmount': 0.0, 'AvgPrice': 0.0, 'Type': 1, 'O
2020-01-22 10:00:01		信息			{'Id': 2, 'Price': 3511.0, 'Amount': 1.0, 'DealAmount': 0.0, 'AvgPrice': 0.0, 'Type': 1, 'O
2020-01-22 10:00:01		信息			{'Id': 1, 'Price': 2243.0, 'Amount': 1.0, 'DealAmount': 0.0, 'AvgPrice': 0.0, 'Type': 1, 'O
2020-01-22 10:00:01		信息	i888 开空仓订单ID: 3		
2020-01-22 10:00:01	Futures_CTP	卖出 开空	657.5	1	
2020-01-22 10:00:00		信息	rb888 开空仓订单ID: 2		
2020-01-22 10:00:00	Futures_CTP	卖出 开空	3511	1	
2020-01-22 10:00:00		信息	MA888 开空仓订单ID: 1		
2020-01-22 10:00:00	Futures_CTP	卖出 开空	2243	1	

▲ 圖 3.8 日誌資訊

根據上面的例子可知，GetOrders() 函數的返回值是所有未完成的訂單，與當前設定的合約無關。

3.3.7 獲取訂單詳情函數 GetOrder()

GetOrder() 函數主要用於根據訂單 ID 獲取訂單詳情，參數為要獲取的訂單 ID，參數的資料型態為 string 類型或 Number 類型；返回值為 Order 資料結構，表示獲取的訂單詳情。範例程式如下：

```
def main():
    while True:
        if exchange.IO("status"):               # 如果交易和行情連接正常
            ret = exchange.SetContractType("MA888")   # 訂閱甲醇 MA 主力連續資料
            ticker = exchange.GetTicker()        # 獲取 Tick 資料
            exchange.SetDirection("sell")        # 設定交易方向和類型
            id = exchange.Sell(ticker.Sell, 1)   # 賣出開空倉
            Log("開空倉訂單 ID：", id)            # 列印訂單 ID
            Sleep(5000)                          # 程式休眠 5 秒
            exchange.CancelOrder(id)             # 根據訂單 ID 取消訂單
            Sleep(5000)                          # 程式休眠 5 秒
            Log(exchange.GetOrder(id))           # 根據訂單 ID 獲取訂單詳情
            break
        else:
            LogStatus(_D(), "未連接")
```

在上述程式中，在下單後會獲取訂單 ID，然後使用 CancelOrder() 函數根據訂單 ID 取消對應的訂單，最後使用 GetOrder() 函數獲取訂單 ID 當前的訂單詳情。可以看到列印出的訂單資訊，其中 Status 屬性值為 2。

執行上述程式，在日誌資訊中輸出結果，如圖 3.9 所示。

时间	平台	类型	价格	数量	信息
2021-03-29 09:00:00		信息	{'Id': 1, 'Price': 2392.0, 'Amount': 1.0, 'DealAmount': 0.0, 'AvgPrice': 0.0, 'Type': 1, 'Offset': 0, 'Status': 2, 'ContractType': 'MA888'}		
2021-03-27 00:00:05	Futures_CTP	取消			
2021-03-27 00:00:00		信息	开空仓订单 ID： 1		
2021-03-27 00:00:00	Futures_CTP	卖出 开空	2392	1	

▲ 圖 3.9 日誌資訊

3.4 IO() 函數

FMZ API 定義了很多常用的功能函數，但是對於一些除交易外的功能，需要請求交易所原始資料，因此 FMZ API 定義了 IO() 函數。下面介紹 IO() 函數的功能。

3.4.1 切換行情模式

商品期貨行情是推送機制，可以使用 exchange.IO() 函數切換行情模式。行情模式一共有以下 3 種。

1 · 立即返回模式

```
exchange.IO("mode", 0) # 立即返回模式
```

如果當前沒有接收到交易所最新的行情資料，就返回舊的行情資料；如果當前接收到了交易所最新的行情資料，就返回新的行情資料。在設定為該模式後，在呼叫行情介面時，會立即返回資料（無論這個資料是舊行情資料，還是新行情資料），用於非阻塞的策略架構設計，如多品種策略。

2 · 快取模式（預設模式）

```
exchange.IO("mode", 1) # 快取模式
```

如果當前沒有收到交易所最新的行情資料（與上一次介面獲取的資料比較），就先等待接收再返回；如果在呼叫該函數前收到了最新的行情資料，就立即返回最新的行情資料。在設定為該模式後，如果沒有收到最新的行情資料，那麼程式會阻塞在該函數處。行情資料通常用於單品種的交易策略，因為只須處理一個合約的行情，所以處理最新的行情資料即可，在其他時間可以阻塞等待。

注意 在一般情況下，使用預設的快取模式。

3．強制更新模式

```
exchange.IO("mode", 2) # 強制更新模式
```

　　阻塞等待，直到接收到交易所下一次的最新行情資料，然後返回。這種模式只使用最新獲取的行情資料，因此會強制等待下一次最新行情資料推送過來。

3.4.2 判斷與期貨公司前置機伺服器的連接狀態

```
exchange.IO("status") # 判斷行情和交易連接狀態
```

　　這個函式呼叫我們應該並不陌生，前面我們已經使用過了。該函數非常簡單，在使用時判斷其返回值即可。如果返回值為真，則表示與期貨公司前置機伺服器連接成功；如果返回值為假，則表示與期貨公司前置機伺服器未連接。範例程式如下：

```
def main():
    while not exchange.IO("status"):          # 迴圈模式，直到行情和交易連接成功
        LogStatus(" 正在等待與交易伺服器連接, " + _D()) # 在狀態列中輸出內容
```

　　執行上述程式，在狀態列中輸出結果，如圖 3.10 所示。

```
狀态信息

正在等待与交易服务器连接, 2020-01-23 05:00:00
```

▲ 圖 3.10 狀態資訊

3.4.3 獲取交易所中的所有合約資訊

　　在呼叫 IO() 函數時傳入 instruments，即可獲取交易所中的所有合約資訊，並且返回交易所中所有合約的串列，只支持實盤。完整的查詢範例程式如下：

```
def main():
    while not exchange.IO("status"):          # 迴圈模式，直到行情和交易連接成功
        LogStatus(" 正在等待與交易伺服器連接, " + _D())  # 在狀態列中輸出內容
```

```
Log(" 開始獲取所有合約 ")
instruments = _C(exchange.IO, "instruments")      # 獲取所有合約
Log(" 合約串列獲取成功 ")
length = 0
for i in range(len(instruments)):                 # 迴圈遍歷所有合約
    length += 1
Log(" 合約串列長度為 :", length)
```

類似的函式呼叫還有：

- exchange.IO("products")：主要用於返回交易所中所有產品的串列，只支援實盤。

- exchange.IO("subscribed")：主要用於返回已訂閱行情的合約，格式同上，只支持實盤。

- exchange.IO("settlement")：主要用於進行結算單查詢，只支持實盤。

3.4.4　擴充函數 IO("api", …)

當 FMZ API 無法實現所需功能時，可以使用 exchange.IO() 函式呼叫原始的商品期貨 CTP 介面，進行更深層的系統呼叫，完全相容原始的 API 名稱。

該函數不支援回測和模擬交易，只支援實盤交易。

擴充函數 IO("api", …) 的功能如下。

- 查詢投資者資訊。

```
def main():
    while not exchange.IO("status"):  # 迴圈模式，直到行情和交易連接成功
        LogStatus(" 正在等待與交易伺服器連接 , " + _D())  # 在狀態列輸出內容
    Log(exchange.IO("api", "ReqQryInvestor"))          # 呼叫 CTP 原生 API
```

- 修改密碼。

```
def main():
    Sleep(6000)
    # 呼叫 CTP 原生 API 修改密碼
    exchange.IO("api", "ReqUserPasswordUpdate", {"BrokerID": "9999",
"UserID": "11111", "OldPassword": "oldpass", "NewPassword": "newpass"})
```

● 查詢結算單。

```
def main():
    while not exchange.IO("status"):  # 迴圈模式，直到行情和交易連接成功
        LogStatus(" 正在等待與交易伺服器連接， " + _D())  # 在狀態列輸出內容
    # 呼叫 CTP 原生 API 查詢結算單
    r = exchange.IO("api", "ReqQrySettlementInfo", {"TradingDay": "20190506"})
    s = ''
    # 迴圈遍歷結算單資訊
    for i in range(len(r)):
        for ii in range(len(r[i])):
            if r[i][ii]["Name"] == "CThostFtdcSettlementInfoField":
                s += r[i][ii]["Value"]["Content"]
    Log(s)
```

3.4.5 等待消息函數 IO("wait")

exchange.IO（「wait」) 函數主要用於使程式在有新事件時進行回應，執行程式邏輯，在沒有新事件觸發時，該函數會處於阻塞狀態。使用該函數可以實現回呼機制的策略設計。只有在當前交易所物件有品種更新行情資訊或訂單成交時，該函數才返回，返回 EventTick/OrderEvent 資料結構，非常適合用於單品種、多品種的回呼機制策略設計。

只支援商品期貨實盤。在使用 exchange.IO("wait") 函數時，至少已經訂閱了一個當前處於交易狀態的合約（已經交割的過期合約，不會再有行情資料），否則該函數會處於阻塞狀態（由於沒有任何行情、訂單更新）。下面來看一個簡單的實現回呼機制的例子，程式如下：

```
def on_tick(symbol, ticker):
    Log("symbol:", symbol, "update")
    # 資料結構
    Log("ticker:", ticker)                          # 列印行情資料


def on_order(order):
    Log("order update", order)                      # 列印訂單資料


def main():
    while not exchange.IO("status"):                # 迴圈模式，直到行情和交易連接成功
        Sleep(10)
    exchange.IO("mode", 0)                          # 切換行情推送模式
    _C(exchange.SetContractType, "MA888")          # 訂閱甲醇 MA 主力連續行情
```

```
while True:
    e = exchange.IO("wait")            # 判斷行情是否有更新或交易是否成交
    if e:                              # 如果有更新
        if e.Event == "tick":          # 如果行情有更新
            on_tick(e['Symbol'], e['Ticker'])   # 呼叫 on_tick() 函數
        elif e.Event == "order":       # 如果訂單成交
            on_order(e['Order'])       # 呼叫 on_order() 函數
```

如果要設計多帳戶的回呼機制策略,則可以使用 exchange.IO("wait_any") 函數。只要有交易所物件收到最新事件,該函數就會返回。

注意

IO("wait') 函數和 IO("wait_any") 函數不支援回測和模擬交易,只支援實盤交易。

3.5 帳戶 API 獲取帳戶和持倉資訊

帳戶資訊和持倉資訊與策略邏輯相關,是策略邏輯的必需條件。在 FMZ API 中,可以使用 GetAccount() 函數獲取帳戶資訊,使用 GetPosition() 函數獲取持倉資訊。

3.5.1 獲取帳戶資訊函數 GetAccount()

GetAccount() 函數主要用於獲取交易所帳戶資訊,返回值為 Account 資料結構,通常使用返回的 Account 資料結構中的 Balance 屬性(帳戶可用資金)、FrozenBalance 屬性(掛單凍結的資金)。

當前總權益、保證金等資料儲存於 Info 屬性中。Info 屬性中儲存的資料為 CTP 介面返回的原始資料。Info 屬性僅實盤有效,在回測時無此屬性。下面來看一個簡單的例子,程式如下:

```
def main():
    while True:
        if exchange.IO("status"):            # 如果 CTP 行情和交易連接成功
            exchange.SetContractType("rb888")  # 訂閱螺紋鋼 rb 主力連續資料
            account = exchange.GetAccount()    # 獲取帳戶資訊
```

```
        Log(" 掛單前↑ ")
        Log(" 帳戶可用資金，Balance", account["Balance"])
        Log(" 帳戶掛單凍結資金，FrozenBalance:", account["FrozenBalance"])
        ticker = exchange.GetTicker()              # 獲取 Tick 資料
        exchange.SetDirection("buy")               # 設定交易方向和類型
        exchange.Buy(ticker.Buy - 10, 1)           # 買入開多倉
        account = exchange.GetAccount()            # 獲取帳戶資訊
        Log(" 掛單後↑ ")
        Log(" 帳戶可用資金，Balance", account["Balance"])
        Log(" 帳戶掛單凍結資金，FrozenBalance:", account["FrozenBalance"])
        LogStatus(_D(), " 已經連接 CTP ！")
        break
    else:
        LogStatus(_D(), " 未連接 CTP ！")
```

在上述程式中，設定當前操作的合約為 rb888，即螺紋鋼主力連續資料，在下單前，獲取一次帳戶資產資訊，列印可用資金，列印掛單凍結資金；然後獲取行情，設定交易方向為開多倉，根據行情當前的買一價，下單 1 手多單螺紋鋼合約；接下來再次獲取當前帳戶資產資訊並列印；最後為了方便觀察，使用 break 敘述跳出迴圈，策略程式執行完畢。

執行上述程式，在日誌資訊中輸出結果，如圖 3.11 所示。

時間	平台	類型	價格	數量	信息
2020-01-23 10:00:00		信息	賬戶掛單凍結資金, FrozenBalance: 2114.172		
2020-01-23 10:00:00		信息	賬戶可用資金, Balance 997885.827		
2020-01-23 10:00:00		信息	掛單后↑		
2020-01-23 10:00:00	Futures_CTP	買入 開多	3509	1	
2020-01-23 10:00:00		信息	賬戶掛單凍結資金, FrozenBalance: 0.0		
2020-01-23 10:00:00		信息	賬戶可用資金, Balance 1000000.0		
2020-01-23 10:00:00		信息	掛單前↑		

▲ 圖 3.11　日誌資訊

3.5.2　獲取持倉資訊函數 GetPosition()

GetPosition() 函數主要用於獲取當前持倉資訊，返回 Position 資料結構串列。Position 資料結構包括交易所介面返回的原始資料、槓桿大小、持倉

量、倉位凍結、持倉均價、持倉浮動盈虧、持倉方向、合約程式、倉位佔用
保證金等。

注意　返回的 Position 資料結構串列中包含當前交易所物件綁定的帳戶的持
倉資料，並非當前設定的合約的持倉資料。

下面來看一個例子，程式如下：

```
def main():
    ctList = ["rb888", "i888", "MA888", "pp888",]    # 建立合約程式串列
    while True:
        if exchange.IO("status"):                       # 如果行情和交易連接正常
            for i in range(len(ctList)):                # 遍歷合約程式串列
                ret = exchange.SetContractType(ctList[i])    # 定義合約
                t = exchange.GetTicker()                # 獲取 Tick 資料
                exchange.SetDirection("sell")           # 設定交易方向和類型
                exchange.Sell(t.Buy - 10, 1, " 合約:", ctList[i], "->",
ret["InstrumentID"])                                    # 下單交易
                orders = exchange.GetOrders()           # 獲取所有未完成的訂單
                Log("orders length:", len(orders), "orders:", orders)
                pos = exchange.GetPosition()            # 獲取持倉資料,返回串列
                for i in range(len(pos)):               # 遍歷持倉資料串列
                    Log(pos[i])
                break
        else:
            LogStatus(_D(), " 未連接 CTP ! ")
```

我們將要操作的合約程式寫在一個串列中，然後透過一個 for 迴圈進行
每一個合約的下單操作，下單價格為當前的買一價減 10 元，下開空倉的訂
單，由於價格比當前買一價低 10 元，因此馬上就成交了。

然後使用 exchange.GetOrders() 函數獲取當前所有掛單，並且將其列
印出來，用於觀察訂單是否還處於未成交狀態。如果 exchange.GetOrders()
函數返回的是一個空串列，即 []，則說明訂單都已經成交了。然後呼叫
exchange.GetPosition() 函數獲取當前所有持倉資料，遍歷持倉資料串列，並
且逐筆列印持倉資訊，如圖 3.12 所示。

細心的讀者可能會發現，為何此處的 exchange.Sell() 函數傳入了 6 個參
數。該函數可以自動輸出日誌資訊。可以看到在當前例子的執行結果中，有

列印的下單日誌資訊。所有可以產生日誌資訊的函數，都可以在必要參數後增加一些附帶參數，用於列印附帶說明資訊。

在本例子中，下單日誌資訊中有附帶資訊合約，即「pp888 -> pp2005」，用於說明當前合約程式設定的 pp888 實際映射到具體交易的合約為 pp2005，在回測時間為 2020-01-23 時，pp2005 為主力合約。從本例子的程式中可以看出，這個映射合約可以從 exchange.SetContractType ("pp888") 函數返回的資料中獲取。

日志信息					
時間	平台	類型	价格	数量	信息
2020-01-23 10:00:02		信息	{'MarginLevel': 16.0, 'Amount': 1.0, 'FrozenAmount': 0.0, 'Price': 3519.0, 'Profit': -1		
2020-01-23 10:00:02		信息	{'MarginLevel': 16.0, 'Amount': 1.0, 'FrozenAmount': 0.0, 'Price': 7366.0, 'Profit': -5		
2020-01-23 10:00:02		信息	{'MarginLevel': 14.0, 'Amount': 1.0, 'FrozenAmount': 0.0, 'Price': 665.5, 'Profit': -50		
2020-01-23 10:00:02		信息	{'MarginLevel': 14.0, 'Amount': 1.0, 'FrozenAmount': 0.0, 'Price': 2257.0, 'Profit': -1		
2020-01-23 10:00:01		信息	orders length: 0 orders: []		
2020-01-23 10:00:01	Futures_CTP	卖出 开空	7356	1	合約: pp888 -> pp2005
2020-01-23 10:00:01	Futures_CTP	卖出 开空	2247	1	合約: MA888 -> MA005
2020-01-23 10:00:00	Futures_CTP	卖出 开空	655.5	1	合約: i888 -> i2005
2020-01-23 10:00:00	Futures_CTP	卖出 开空	3509	1	合約: rb888 -> rb2005

▲ 圖 3.12 日誌資訊

注意 映射合約支援將商品指數（pp000）映射到 pp2005，也支援將商品主力連續（pp888）映射到 pp2005。

3.6 常用的日誌資訊函數

日誌可以記錄量化交易中策略運行的相關資訊，可以監控策略中指定的事件，還可以記錄錯誤發生的原因。

注意 本節的 API 僅適用於發明者量化交易平台。

3.6.1 列印日誌資訊函數 Log()

Log() 函數主要用於列印日誌資訊，參數可以有多個，並且可以是任意類型的資料，支援使用十六進位顏色程式著色，支援消息推送。範例程式如下：

```
def main():
    Log("Hello World!@")                    # 列印資料，並且使用推送功能
    Sleep(1000 * 5)                          # 使程式休眠 5 秒
    Log("Hello World!, #ff0000@")           # 列印帶顏色的資料
```

在 Log() 函數的最後一個參數後輸入「@」，即可對該筆日誌資訊進行推送，可以推送到微信、電子郵件、Telegram、監聽 Webhook 的服務程式。如圖 3.13 所示。

 微信推送有頻率限制，並且不能推送重複資訊，重複資訊會被過濾掉。

在撰寫策略時，Log() 函數通常用於列印提示資訊、輸出資料，也可以用於進行策略程式偵錯、邏輯流程分析。Log() 函數支援列印 base64 編碼的圖片，以「`」開頭，以「`」結尾。

```
def main():
    Log("`data:image/png;base64,AAAA`")      # 列印 base64 編碼的圖片
```

日志信息

时间	平台	类型	价格	数量	信息
2020-12-01 00:00:05		信息			Hello World!, ✈
2020-12-01 00:00:00		信息			Hello World! ✈

▲ 圖 3.13 日誌資訊

Log() 函數支援直接列印 Python 中的 matplotlib.pyplot 物件，只要該物件中包含 savefig() 函數，就可以列印。範例程式如下：

```
import matplotlib.pyplot as plt              # 匯入協力廠商函數庫
def main():
    plt.plot([3,6,2,4,7,1])                  # 建構序列
    Log(plt)                                 # 列印圖片
```

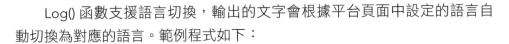

　　Log() 函數支援語言切換，輸出的文字會根據平台頁面中設定的語言自動切換為對應的語言。範例程式如下：

```
def main():
    Log("[trans] 中文 |abc[/trans]")        # 列印對應的語言
```

　　Log() 函數相當於 Python 中的 print() 函數。

3.6.2 列印收益資訊函數 LogProfit()

　　LogProfit() 函數主要用於在系統日誌中列印一筆收益資訊，如圖 3.14 所示；並且自動在收益曲線圖表中列印一個收益點，如圖 3.15 所示。

日期	平台	類型		价格	数量	信息
2020-04-14 08:59:01	Futures_CTP	卖出	开空 - i2009	595	1	i2009 Bid {"Price":597.5,"Amount":50}
2020-04-14 08:59:00		信息		SPK 信号所在行数: 20 信号次数: 1		
2020-04-13 10:50:02		收益		1364.65		{"Info":{"Interest":0,"FrozenMargin":0,"CashIn":0,"Commission":
2020-04-13 10:50:01	Futures_CTP	买入	平空 - i2009	604	1	i2009 平今 Ask {"Price":601.5,"Amount":2065}
2020-04-13 10:50:01		信息		BP 信号所在行数: 25 信号次数: 1		

▲ 圖 3.14　日誌資訊

　　LogProfit() 函數也是可以列印日誌資訊的函數，可以在必要參數後增加附帶參數，用於顯示在列印收益時需要同時記錄的資訊。例如，在列印收益資訊時，同時輸出當前帳戶的資產資訊，用於核對記錄。因為列印的收益資訊是在策略中主動計算的，不是系統自動計算的，所以如果撰寫的收益演算法不對，那麼列印的收益資訊是沒有意義的錯誤資訊，如果附帶一些當前帳戶的資產資料，則可以方便核算。

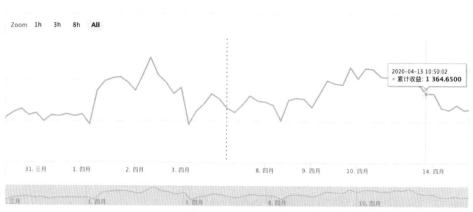

▲ 圖 3.15 收益曲線圖表

3.6.3 列印狀態列資訊函數 LogStatus()

　　LogStatus(Msg) 函數是在設計、撰寫策略時的一個重要函數,主要用於控制實盤頁面狀態列中顯示的資訊。參數 Msg 是要輸出的資訊,該資訊不會輸出到日誌串列中,但會輸出到實盤狀態列中。此外,可以重複呼叫 LogStatus(Msg) 函數,及時更新狀態列資訊。範例程式如下:

```python
import json                              # 匯入 json 函數庫
def main():                              # 策略入口函數
    while True:                          # 進入無限迴圈模式
        if exchange.IO("status"):        # 如果行情和交易連接正常
            tab1 = {                     # 建立表 1
                "type": "table",
                "title": "行情資料",
                "cols": ["項目", "資料"],
                "rows": []
            }
            tab2 = {                     # 建立表 2
                "type": "table",
                "title": "帳戶資料",
                "cols": ["項目", "資料"],
                "rows": []
            }
            tab3 = {                     # 建立表 3
                "type": "table",
                "title": "持倉資料",
                "cols": ["項目", "資料"],
                "rows": []
            }
```

```
    exchange.SetContractType("rb888")          # 定義螺紋鋼 rb 主力連續資料

    t = exchange.GetTicker()                    # 獲取 Tick 資料
    a = exchange.GetAccount()                   # 獲取帳戶資料
    p = exchange.GetPosition()                  # 獲取持倉資料
    # 分別在表 1、表 2、表 3 中增加 Tick 資料、帳戶資料、持倉資料
    tab1["rows"].append(["Tick 資料", json.dumps(t)])
    tab2["rows"].append([" 帳戶資料", json.dumps(a)])
    tab3["rows"].append([" 持倉資料", json.dumps(p)])
    # 在狀態列中更新資料
    LogStatus(_D(), "\n`" + json.dumps(tab1) + "`\n" +
        "`" + json.dumps(tab2) + "`\n" +
        "`" + json.dumps(tab3) + "`")
else :
    LogStatus(_D(), " 未連接 ")
Sleep(1000)
```

LogStatus() 函數主要用於在狀態列中顯示各種資料，包括表格和圖片，通常用於顯示當前時間及策略的相關資料。例如，執行上述程式，可以在狀態列中顯示 Tick 資料、帳戶資料、持倉資料等，如圖 3.16 所示。

▲ 圖 3.16 狀態資訊

> **注意**　在撰寫策略時，不用刻意追求 UI 多麼華麗，將需要顯示的資訊正確顯示即可。關於 LogStatus() 函數的更多用法，讀者可以參考 FMZ API 文件。

3.6.4 畫圖函數 Chart()

下面介紹另一個與介面顯示有關的函數——Chart() 函數。Chart() 函數主要用於進行實盤頁面中圖表的各種操作，如增加資料、更新圖表設定等，並且可以顯示各種各樣的圖表，使用的是 Highcharts 圖表函數庫。

FMZ API 封裝了原生的 Highcharts，使圖表功能更完善，Chart() 函數的參數是可以 JSON 序列化的 HighStocks 的 Highcharts.StockChart 參數，比原生的參數增加了一個 __isStock 屬性，如果設定 __isStock 屬性的值為 false，則顯示普通圖表。下面來看一個簡單的例子，程式如下：

```
ChartCfg = {                                 # 建立圖表設定變數
    '__isStock': True,                       # 標記是否為一般圖表
    'title': {                               # 標題
        'text': 'Python 畫圖 '                # 標題內容
    },
    'yAxis': [{                              # 坐標軸縱軸
        'title': {'text': 'K 線 '},          # 標題
        'style': {'color': '#4572A7'},       # 樣式
        'opposite': False                    # 是否啟用右邊縱軸
    }, {
        'title': {'text': ' 指標軸 '},        # 標題
        'opposite': True                     # 是否啟用右邊縱軸
    }],
    'series': [{                             # 資料
        'type': 'candlestick',               # 資料格式
        'name': ' 當前週期 ',                 # 資料名稱
        'id': 'primary',                     # 資料 id
        'data': []                           # 資料內容
    }, {
        'type': 'line',                      # 資料格式
        'id': 'dif',                         # 資料 id
        'name': 'DIF',                       # 資料名稱
        "yAxis" : 1,                         # 資料位置
        'data': []                           # 資料內容
    }, {
        'type': 'line',                      # 資料格式
        'id': 'dea',                         # 資料 id
        'name': 'DEA',                       # 資料名稱
        "yAxis" : 1,                         # 資料位置
        'data': []                           # 資料內容
    }, {
        'type': 'line',                      # 資料格式
        'id': 'macd',                        # 資料 id
```

```
        'name': 'MACD',                         # 資料名稱
        "yAxis" : 1,                            # 資料位置
        'data': []                              # 資料內容
    }]
}

def main():
    global ChartCfg                             # 引入全域變數
    preTime = 0                                 # 建立變數
    chart = Chart(ChartCfg)                     # 建立圖表物件
    chart.reset()                               # 清空圖表內容
    while True:                                 # 進入無限迴圈模式
        if exchange.IO("status"):               # 如果期貨行情和交易連接正常
            exchange.SetContractType("rb888")   # 訂閱螺紋鋼 rb 主力連續資料
            while True:                          # 進入無限迴圈模式
                r = _C(exchange.GetRecords)     # 獲取 K 線串列
                if len(r) > 50:                 # 如果 K 線數量多於 50，就跳出迴圈
                    break
            macd = TA.MACD(r)                    # 計算 MACD 指標
            LogStatus(_D(), len(r))             # 更新狀態列資訊

            # 畫圖
            for i in range(len(r)):             # 迴圈遍歷 K 線串列
                if r[i]["Time"] == preTime:     # 如果 K 線時間等於 preTime
                    chart.add(0, [r[i]["Time"], r[i]["Open"], r[i]["High"],
    r[i]["Low"], r[i]["Close"]], -1)            # 更新圖表資料
                    chart.add(1, [r[i]["Time"], macd[0][i]], -1)
                    chart.add(2, [r[i]["Time"], macd[1][i]], -1)
                    chart.add(3, [r[i]["Time"], macd[2][i]], -1)
                elif r[i]["Time"] > preTime:    # 如果 K 線時間大於 preTime
                    chart.add(0, [r[i]["Time"], r[i]["Open"], r[i]["High"],
    r[i]["Low"], r[i]["Close"]])                # 更新圖表資料
                    chart.add(1, [r[i]["Time"], macd[0][i]])
                    chart.add(2, [r[i]["Time"], macd[1][i]])
                    chart.add(3, [r[i]["Time"], macd[2][i]])
                    preTime = r[i]["Time"]       # 重置 preTime 的值
        else :
            LogStatus(_D(), " 未連接 ")
        Sleep(500)
```

　　該例子非常簡單，ChartCfg 為一個圖表設定字典，包含圖表設定資訊，在呼叫 FMZ API 中的 Chart() 函數時，傳入 ChartCfg 作為參數，建立圖表物件，即 chart，然後透過呼叫 chart 物件的 add() 函數、update() 函數、reset() 函數等，對圖表進行操作。輸出結果如圖 3.17 所示。

▲ 圖 3.17 K線圖表

注意　如果程式檢測 exchange.IO("status") 和期貨公司前置機處於連接狀態，就訂閱合約，獲取 K 線資料，然後使用指標計算函數計算指標資料。將計算出的指標資料寫入圖表。計算指標資料需要滿足一定條件，如 K 線數量要大於指標參數。

3.6.5 日誌消除函數 LogReset()

LogReset() 函數主要用於清除實盤中的日誌資訊，可以傳入一個參數，用於指定保留多少筆最新的日誌資訊，清除其他日誌資訊。範例程式如下：

```
def main():
    LogReset(10)                    # 清除日誌資訊，但保留 10 筆最新的日誌資訊
```

在上述程式中，使用 LogReset() 函數清除日誌資訊，但保留了 10 筆最新的日誌資訊，如果不傳入參數，則預設清除所有日誌資訊。

3.6.6 訂單資訊日誌功能開關函數 EnableLog()

EnableLog() 函數主要用於打開或關閉訂單資訊日誌功能，參數 isEnable 為 bool 型態資料。如果將 IsEnable 的值設定為 False，則不列印訂單資訊日誌，並且不會將訂單資訊寫入實盤資料庫。

```
def main():
    EnableLog(False)            # 打開或關閉訂單資訊日誌功能
```

在上述程式中，使用 EnableLog() 函數關閉了訂單資訊日誌功能，當有交易訂單資訊時，日誌系統不會記錄相關資訊。

3.7 常用的內建函數

作為一個開放原始碼的量化交易函數庫，FMZ API 提供了很多方便好用的內建函數，節省了不少開發應用的時間。下面介紹常用的內建函數及其用法。

注意
本節的 API 僅適用於發明者量化交易平台。

3.7.1 休眠函數 Sleep()

Sleep() 函數可以使程式進入休眠狀態，使程式暫停執行，如 Sleep(1000) 表示將程式暫停 1000 毫秒。Sleep() 函數在商品期貨策略中很少使用，由於商品期貨行情是推送機制，因此無須在策略程式中使用 Sleep() 函數強制等待一定時間，只需在必要的地方使用。例如，在檢測和期貨公司前置機連接狀態時（呼叫 exchange.IO("status") 函數）使用 Sleep() 函數，可以避免在迴圈中無耗時引起裝置 CPU 佔用過高。Sleep() 函數的參數為毫秒數。在前面介紹 exchange.IO("wait") 函數時就用到了 Sleep() 函數，重新抄錄程式如下：

```
def on_tick(symbol, ticker):
    Log("symbol:", symbol, "update")
    # 資料結構
    Log("ticker:", ticker)

def on_order(order):
    Log("order update", order)

def main():
    while not exchange.IO("status"):        # 迴圈模式，直到行情和交易連接成功
        Sleep(10)
    exchange.IO("mode", 0)                   # 切換為立即返回模式
    _C(exchange.SetContractType, "MA888")    # 訂閱甲醇 MA 行情
    while True:                              # 進入無限迴圈模式
        e = exchange.IO("wait")             # 判斷行情是否更新或訂單是否成交
        if e:                               # 如果行情有更新或訂單成交
            if e.Event == "tick":           # 如果行情有更新
                on_tick(e['Symbol'], e['Ticker']) # 執行 on_tick() 函數
            elif e.Event == "order":        # 如果訂單成交
                on_order(e['Order'])        # 執行 on_order() 函數
```

在 main() 函數中檢測和期貨公司前置機的連接狀態時，使用了 Sleep(10)，表示每次執行 while 迴圈的迴圈本體，程式都會休眠 10 毫秒。

3.7.2　互動函數 GetCommand()

GetCommand() 函數主要用於獲取策略互動介面發來的命令並清空，返回的命令格式為「按鈕名稱：參數」，如果沒有參數，那麼命令是按鈕名稱；如果沒有獲取命令，那麼返回空字串。

GetCommand() 函數是一個非常重要的函數，策略的互動設計依賴於此函數。例如，在策略互動欄中增加兩個互動控制項（控制項 a、控制項 b），如圖 3.18 所示。

▲ 圖 3.18　在策略互動欄中增加兩個互動控制項

策略中的設計程式如下：

```
def main():
    while True:
        if exchange.IO("status"):        # 如果行情和交易連接正常
            LogStatus(_D(), "已經連接")    # 更新狀態列資訊
            cmd = GetCommand()           # 獲取互動命令
            if cmd :                     # 如果獲取到了互動命令
                Log(cmd)                 # 列印互動命令
        else :
            LogStatus(_D(), "未連接")
        Sleep(1000)
```

在上述程式中，首先進行 while 迴圈模式，然後判斷行情和交易連接是否正常，如果連接正常，就在狀態列中輸出資訊，接著使用 GetCommand() 函數接收互動命令，如果接收到互動命令，則列印該命令的詳細資訊，如圖 3.19 所示。

▲ 圖 3.19 互動命令的詳細資訊

在圖 3.19 中，兩個箭頭所指的是按鈕控制項，點擊按鈕控制項，即可列印對應的資訊。在上述程式中進行擴充，可以實現點擊按鈕進行平倉等半自動策略需求。

3.7.3 判斷回測 / 實盤函數 IsVirtual()

IsVirtual() 函數主要用於判斷當前策略是實盤運行的還是回測系統執行的，如果是回測系統執行的，則返回 True；如果是實盤執行的，則返回 False。

```
def main():
    while True:
        if exchange.IO("status"):                    # 如果行情和交易連接正常
            exchange.SetContractType("MA888")        # 訂閱甲醇 MA 主力連續資料
            exchange.GetTicker()                     # 獲取 Tick 資料
            # 更新狀態列中的資訊
            LogStatus(_D(), "已經連接", "IsVirtual():", IsVirtual())
        else :
            LogStatus(_D(), "未連接", "IsVirtual():", IsVirtual())
        Sleep(1000)
```

執行上述程式，可以看到策略在回測時，狀態列中列印的 IsVirtual() 函數的返回值為 True，如圖 3.20 所示。

状态信息

2020-04-23 14:58:00 已经连接 IsVirtual(): True

▲ 圖 3.20 狀態資訊

3.7.4 全域字典函數 _G()

可儲存的全域字典，回測和實盤均支持，在回測結束後，儲存的資料被清除。KV 表可以永久儲存於本地檔案中，每個實盤單獨一個資料庫，在重新啟動或託管者退出後一直存在，K 必須為字串，不區分大小寫，V 可以為任何可以 JSON 序列化的內容。下面來看一個例子，程式如下：

```
def main():
    tradeCount = _G("addCount")                  # 設定全域變數 addCount
    if tradeCount:                               # 如果全域變數中有資料
        Log("恢復加倉次數資料：", tradeCount)      # 列印全域變數資料
    else :
```

```
    tradeCount = 0                                 # 重置全域變數中的資料
    Log(" 初始運行，加倉次數：", tradeCount)           # 列印全域變數資料

while True:                                          # 進入無限迴圈模式
    if exchange.IO("status"):                       # 如果行情和交易連接正常
        exchange.SetContractType("MA888")# 訂閱甲醇 MA 主力連續資料
        exchange.GetTicker()                        # 獲取 Tick 資料
        LogStatus(_D(), " 已經連接 ", "IsVirtual():", IsVirtual())
        cmd = GetCommand()                          # 獲取互動命令
        if cmd:                                     # 如果獲取互動命令
            tradeCount += 1                         # 重置全域變數資料
            Log(" 加倉次數：", tradeCount)           # 列印全域變數資料
            Log(" 保存加倉次數 ", tradeCount)        # 列印全域變數資料
            _G("addCount", tradeCount)              # 保存全域變數資料
    else :
        LogStatus(_D(), " 未連接 ", "IsVirtual():", IsVirtual())
    Sleep(1000)
```

使用互動控制項模擬策略執行時期觸發的加倉操作，然後停止策略，保存加倉次數。當策略再次啟動時，恢復加倉次數，如圖 3.21 所示。

在這個例子中，策略在第 1 次執行時期，加倉次數為 0，在執行過程中，我們點擊了 3 次加倉按鈕，觸發加倉操作 3 次，程式 tradeCount += 1 執行了 3 次，然後停止策略，重新啟動，可以看到，tradeCount 變數的值更新為 3，再次點擊加倉按鈕，再次執行程式 tradeCount += 1，tradeCount 變數的值更新為 4。這樣就可以將某個資料持久化儲存了。

状态信息
— 隐藏

2020-04-25 17:29:24 已经连接 IsVirtual(): false

日志信息
— 共: 453 条, 23 页
— 隐藏错误日志 刷新 □ 显示毫秒 □ 声音提醒 ◀×

日期	平台	类型	价格	数量	信息
2020-04-25 17:29:19		信息			保存加仓次数 4
2020-04-25 17:29:19		信息			加仓次数：4
2020-04-25 17:29:09		信息			恢复加仓次数数据：3
2020-04-25 17:29:09		重启			

▲ 圖 3.21 加倉次數

3.7.5 時間戳記函數 _D(Timestamp, Fmt)

_D(Timestamp, Fmt) 函數主要用於將時間戳記轉換為時間，其中 Timestamp 是時間戳記，Fmt 是時間格式。範例程式如下：

```
def main():
    strTime = _D()              # 獲取當前時間戳記
    Log(strTime)                # 列印當前時間戳記
```

注意　　如果不傳入任何參數，即 _D()，則會返回當前時間。如果只傳入 Timestamp 參數，如 _D(1478570053)，則會返回指定時間戳記的字串。返回值的預設格式為 yyyy-MM-dd hh:mm:ss。

執行上述程式，在日誌資訊中輸出結果，如圖 3.22 所示。

日期	平台	类型	价格	数量	信息
2021-06-28 17:27:11		信息	2021-06-28 17:27:11		

▲ 圖 3.22 日誌資訊

可以看到，日誌資訊中的時間和回測系統執行這段程式時的時間是一致的。在使用 Python 撰寫策略時，_D(Timestamp, Fmt) 函數的 Timestamp 參數為秒級時間戳記；在使用其他語言撰寫策略時，_D(Timestamp, Fmt) 函數的 Timestamp 參數為毫秒級時間戳記。

3.7.6 浮點數格式化函數 _N(Num, Precision)

_N(Num, Precision) 函數主要用於格式化浮點數，其中 Num 是要被格式化的浮點數，為浮點數資料；Precision 是要保留的小數位，為整數型態資料，如 _N(3.1415, 2) 會返回 3.14。範例程式如下：

```
def main():
    i = 3.1415                  # 建立浮點數變數
    Log(i)                      # 列印該變數
    ii = _N(i, 2)               # 格式化浮點數變數
    Log(ii)                     # 列印格式化後的數字
```

在這個例子中，首先定義了 1 個變數，並且將其給予值為 3.1415，然後使用 _N() 函數將該浮點數變數格式化，日誌資訊中的輸出結果如圖 3.23 所示。

日志信息

时间	平台	类型	价格	数量	信息
2020-01-28 00:00:00		信息	3.14		
2020-01-28 00:00:00		信息	3.1415		

▲ 圖 3.23 日誌資訊

3.7.7 重試函數 _C()

有時出於網路等原因，在呼叫 GetTicker() 等函數時，返回值為 None。為了解決這個問題，可以使用 _C() 函數。_C() 函數的參數是函數名，如 _C(exchange.GetTicker)。_C() 函 數 相 當 於 while 迴 圈， 如 果 exchange. GetTicker() 函數的返回值是 None，就會重新獲取資料，直到成功獲取到資料為止，預設重試間隔為 3 秒。也可以呼叫 _CDelay(...) 函數控制重試間隔，如 _CDelay(1000) 表示將 _C() 函數的重試間隔設定為 1 秒。

_C() 函數可以對以下函數進行容錯呼叫。

- exchange.GetTicker()。
- exchange.GetDepth()。
- exchange.GetTrade()。
- exchange.GetRecords()。
- exchange.GetAccount()。
- exchange.GetOrders()。
- exchange.GetOrder()。

範例程式如下：

```
def main():
    exchange.SetContractType("MA888")        # 訂閱甲醇 MA 主力連續資料
    ticker = _C(exchange.GetTicker)          # 使用 _C() 函數獲取 Tick 資料
    _CDelay(2000)                            # 將 _C() 函數的重試時間間隔設定為 2 秒
    depth = _C(exchange.GetDepth)            # 使用 _C() 函數獲取深度資料
    Log(ticker)                              # 列印 Tick 資料
    Log(depth)                               # 列印深度資料
```

使用 _C() 函式呼叫有參數的函數，範例程式如下：

```
def main():
    exchange.SetContractType("MA888")
    # 使用 _C() 函數獲取日 K 線資料
    records = _C(exchange.GetRecords, PERIOD_D1)
    Log(records)
```

在上述的程式當中，為了防止程式出錯，在使用 exchange.GetRecords (PERIOD_D1) 函式呼叫日 K 線資料時，可以使用重試函數 _C()，_C() 函數的第 2 個參數是 exchange.GetRecords() 函數的參數 PERIOD_D1。

3.7.8 串列交叉函數 _Cross()

_Cross(arr1, arr2) 函數主要用於判斷兩個串列的交叉狀態，返回串列 arr1 與 arr2 的交叉週期。如果返回值為正數，則表示上穿週期數，即金叉；如果返回值為負數，則表示下穿週期數，即死叉；如果返回值為 0，則表示兩個串列最後的價格資料一樣。它需要傳入兩個參數，並且這兩個參數都必須是串列。在實際應用中，使用該函數可以很方便地判斷兩條均線是金叉，還是死叉。下面來看一個略微複雜的例子，程式如下：

```
def main():
    while True:
        if exchange.IO("status"):                    # 如果行情和交易連接正常
            exchange.SetContractType("MA888")        # 訂閱甲醇 MA 主力連續資料
            r = _C(exchange.GetRecords)              # 獲取 K 線串列
            if len(r) < 10 :                         # 如果 K 線數量少於 10 根
                continue                             # 跳過本次迴圈
            ma1 = TA.MA(r, 5)                        # 計算 5 週期均線
            ma2 = TA.MA(r, 10)                       # 計算 10 週期均線
            ext.PlotRecords(r, "MA888")              # 畫出 K 線
            ext.PlotLine("ma1", ma1[-2], r[-2]["Time"])    # 畫出 ma1 均線
            ext.PlotLine("ma2", ma2[-2], r[-2]["Time"])    # 畫出 ma2 均線
            ret = _Cross(ma1,ma2)        # 判斷 ma1 均線和 ma2 均線的交叉狀態
```

```
        LogStatus(_D(), " 連接狀態 ", "ret:", ret)
    else :
        LogStatus(_D(), " 未連接狀態 ")
    Sleep(1000)
```

在上述程式中，首先使用 TA 指標函數庫中的 MA() 函數計算出 5 週期均線和 10 週期均線，然後使用 _Cross() 函數判斷兩條均線的交叉狀態。回測結果如圖 3.24 和圖 3.25 所示。

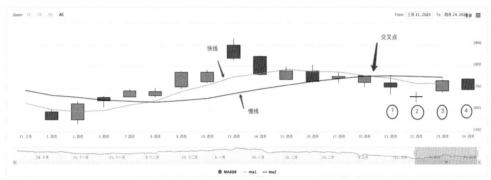

▲ 圖 3.24　K 線圖表

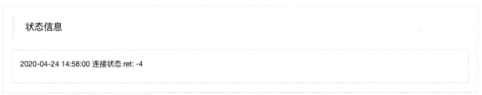

▲ 圖 3.25　狀態資訊

在本例子中，我們用到了幾個以前沒學過的函數。

第 1 個：ma1 = TA.MA(r, 5)，主要用於計算均線指標資料，第 1 個參數為 K 線資料，第 2 個參數為均線週期。在回測時，傳入的 K 線資料為日 K 線，均線週期為 5。那麼計算出來的均線為 5 日均線。將返回值賦給 ma1。ma1 為一個串列變數，代表一條均線。用同樣的方式計算 ma2。

第 2 個：ext.PlotLine("ma1", ma1[-2], r[-2]["Time"])，帶有「ext.」首碼的函數為某個範本的介面函數。範本是指一個封裝好的可重複使用的程式庫。

注 意
需要在策略編輯頁面選取要引用的範本，才可以使用對應範本的介面
函數，如圖 3.26 所示。

▲ 圖 3.26 範本引用

ext.PlotLine() 函數是 Python 的畫線類別庫中的畫線函數，主要用於在
圖表中繪製一條曲線。ext.PlotRecords() 函數主要用於繪製 K 線。對於畫線
類別庫，我們不做過多介紹，知道其功能即可，可以在策略廣場上找到這個
範本的程式進行深入學習。

第 3 個：_Cross(ma1, ma2)，表示每次使用 _Cross() 函數計算串列 ma1
和 ma2 的交叉週期。在呼叫 LogStatus() 函數時，可以在狀態列中輸出交叉
週期。根據圖 3.25 可知，狀態資訊顯示的最後一次交叉值為 -4。根據繪製
的圖表可知，快線下穿慢線已經經歷了 4 個 BAR，即 4 個 K 線週期。

3.8 常用的指標函數及圖表繪製

技術指標是以原始資料（開盤價、最高價、最低價、成交量等）為基礎，
經過一定的數學計算得出的結果。FMZ API 將常用的技術指標封裝成函數，
在撰寫策略時無須重新計算，從而提高策略開發效率。

注 意
本節的 API 僅適用於發明者量化交易平台。

3.8.1 內建的 TA 指標函數庫

FMZ API 中 的 TA 指 標 函 數 庫 最 佳 化 了 常 用 指 標 演 算 法，支 援
JavaScript、Python、C++。TA 指標函數庫中指標函數的使用方法非常簡單。
以 TA.KDJ 指標為例，程式如下：

```
def main():
    exchange.SetContractType("MA888")              # 訂閱甲醇 MA 主力連續資料
    r = exchange.GetRecords(PERIOD_M15)            # 獲取 15 分鐘 K 線串列
    kdj = TA.KDJ(r, 9, 3, 3)                       # 計算 KDJ 指標
    Log("k:", kdj[0], "d:", kdj[1], "j:", kdj[2])  # 列印 KDJ 指標資料
```

在上述程式中，第 3 行程式主要用於呼叫 TA 指標函數庫中的 KDJ() 函數，從而計算 KDJ 指標，並且將 KDJ 指標資料賦給 kdj 變數。KDJ() 函數的第 1 個參數需要傳入 K 線資料，剩下 3 個參數是計算 KDJ 指標所需的參數，該函數會返回一個二維串列。下面以 KDJ 指標為例，結合之前介紹的例子，繪製 KDJ 指標的圖表，程式如下：

```
ChartCfg = {                                  # 建立圖表設定變數
    '__isStock': True,                        # 標記是否為一般圖表
    'title': {                                # 標題
        'text': 'Python 畫圖 '                # 標題內容
    },
    'yAxis': [{                               # 坐標軸縱軸
        'title': {'text': 'K 線 '},           # 標題
        'style': {'color': '#4572A7'},        # 定義顏色
        'opposite': False                     # 是否啟用右邊縱軸
    }, {
        'title': {'text': ' 指標軸 '},         # 標題
        'opposite': True                      # 是否啟用右邊縱軸
    }],
    'series': [{                              # 資料數列包括 K 線圖、標籤等
        'type': 'candlestick',                # 資料格式
        'name': ' 當前週期 ',                  # 資料名字
        'id': 'primary',                      # 資料 id
        'data': []                            # 資料內容
    }, {
        'type': 'line',                       # 資料格式
        'id': 'k',                            # 資料 id
        'name': 'K',                          # 資料名字
        "yAxis" : 1,                          # 資料位置
        'data': []                            # 資料內容
    }, {
        'type': 'line',                       # 資料格式
        'id': 'd',                            # 資料 id
        'name': 'D',                          # 資料名字
        "yAxis" : 1,                          # 資料位置
        'data': []                            # 資料內容
    }, {
        'type': 'line',                       # 資料格式
```

```
        'id': 'j',                                    # 資料 id
        'name': 'J',                                  # 資料名字
        "yAxis" : 1,                                  # 資料位置
        'data': []                                    # 資料內容
    }]
}

def main():                                           # 策略入口函數
    global ChartCfg                                   # 引入圖表設定全域變數
    preTime = 0                                        # 建立變數，用於儲存時間
    chart = Chart(ChartCfg)                           # 建立圖表物件
    chart.reset()                                      # 清空圖表內容
    while True:                                         # 進入無限迴圈模式
        if exchange.IO("status"):                      # 如果行情和交易連接正常
            exchange.SetContractType("rb888")          # 訂閱螺紋鋼 rb 主力連續資料
            while True:                                  # 進入無限迴圈模
                r = _C(exchange.GetRecords)             # 獲取 K 線串列
                if len(r) > 50:                          # 如果 K 線數量多於 50 根
                    break                                 # 終止迴圈
            # 計算指標
            kdj = TA.KDJ(r)                              # 計算 KDJ 指標
            LogStatus(_D(), len(r))                      # 在狀態列中輸出資訊

            # 畫圖
            for i in range(len(r)):                      # 迴圈遍歷 K 線串列
                if r[i]["Time"] == preTime:  # 如果當前 K 線時間等於 preTime
                    chart.add(0, [r[i]["Time"], r[i]["Open"], r[i]["High"],
 r[i]["Low"], r[i]["Close"]], -1)                        # 增加資料
                    chart.add(1, [r[i]["Time"], kdj[0][i]], -1)
                    chart.add(2, [r[i]["Time"], kdj[1][i]], -1)
                    chart.add(3, [r[i]["Time"], kdj[2][i]], -1)
                elif r[i]["Time"] > preTime:# 如果當前 K 線時間大於 preTime
                    chart.add(0, [r[i]["Time"], r[i]["Open"], r[i]["High"],
 r[i]["Low"], r[i]["Close"]])                            # 增加資料
                    chart.add(1, [r[i]["Time"], kdj[0][i]])
                    chart.add(2, [r[i]["Time"], kdj[1][i]])
                    chart.add(3, [r[i]["Time"], kdj[2][i]])
                    preTime = r[i]["Time"]                # 重置 preTime 的值
        else :
            LogStatus(_D(), " 未連接 ")
        Sleep(500)
```

在本例子中，首先建立了一個圖表設定變數，然後建立了一個圖表物件，接著呼叫 TA 指標函數庫中的 KDJ() 函數計算 KDJ 指標，最後使用 for 迴圈敘述將 KDJ 指標資料輸出到圖表中，如圖 3.27 所示。

可以點擊 K 線圖表右上方的「全螢幕」按鈕顯示大圖。

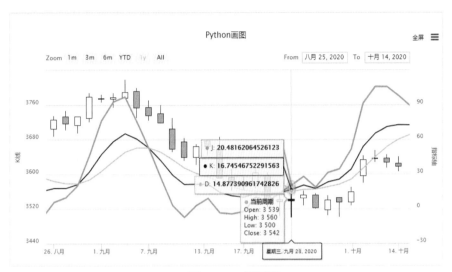

▲ 圖 3.27 K 線圖表

3.8.2 繪製圖表

關於圖表繪製，需要注意指標資料的取值範圍。也就是說，在繪製 TA.
MA 指標的圖表時，由於均線指標資料和 K 線資料的差別不大，因此均線指
標和 K 線可以共用一個 Y 軸。但在繪製 KDJ、MACD 等指標的圖表時，指
標資料和 K 線資料差別太大，會導致圖表壓縮，圖表展示效果會非常差。範
例程式如下：

```
ChartCfg = {
    '__isStock': True,                      # 設定為 True，表示使用的是 Highstocks
    'title': {                              # 圖表標題
        'text': 'Python 畫圖 '              # 標題內容
    },
    'yAxis': [{                             # Y 軸設定，這裡包含 2 個 Y 軸
        'title': {'text': 'K 線 '},         # 第 1 個 Y 軸名稱
        'style': {'color': '#4572A7'},      # 狀態顏色
        'opposite': False                   # 是否啟用右邊縱軸
    }, {
```

```
        'title': {'text': ' 指標軸 '},          # 第 2 個 Y 軸名稱,用於表示指標資料
        'opposite': True                        # 是否啟用右邊縱軸
    }],
    'series': [{                                # 資料數列
        'type': 'candlestick',                  # K 線類型態資料
        'name': ' 當前週期 ',                    # 圖表名字
        'id': 'primary',                        # 圖表 id
        'data': []                              # 圖表資料
    }, {
        'type': 'line',                         # 曲線類型態資料
        'id': 'k',                              # 圖表 id
        'name': 'K',                            # 圖表上顯示名稱 K,KDJ 指標中的 K
        "yAxis" : 0,                            # 圖表位置
        'data': []                              # 圖表資料
    }, {
        'type': 'line',                         # 圖表類型
        'id': 'd',                              # 圖表 id
        'name': 'D',                            # 圖表上顯示名稱 D,KDJ 指標中的 D
        "yAxis" : 0,                            # 圖表位置
        'data': []                              # 圖表資料
    }, {
        'type': 'line',                         # 圖表類型
        'id': 'j',                              # 圖表 id
        'name': 'J',                            # 圖表上顯示名稱 J,KDJ 指標中的 J
        "yAxis" : 0,                            # 圖表位置
        'data': []                              # 圖表資料
    }]
}
```

注意 如果在每個資料數列中設定「"yAxis" : 0」,則表示所有顯示的資料都使用索引值為 0 的指標軸,也就是說,所有顯示的資料都按照一個 Y 軸畫圖,這樣顯然不合理。

在更換上面的圖表設定後執行程式,輸出的圖表如圖 3.28 所示。

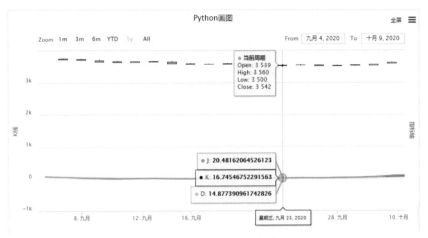

▲ 圖 3.28 K 線圖表（1）

在對圖表設定有個大概了解後，下面介紹在策略中如何將指標資料載入到圖表中。

要計算指標資料，需要有 K 線資料。使用 kdj = TA.KDJ(r) 可以計算指標資料，透過傳入 K 線資料 r 進行計算。在呼叫 KDJ() 函數時，需要傳入 4 個參數，第 1 個參數為 K 線資料。剩下 3 個參數是計算 KDJ 指標所需的參數，如果不填，則預設剩下的參數分別為 9、3、3。計算得到的指標資料 kdj 是一個二維串列。在得到指標資料後，就可以向圖表中增加資料並繪製指標線、K 線了，程式如下：

```
for i in range(len(r)):                              # 迴圈遍歷 K 線串列
    r = r[i]                                         # 當前 K 線
    rTime = r['Time']                               # 當前 K 線時間
    if rTime == preTime:                            # 如果當前 K 線時間等於 preTime
        # 增加資料
        chart.add(0,[rTime,r['Open'],r['High'],r['Low'],r['Close']],-1)
        chart.add(1,[rTime,kdj[0][i]],-1)
        chart.add(2,[rTime,kdj[1][i]],-1)
        chart.add(3,[rTime,kdj[2][i]],-1)
    elif rTime > preTime:                           # 如果當前 K 線時間大於 preTime
        # 增加資料
        chart.add(0,[rTime,r['Open'],r['High'],r['Low'],r['Close']])
        chart.add(1,[rTime,kdj[0][i]])
        chart.add(2,[rTime,kdj[1][i]])
        chart.add(3,[rTime,kdj[2][i]])
        preTime = rTime                             # 重置 preTime 的值
```

使用圖表物件 chart 的成員函數 add() 向圖表中增加資料。

add() 函數的第 1 個參數為資料數列的索引，將其值設定為 0，表示向 ChartCfg 設定的 series 資料數列第 1 個串列中寫入資料。

注意

在 ChartCfg 設定中，series 資料數列中的第 1 個串列記錄的是 K 線資料，第 2 個串列記錄的是 KDJ 指標中的 K 指標線，依此類推。

add() 函數的第 2 個參數為寫入的資料，其格式和要寫入資料的元素的資料型態有關。例如，在上述程式中，當 add() 函數的第 1 個參數值為 0 時，寫入 K 線資料，資料格式為 [r[i]["Time"], r[i]["Open"], r[i]["High"], r[i]["Low"], r[i]["Close"]]，是一個串列，該串列中各元素依次為時間戳記、開盤價、最高價、最低價、收盤價；當 add() 函數的第 1 個參數值為 1 時，寫入 D 線資料，資料格式為 [r[i]["Time"], kdj[1][i]]，是一個串列，該串列中的元素依次為時間戳記、KDJ 指標中的 D 線指標值。

add() 函數的第 3 個參數省略，表示增加一個新資料點；如果 add() 函數的第 3 個參數值為 -1，則用傳入的參數修改最後一個資料點。

```
for i in range(len(r)):                    # 迴圈遍歷 K 線串列
    if r[i]["Time"] == preTime:            # 如果當前 K 線時間等於 preTime
    # 更新資料
    elif r[i]["Time"] > preTime:           # 如果當前 K 線時間大於 preTime
        # 寫入新資料點
        preTime = r[i]["Time"]
```

在上述程式中，使用 for 迴圈遍歷 K 線串列，在迴圈中判斷，如果當前 K 線時間等於 preTime，則更新資料；如果當前 K 線時間大於 preTime，則寫入新資料點。

前面介紹了如何繪製 KDJ 指標圖，可以試著動手修改程式，繪製布林帶指標圖。再來看下面的例子，繪製帶成交量的 K 線圖表，程式如下：

```
cfg = {                                    # 建立圖表設定變數
    "rangeSelector": {                     # 設定範圍
        "selected": 0                      # 預設設定為 0
    },
```

```
    "title": {                              # 標題
        "text": '帶量柱的 K 線圖表'           # 標題內容
    },
    "yAxis": [{                             # 縱軸
        "labels": {                         # 圖表標籤
            "align": 'right',               # 標籤位置
            "x": -3                         # 標籤縮排
        },
        "title": {                          # 標題
            "text": 'OHLC'                  # 標題內容
        },
        "height": '60%',                    # 圖表高度
        "lineWidth": 2,                     # 線寬
        "resize": {                         # 調整大小
            "enabled": true                 # 預設為 true
        }
    }, {
        "labels": {                         # 圖表標籤
            "align": 'right',               # 標籤位置
            "x": -3                         # 標籤縮排
        },
        "title": {                          # 標題
            "text": 'Volume'               # 標題內容
        },
        "top": '65%',                       # 圖表位置
        "height": '35%',                    # 圖表高度
        "offset": 0,
        "lineWidth": 2                      # 線寬
    }],
    "tooltip": {                            # 圖表縮放
        "split": true
    },
    "series": [{                            # 圖表系列
        "type": 'candlestick',             # 圖表類型
        "name": 'AAPL',                    # 圖表名字
        "data": []                          # 圖表資料
    }, {
        "type": 'column',                   # 圖表類型
        "name": 'Volume',                  # 圖表名字
        "data": [],                         # 圖表資料
        "yAxis": 1                          # 圖表位置
    }]
}

def main():                                 # 策略入口函數
    chart = Chart(cfg)                      # 建立圖表物件
    chart.reset()                           # 清空圖表內容
```

```
preBarTime = 0                                      # 建立變數記錄 K 線時間
while True:                                          # 進入無限迴圈模式
    if exchange.IO("status"):                       # 如果行情和交易連接正常
        LogStatus(_D(), " 已經連接 ")               # 更新狀態列中的資訊
        exchange.SetContractType("MA888")           # 定義甲醇 MA 主力連續資料
        r = _C(exchange.GetRecords)                 # 獲取 K 線串列
        for i in range(len(r) - 1):                 # 迴圈遍歷 K 線串列
            if r[i]["Time"] > preBarTime:   # 如果當前 K 線時間大於 preTime
                chart.add(0, [r[i]["Time"], r[i]["Open"], r[i]["High"],
r[i]["Low"], r[i]["Close"]])                    # 增加資料
                chart.add(1, [r[i]["Time"], r[i]["Volume"]])
                preBarTime = r[i]["Time"]           # 重置 preTime
    else:
        LogStatus(_D(), " 未連接 ")
    Sleep(1000)
```

在上述程式中，圖表設定變數 cfg 有兩個 Y 軸設定（yAxis），並且有兩個資料數列（series 中有兩個元素）。在回測系統中的輸出結果如圖 3.29 所示。

圖 3.29 中的圖表就是使用圖表物件 chart 繪製的圖表，這個圖表中包含兩個子圖，一個是 K 線圖，另一個是成交量圖。可以根據上面的程式，將成交量圖修改為任意技術指標（如 MACD、KDJ 等）的圖表。

Python 的 Highcharts 函數庫支援繪製更多圖形，包括 K 線圖、折線圖、曲線圖、面積圖、直條圖和餅形圖。

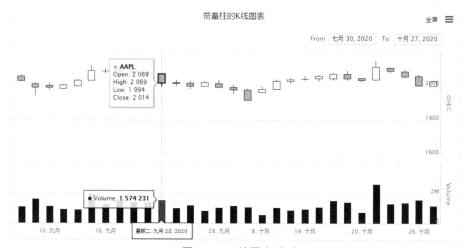

▲ 圖 3.29 K 線圖表（2）

策略參數及策略互動

在量化交易中，參數的大小往往決定著策略最後的績效結果。透過最佳化外部參數，可以使策略及時適應當前的市場行情。此外，策略互動可以透過手動方式給實盤發出各種指令，從而方便策略維護。

> **注意**
> 本節的 API 僅適用於發明者量化交易平台。

3.9.1 策略參數

參數實際上就是變數，如果將變數寫到策略程式中，那麼在每次偵錯策略時，都需要在程式中修改這個變數，非常不靈活，並且沒有辦法對這個變數進行最佳化處理。

使用外部參數可以極佳地解決這個問題。在 FMZ API 中，策略參數是以全域變數形式使用的。在 Python 策略中使用的策略參數需要用 global 關鍵字宣告。在策略編輯頁面中可以設定策略參數。策略參數有 5 個，如圖 3.30 所示。

> **注意**
> 介面參數可以在策略編輯頁面程式編輯區下方的策略參數區進行設定。介面參數在策略程式中是以全域變數的形式存在的，也就是說，可以在程式中修改介面參數。

- 描述：介面參數在策略編輯頁面中的名字。
- 備註：介面參數的詳細描述。

策略参数 - 5 个参数 (拖动十字图标排序)

变量 bool | 描述 布尔值 | 备注 提示 | 布尔型(true/false) | 默认值 true | +

变量	描述	类型	默认值	编辑
number	数值类型	✥ 数字型(number)	1	
string	字符串	✥ 字符串(string)	Hello FMZ	
combox	下拉框	✥ 下拉框(selected)	1|2|3	
bool	布尔值	✥ 布尔型(true/false)	true	
secretString	加密字符串	✥ 加密串(string)	passWord	

▲ 圖 3.30 策略參數（1）

- 類型：該介面參數的類型。
- 預設值：該介面參數的預設值。

可以設定一個參數，讓另一個參數基於該參數的相關設定顯示或隱藏。例如，設定一個數值型參數 numberA 和一個布林型參數 isShowA，讓 numberA 基於 isShowA 的值顯示或隱藏。在策略編輯頁面程式中，將 numberA 設定為 numberA@isShowA，如圖 3.31 所示。這樣，如果不選取 isShowA 參數，numberA 參數就會隱藏。

策略参数 – 7个参数（拖动十字图标排序）

变量 | 描述 | 备注 | 默认值 | +

变量	描述	类型	默认值	编辑
number	数字类型	✥ 数字类型（number）	1	
string	字符串	✥ 字符串（string）	Hello FMZ	
combox	下拉框	✥ 下拉框（selected）	1|2|3	
bool	布尔值	✥ 布尔型（trul/false）	true	
secretSting	加密字符串	✥ 加密串（string）	passWord	
numberA@isShowA	数值A	✥ 数字型（number）	1	
isShowA	是否显示numberA参数	✥ 布尔型（trul/false）	false	

▲ 圖 3.31 策略參數（2）

參數分組功能可以將參數加以歸類，在多品種或多週期策略中，可以針對不同的品種使用不同的參數組。如果要對參數進行分組，那麼只需在第 1

組參數的描述前加上「(? 第一組)」，在第 2 組參數的描述前加上「(? 第二組)」，依此類推。參數分組範例如圖 3.32 所示，分組結果如圖 3.33 所示。

▲ 圖 3.32　策略參數（3）

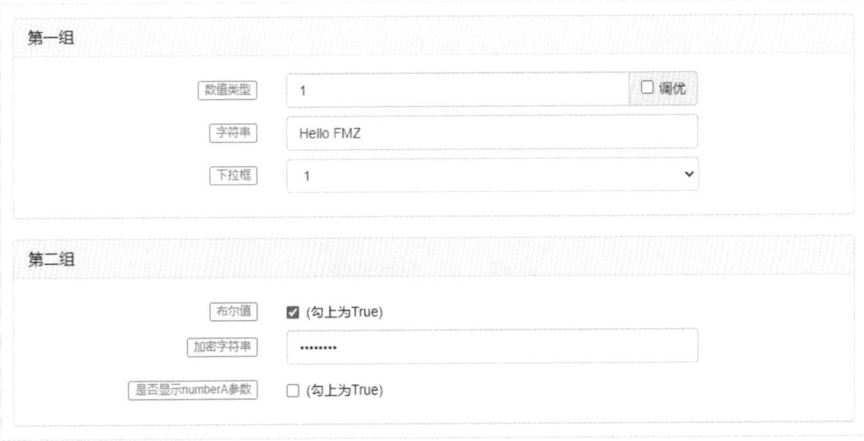

▲ 圖 3.33　策略參數（4）

3.9.2　策略互動

　　在策略編輯頁面中，可以設定策略的介面互動控制項，這些控制項會向執行時期的實盤程式發送命令，這些命令由 FMZ API 中的 GetCommand() 函數捕捉，然後策略可以根據這些命令進行對應的操作（預先設計好的執行程式）。

底層系統中有一個用於記錄互動命令的變數，如果呼叫 GetCommand()
函數，那麼取出互動命令，並且將底層系統中的這個變數內容清空；如果沒
有呼叫 GetCommand() 函數，那麼底層系統中新的互動命令會覆蓋舊的互動
命令。例如，當策略程式正在處理一段互動觸發的策略程式時，如果有多個
互動命令從策略介面發送過來，並且策略還在執行某段程式，那麼當策略再
次呼叫 GetCommand() 函數時，只能獲取最後一個互動命令。互動控制項的
類型有數字型、布林型、下拉串列、按鈕等，如圖 3.34 所示。

▲ 圖 3.34　策略參數

按鈕類型的互動控制項是一種不攜帶資料的控制項，點擊按鈕即可觸
發，其他控制項均為攜帶資料的控制項。我們可以用一個測試策略測試互動
控制項的互動功能，程式如下：

```
def main():                                    # 策略入口函數
    while True:                                # 進入無限迴圈模式
        LogStatus(_D())                        # 更新狀態列中的資訊
        cmd = GetCommand()                     # 獲取互動命令
        if cmd:                                # 如果獲取互動命令
            Log("cmd:", cmd)                   # 列印互動命令
            arr = cmd.split(":")               # 分割字串
            if arr[0] == "buy":                # 如果是 "buy"
                Log("買入，該控制項不帶數量")      # 列印資訊
            elif arr[0] == "sell":             # 如果是 "sell"
                Log("賣出，該控制項帶數量：", arr[1])  # 列印資訊
```

```
    else:                                    # 否則
        Log(" 其他控制項觸發 :", arr)           # 列印資訊
    Sleep(1000)                              # 程式休眠 1 秒
```

在圖 3.34 中依次點擊策略互動按鈕，輸出結果如下：

```
cmd: buy
買入，該控制項不帶數量
cmd: sell:1
賣出，該控制項帶數量： 1
cmd: other:0
其他控制項觸發： [other 0]
cmd: isOpen:false
其他控制項觸發： [isOpen false]
```

 這個例子只是一個簡單的教學範例。在實際撰寫策略時，要針對不同的控制項指令做對應的回應處理。如果攜帶的資料不是數值型態資料（GetCommand() 函數返回的資料為字串），並且需要參與計算，則需要將其轉換成數值型態資料。

3.10 內建的範本類別庫及經典策略架構

俗話說，站在巨人肩膀上，才能看得更遠。有時你費盡精力解決的一個問題，可能早已有極好的解決方法，如果可以用現成的，那麼可以節省更多時間用在策略邏輯上。內建範本類別庫提供了大量可重複使用的程式模組。

注意 本節的 API 僅適用於發明者量化交易平台。

3.10.1 範本類別庫

FMZ API 支持將一些常用的、可重複使用的程式模組封裝成獨立的函數庫，從而提高策略開發效率，降低策略交易部分和策略邏輯部分的耦合度，便於對策略進行維護、最佳化、擴充。

建立範本類別庫和建立策略的操作相同，在發明者量化交易平台上，首先點擊「控制中心」按鈕，然後點擊「策略庫」按鈕，最後點擊「新建策略」按鈕，即可跳躍到策略編輯頁面，如圖 3.35 所示，選擇範本類別庫，然後給範本命名並保存。

▲ 圖 3.35　策略編輯頁面

範本類別庫設計主要針對兩個方面，一方面是需要設計匯出函數，匯出函數為範本類別庫的介面函數，即這個範本類別庫提供的功能，透過呼叫匯出函數，使用這個範本類別庫提供的功能；另一方面是需要設計這個範本類別庫的參數，和普通策略一樣，範本類別庫也可以設定參數，可以在使用時動態設定一些參數資料。

3.10.2　經典策略架構

FMZ API 推薦將策略設計成 onTick 輪詢機制，將整個策略邏輯設計成一個函數，該函數可以以一定的時間間隔（防止輪詢頻率過高）執行。

與 onBar 機制不同，onTick 機制只有在生成新 K 線 BAR 時，才會執行策略邏輯。onTick 機制每次執行都可以進行獲取當前即時行情、下單交易等操作，策略程式每時每刻都在執行策略邏輯。商品期貨策略常用的 onTick 策略架構程式如下：

```
def onTick():
    exchange.SetContractType("rb888")          # 訂閱螺紋鋼 rb 主力連續資料
    ticker = exchange.GetTicker()              # 獲取 Tick 資料
    Log("rb888 ticker:", ticker)               # 列印資料
    # 可以寫具體的策略邏輯，檢測價格，觸發開倉，下單等
```

```
def main():                                   # 策略入口函數
    while True:                               # 進入無限迴圈模式
        if exchange.IO("status"):            # 如果行情和交易連接正常
            onTick()                          # 執行 onTick() 函數
            LogStatus(_D(), "已經連接 CTP ！")  # 更新狀態列中的資訊
        else:
            LogStatus(_D(), "未連接 CTP ！")   # 更新狀態列中的資訊
```

在 FMZ API 中同樣可以實現 onBar 策略架構，程式如下：

```
preBarTime = 0                               # 建立全域變數

def onTick():
    global preBarTime                         # 引入全域變數
    exchange.SetContractType("rb888")         # 訂閱螺紋鋼 rb 主力連續資料
    r = _C(exchange.GetRecords)               # 獲取 K 線串列
    if r[-1]["Time"] != preBarTime:           # 如果當前 K 線時間不等於 preBarTime
        preBarTime = r[-1]["Time"]            # 重置 preBarTime
        Log("K 線 bar 更新了，執行交易邏輯！")    # 列印資訊
        # 可以寫具體的策略邏輯，如檢測價格、觸發開倉、下單等

def main():                                   # 策略入口函數
    while True:                               # 進入無限迴圈模式
        if exchange.IO("status"):            # 如果行情和交易連接正常
            onTick()                          # 執行 onTick() 函數
            LogStatus(_D(), "已經連接 CTP ！")  # 更新狀態列中的資訊
        else:
            LogStatus(_D(), "未連接 CTP ！")   # 更新狀態列中的資訊
```

可以看到，只是加了幾行程式，就將從 onTick 策略架構變為 onBar 策略架構了。輸出結果如下：

```
K 線 bar 更新了，執行交易邏輯！
K 線 bar 更新了，執行交易邏輯！
K 線 bar 更新了，執行交易邏輯！
K 線 bar 更新了，執行交易邏輯！
K 線 bar 更新了，執行交易邏輯！
```

設定 K 線週期為日 K 線，可以看到，每當 K 線更新時，才執行 Log() 函數列印日誌資訊。

3.11 溫故知新

學完本章內容，讀者需要回答：

1·如何獲取 K 線資料？

2·如何獲取帳戶和持倉資料？

3·試著繪製圖表。

在下一章中，讀者會了解到：

1·什麼是 CTA 策略。

2·CTA 策略有哪些類型。

3·一些經典的 CTA 策略。

4

CTA 之趨勢追蹤策略

CTA 是一種多樣性的投資方法，一般是商品期貨和金融期貨策略。無論是主觀交易方法，還是量化交易方法，只要交易方法相對規則化、系統化，就都可以稱為 CTA 策略。本章將結合不同的策略理論開發 CTA 策略。

4.1 什麼是 CTA 策略

CTA（Commodity Trading Advisor，商品交易顧問）通常是指專業的資金管理人或機構。CTA 策略最初活躍於商品市場，隨著金融市場的發展，其投資領域逐漸拓展到股票、國債、外匯等，如圖 4.1 所示。

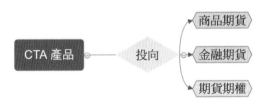

▲ 圖 4.1 CTA 策略投資領域

4.1.1 CTA 策略的分類

CTA 策略的交易週期主要以分鐘、小時和日線等為主，也有少部分使用 1 分鐘以內的時間作為交易週期。CTA 策略有多種類型，根據策略持倉週期可以分為中長線策略、短線策略、高頻策略，根據交易方法可以分為趨勢策略和反轉策略。

在量化 CTA 策略實際交易中，趨勢策略和反轉策略並不是獨立運行的，有時會根據市場狀況和策略特性進行策略組合，與採用單一類型的策略相比，最佳化組合和分散部署策略的方法通常能取得更好的效果。

4.1.2 趨勢策略

用「守株待兔」形容趨勢策略再恰當不過了，這種策略的理念是順勢而為。趨勢策略通常不需要對未來價格進行預測，它會利用一些技術指標守在趨勢發生的必經之路上，在趨勢發生時買入並持有，在趨勢消失時退出。

趨勢策略的特點是經常虧小錢，但一次就賺個大的。趨勢策略的資金曲線呈脈衝狀態，一般回撤較大，所以該策略對資產管理、風險控制及交易者的心理素質要求比較高，通常會疊加多個交易品種或利用策略多樣性來降低風險。

4.1.3 反轉策略

反轉策略的交易方法與趨勢策略相反，在價格低時買入，在價格高時賣出，從而賺取差價。其特點是經常賺小錢，但一旦遇到趨勢行情就賠個大的，資金曲線呈階梯狀。

由於市場大部分時間都在一個價格範圍內上下波動，反轉策略非常適合這種行情，因此有很多人使用這種策略。反轉策略既可以在兩個相同品種的價差上套利交易，又可以利用價格網格進行低買高賣。

4.1.4 量化 CTA 策略

根據基本面、產業鏈調研、操盤經驗等對價格走勢的判斷來決定交易也屬於 CTA 策略。隨著電腦科學的發展，湧現出很多量化 CTA 策略，包括自然語言處理、迴圈神經網路、隨機森林模型等技術，主要透過資料建模分析發掘潛在交易機會。

但是整體來看，量化 CTA 中用得較多的策略是趨勢策略。與其他策略相比，量化趨勢策略的優點如下：

- 入門簡單。做過交易的人應該都知道什麼是技術指標，不需要太多的程式設計技巧，就可以將這些技術指標輕易地轉換為量化趨勢策略。
- 無懼牛熊，尤其在期貨這種可以雙向交易的市場，趨勢策略在價格上漲或下跌的行情中都能獲利，在牛市、熊市快速轉換或趨勢明顯時，這種優勢特別顯著。
- 每個交易者對風險的承受力都不一樣，隨著行情變化加劇，虧損會使反向交易者出現非理性的踩踏式平倉，這一點非常有利於量化趨勢策略。

4.2　經典的 MACD 策略

前面介紹了量化交易的基礎知識、Python 程式設計語言的基礎語法及 FMZ API 的使用方法，這些是實現交易策略的必備知識。接下來我們趁熱打鐵，從簡單的策略開始，逐步實現交易策略。

4.2.1　MACD 簡介

相信做過交易的人對 MACD 都不陌生，這是一個非常古老的技術指標，它是由查拉爾德·阿佩爾（Geral Appel）在 20 世紀 70 年代發明的，全稱為指數平滑異同移動平均線，顧名思義，這個指標是透過均線對趨勢進行判斷的。

MACD 圖表主要由黃白線和中間的紅綠柱組成，如圖 4.2 所示。白線稱為 DIF，反映的是價格在一段時間內的變化情況。黃線稱為 DEA，它是 DIF 的均線，所以相對平緩一些。紅綠柱稱為 BAR 柱，反映的是 DIF 與 DEA 之間的距離。

▲ 圖 4.2 MACD 圖表

注意 MACD 是一種中長線趨勢指標，在市場反覆震盪時，可能會出現錯誤訊號。

4.2.2 MACD 的原理

　　嚴格來講，MACD 是均線的延伸，其意義與均線大致相同，只是在計算時給其指定了權重，時間越近，指定的權重越大。此外，MACD 在圖形上展示時非常直觀，觀察起來也一目了然。最重要的是，MACD 指標可以根據短期指數移動平均線與長期指數移動平均線之間的聚合與分離狀況判斷市場狀態。

　　具體來說，MACD 指標是運用快速和慢速移動平均線之差及雙重平滑運算得來的。這樣不但去除了一部分普通移動平均線頻繁發出的假訊號，而且保留了移動平均線判斷趨勢行情的效果。因此 MACD 指標比均線更有趨勢性和穩定性。計算 MACD 指標的具體步驟如下。

第 1 步：先對雜亂的 K 線進行均值處理，得到 EMA12 和 EMA26。EMA 其實是另一種複雜均線，與普通均線不同的是，其價格權重以指數形式逐漸縮小，隨著時間的增加，價格的權重越大，越能即時反映近期價格波動情況。

第 2 步：為了解決訊號落後和頻繁的無效訊號問題，對均線 EMA12 和 EMA26 進行差值處理，得到 DIF。均線差值可以靈活反映兩根均線之間的相互關係，DIF 上升往往意味著短期成本的漲速高於長期成本的漲速，市場短期內的資金買入意願更強。

第 3 步：重複第 1 步，對 DIF 進行均值處理，得到 DEA。

第 4 步：重複第 2 步，對 DIF、DEA 進行差值處理，得到 MACD 長條圖（Histogram），也就是我們常說的紅綠柱圖。

4.2.3　MACD 的計算方法

第 1 步：計算 EMA12 和 EMA26。

$$EMA12 = XAverage(Close, 12)$$

$$EMA26 = XAverage(Close, 26)$$

第 2 步：計算 DIF。

$$DIF = EMA12 - EMA26$$

第 3 步：計算 DEA。

$$DEA = XAverage(DIF, 9)$$

第 4 步：計算 MACD 長條圖（Histogram）。

$$Histogram = DIF - DEA$$

4.2.4 MACD 的使用方法

網上關於 MACD 的使用方法層出不窮，有使用 DIF 與 DEA 金叉、死叉進行趨勢追蹤交易的，有結合價格頂底背離做高拋低吸抄底的，也有輔助其他技術分析工具的，等等，這些方法只在特定的時間有效。交易的關鍵不是使用哪個萬能指標，而是制定一個正期望的交易策略，然後重複執行。

對大部分交易者來說，採用趨勢策略要好過做震盪策略，因為趨勢策略的容錯率更低。MACD 傳統的使用方法是根據 DIF 與零線的位置關係或 DIF 與 DEA 的交叉狀態判斷價格走勢。在大部分的情況下，DIF 大於 0 表示上漲，DIF 小於 0 表示下跌。當 DIF 向上突破 DEA 時，形成買入訊號；當 DIF 向下突破 DEA 時，形成賣出訊號。

但也有一部分人根據紅綠柱的高低及價格走勢判斷 MACD 的頂背離和底背離，這是一種典型的反轉交易方法。其理論是價格與 MACD 是趨於同向的，當價格上漲時，MACD 也會跟著上漲。如果價格逐步下跌，但 MACD 沒有跟著下跌，甚至逐步上升，與價格走勢背道而馳，形成底背離，則預示著價格可能會上漲。同理，如果價格逐步上漲，但 MACD 沒有跟著上漲，甚至逐步下跌，與價格走勢形成頂背離，則預示著價格可能會下跌。

4.2.5 MACD 的有效性

上面的幾種方法雖然邏輯上能站得住腳，但在實際使用時也有反覆打臉的時候。為什麼有時不靈呢？這裡面有個悖論。可以試著想一下，如果 MACD 一直有效，那麼大家都會使用，大家的交易點位是相似的。例如，DIF 向上突破 DEA 是買入訊號，大家都在買，誰會賣出呢？

所以，最終的結果是，MACD 越有效，用的人越多，當越來越多的人使用它時，它就會慢慢故障，直到大部分人放棄使用它，它又會重新變得有效。人才是金融市場的最終參與者，這既不像物理定律，也不是數學公式，這裡面沒有整齊劃一的規律，這是人與人交易博弈的最終結果。

注意　市場是人與人之間的博弈，也是交易策略與交易策略之間的博弈，沒有恆久有效的策略，也沒有恆久無效的策略。

4.2.6 策略邏輯

交易界有句俗語：大道至簡，重劍無鋒。意思就是越簡單的東西，越沒人信，用的人也就越少，其結果反而越有效，普適性越強。例如，少吃多動至今仍然是減肥的成功秘訣，但真正做的人很少，因為大部分人不相信或者半信半疑沒有堅持下來。那麼今天我們就用最簡單的方法建構一個 MACD 策略，策略邏輯如下。

- 多頭開倉：DIF 大於 DEA。
- 空頭開倉：DIF 小於 DEA。
- 多頭平倉：DIF 小於 DEA。
- 空頭平倉：DIF 大於 DEA。

4.2.7 策略撰寫

根據前面的策略邏輯，用 Python 實現交易策略。打開發明者量化交易平台，然後依次點擊「控制中心」>「策略庫」>「新建策略」按鈕，然後在左上角的語言下拉串列中選擇 Python 選項，即可開始撰寫策略，注意程式中的註釋。

第 1 步：撰寫策略框架。策略開發就像蓋房子一樣，先將地基和框架架設好，再往裡面填充東西。策略框架包含 main() 函數和 onTick() 函數，main() 函數是策略的入口函數，程式從 main() 函數開始逐行執行程式。在 main() 函數中透過 while 迴圈重複執行 onTick() 函數。通常將策略核心程式寫在 onTick() 函數中。具體程式如下：

```python
# 匯入模組
from fmz import *

# 策略主函數
def onTick():
    pass

# 程式入口函數
def main():
    while True:              # 進入無限迴圈模式
        onTick()             # 執行策略主函數
        Sleep(1000)          # 休眠 1 秒
```

第 2 步：定義虛擬持倉變數。虛擬持倉是理論持倉，不是真實持倉，也就是在開平倉時假設訂單完全成交。使用虛擬持倉的好處是撰寫簡單，可以降低初學者的程式設計門檻，從而快速迭代策略更新，一般用於回測環境中。具體程式如下：

```
mp = 0                                    # 定義一個全域變數，用於控制虛擬持倉
```

虛擬持倉的原理很簡單，在策略運行之初，預設是空倉（mp=0）；在開多單後，將虛擬持倉變數的值重置為 1（mp=1）；在開空單後，將虛擬持倉變數的值重置為 -1（mp=-1）；在平多單或空單後，將虛擬持倉變數的值重置為 0（mp=0）。這樣，我們在撰寫策略邏輯時，只需判斷 mp 的值。

第 3 步：計算 MACD。FMZ API 中內建了很多常用的指標函數，直接呼叫指標函數，傳入對應的參數，即可計算出結果。MACD 的計算過程如下：訂閱期貨合約 >>> 獲取 K 線串列 >>> 呼叫內建 MACD() 指標函數。具體程式如下：

```
_C(exchange.SetContractType, "FG000")     # 訂閱期貨品種
bar = _C(exchange.GetRecords)             # 獲取 K 線串列
if len(bar) < 100:                        # 如果 K 線串列長度值太小，就返回
    return
macd = TA.MACD(bar, 5, 50, 15)            # 呼叫 MACD() 函數，計算 MACD 的值
dif = macd[0][-2]                         # 獲取 DIF 的值
dea = macd[1][-2]                         # 獲取 DEA 的值
```

注意 在呼叫內建指標函數前，需要先判斷 K 線串列的長度，因為指標的計算依賴足夠多的 K 線資料，所以使用 if 敘述進行判斷，如果 K 線串列長度值太小，不足以計算指標，就直接返回。此外，由於在計算指標時使用了收盤價資料，因此在 K 線還沒有走完時，所計算的結果也會跟著發生變化，直接使用會造成訊號閃爍。為了解決這個問題，折中的方法是在開平倉條件成立後，在下一根 K 線下單交易。

第 4 步：獲取最新價。獲取最新價的目的是下單交易，下單函數 exchange.Buy() 和 exchange.Sell() 中都需要有 2 個參數，第 1 個是下單價格，即在開平倉時必須指定固定的價格，透過獲取 K 線串列中最後一個元素中的

'Close'，獲取最新的價格（賣一價）。具體程式如下：

```
last_close = bar[-1]['Close']                    # 獲取最新價格（賣價）
```

第 5 步：下單交易。在開平倉條件中，首先判斷當前的持倉狀態；然後判斷 DIF 與零軸的位置或 DIF 與 DEA 的交叉狀態，根據判斷結果設定交易方向和類型，即平多、平空、開多、開空；最後使用 Buy() 函數或 Sell() 函數下單，在下單後重置虛擬持倉變數的值。具體程式如下：

```
global mp                                        # 全域變數，用於控制虛擬持倉
if mp == 1 and dif < dea:
    exchange.SetDirection("closebuy")            # 設定交易方向和類型
    exchange.Sell(last_close - 1, 1)             # 平多單
    mp = 0                                       # 設定虛擬持倉變數的值，即空倉
if mp == -1 and dif > dea:
    exchange.SetDirection("closesell")           # 設定交易方向和類型
    exchange.Buy(last_close, 1)                  # 平空單
    mp = 0                                       # 設定虛擬持倉變數的值，即空倉
if mp == 0 and dif > dea:
    exchange.SetDirection("buy")                 # 設定交易方向和類型
    exchange.Buy(last_close, 1)                  # 開多單
    mp = 1                                       # 設定虛擬持倉變數的值，即有多單
if mp == 0 and dif < dea:
    exchange.SetDirection("sell")                # 設定交易方向和類型
    exchange.Sell(last_close - 1, 1)             # 開空單
    mp = -1                                      # 設定虛擬持倉變數的值，即有空單
```

4.2.8 策略回測

該策略使用玻璃指數作為資料來源進行回測，時間跨度為 2019 年 1 月 1 日至 2021 年 1 月 1 日，K 線週期和底層 K 線週期均為 1 天，初始資金為 1 萬元，滑點為開平倉各 2 跳。回測設定程式如下：

```
'''backtest
start: 2019-01-01 00:00:00
end: 2021-01-01 00:00:00
period: 1d
basePeriod: 1d
balance: 10000
slipPoint: 2
exchanges: [{"eid":"Futures_CTP","currency":"FUTURES"}]
'''
```

MACD 策略在回測後，呼叫 SDK 中的 Show() 函數，輸出玻璃指數 2 年資料的回測圖表，如圖 4.3 所示。

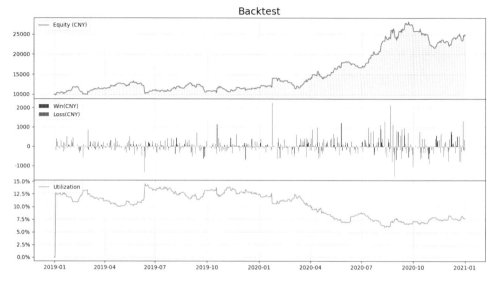

▲ 圖 4.3 MACD 策略的回測圖表

4.2.9 完整的策略程式

完整的策略程式和註釋如下：

```
# 回測設定
'''backtest
start: 2019-01-01 00:00:00
end: 2021-01-01 00:00:00
period: 1d
basePeriod: 1d
balance: 10000
slipPoint: 2
exchanges: [{"eid":"Futures_CTP","currency":"FUTURES"}]
'''

# 匯入模組
from fmz import *

mp = 0                              # 定義一個全域變數，用於控制虛擬持倉
```

```python
# 策略主函數
def onTick():
    _C(exchange.SetContractType, "FG000")      # 訂閱期貨品種
    bar = _C(exchange.GetRecords)               # 獲取 K 線串列
    if len(bar) < 100:                          # 如果 K 線串列長度值太小，就返回
        return
    macd = TA.MACD(bar, 5, 50, 15)              # 呼叫 MADC() 函數，計算 MACD 的值
    dif = macd[0][-2]                           # 獲取 DIF 的值
    dea = macd[1][-2]                           # 獲取 DEA 的值
    last_close = bar[-1]['Close']               # 獲取最新價格（賣價）
    global mp                                   # 全域變數，用於控制虛擬持倉
    if mp == 1 and dif < dea:
        exchange.SetDirection("closebuy")       # 設定交易方向和類型
        exchange.Sell(last_close - 1, 1)        # 平多單
        mp = 0                                  # 設定虛擬持倉變數的值，即空倉
    if mp == -1 and dif > dea:
        exchange.SetDirection("closesell")      # 設定交易方向和類型
        exchange.Buy(last_close, 1)             # 平空單
        mp = 0                                  # 設定虛擬持倉變數的值，即空倉
    if mp == 0 and dif > dea:
        exchange.SetDirection("buy")            # 設定交易方向和類型
        exchange.Buy(last_close, 1)             # 開多單
        mp = 1                                  # 設定虛擬持倉變數的值，即有多單
    if mp == 0 and dif < dea:
        exchange.SetDirection("sell")           # 設定交易方向和類型
        exchange.Sell(last_close - 1, 1)        # 開空單
        mp = -1                                 # 設定虛擬持倉變數的值，即有空單

def main():
    while True:
        onTick()
        Sleep(1000)

# 回測結果
task = VCtx(__doc__)                            # 呼叫 VCtx() 函數
try:
    main()                                      # 呼叫策略入口函數
except:
    task.Show()                                 # 回測結束，輸出圖表
```

透過對本節內容的學習，相信你已經對 MACD 的原理及計算方法有了一定的了解。你可以參照本節中的程式，試著將該策略臨摹下來進行測試，也可以對該策略進行升級改進。

4.3 使用 ADX 輔助 MACD 策略

「趨勢是你的朋友」。這是每一個交易者都耳熟能詳的箴言。但做過交易的朋友可能會有體會，趨勢總是毫無預警地開始，並且突然結束。在 MACD 策略中，如何抓住趨勢並過濾震盪行情，是許多主觀交易者和量化交易者孜孜不倦的追求。本節中，我們將以 ADX（Average Directional Indicator，平均趨向指標）為濾網，分析它在量化交易中的應用。

4.3.1 什麼是 ADX

ADX 是衡量趨勢的技術工具，它是威爾斯·威爾德（Welles Wilder）在 1978 年提出的。

> **注意**
> 與其他技術分析工具不同，ADX 並不能判斷多空方向，更不能提示精確的交易點位，它只能衡量當前趨勢的強弱，如圖 4.4 所示。

ADX 的預設週期參數值是 14，通常在 K 線圖的副圖中顯示。ADX 的取值範圍為 0 ～ 100，它的值越大，說明上漲或下跌趨勢越強。在大部分的情況下，當 ADX 的值大於 40 時，說明趨勢強力，使用趨勢交易具有較大的回報潛力；當 ADX 的值小於 20 時，說明趨勢疲軟，會警告交易者不要使用趨勢追蹤交易策略。

▲ 圖 4.4 ADX 圖表

4.3.2 ADX 的計算方法

ADX 的計算方法比較複雜，它涉及價格正向移動距離（+DM）、價格負向移動距離（-DM）、真實波動幅度（TR）、正向方向性指數（+DI）、負向方向性指數（-DI）等中間變數。

計算動向變化。

- up：今天的最高價 – 昨天的最高價。
- down：昨天的最低價 – 今天的最低價。
- +DM：如果 up 大於 max(down, 0)，則 +DM 等於 up，否則等於零。
- -DM：如果 down 大於 max(up, 0)，則 -DM 等於 down，否則等於零。

計算真實波動幅度。

TR：max（今天最高價與今天最低價的差值，今天最高價與昨天收盤價差值的絕對值，今天最低價與昨天收盤價差值的絕對值）。

計算動向指數。

$$+DI(14)=+DM(14)/TR(14)\times 100$$

$$-DI(14)=-DM(14)/TR(14)\times 100$$

計算 ADX。

$$DX=((+DI14)-(-DI14)/(+DI14)+(-DI14))\times 100$$

$$ADX=MA(DX,14)$$

雖然 ADX 的計算方法比較複雜，但其邏輯還是比較清晰的：up 和 down 分別表示價格正向移動距離和負向移動距離；+DI 和 -DI 分別表示用波動率修正後的上漲趨勢和下跌趨勢，不管趨勢是上漲還是下跌，只要存在明顯的趨勢行情，那麼在 +DI 和 -DI 中總有一個是較大的，因此 DX 的值會隨著趨勢的強弱指示在 0 ～ 100 的取值範圍內波動；ADX 表示 DX 的 14 天平均線。

當 +DI 大於 -DI 時，說明價格處於上升趨勢；當 -DI 大於 +DI 時，說明價格處於下降趨勢。 交易者可以透過檢查同一時間點的 ADX 值，確定上升趨勢或下降趨勢的強度。

4.3.3 策略邏輯

前面我們使用 MACD 指標建立了一個簡單的策略，雖然該策略在趨勢行情中的表現還可以，但是在震盪行情中常常入不敷出，甚至在長期的震盪行情中資金回撤比較大。為了降低策略在行情震盪時期的試錯成本，我們在之前的 MACD 策略中加入 ADX 濾網，並且查看其效果。

原策略邏輯。

- 多頭開倉：DIF 大於 DEA。
- 空頭開倉：DIF 小於 DEA。
- 多頭平倉：DIF 小於 DEA。
- 空頭平倉：DIF 大於 DEA。

改進後的策略邏輯。

- 多頭開倉：DIF 大於 DEA，並且 ADX 上升。
- 空頭開倉：DIF 小於 DEA，並且 ADX 上升。
- 多頭平倉：DIF 小於 DEA。
- 空頭平倉：DIF 大於 DEA。

我們在原策略邏輯的基礎上，對開倉加入 ADX 濾網，從而控制在行情進入震盪時期的開倉次數。在開倉時，ADX 的值必須是上升的，平倉邏輯則保持不變。

注意

ADX 濾網的加入，使整個策略邏輯變成一個嚴進寬出的模式，從而控制行情震盪時期的資金回撤幅度。

4.3.4 策略撰寫

　　根據前面改進後的策略邏輯，我們可以直接在原始策略的基礎上加入
ADX 濾網，雖然 ADX 的計算方法比較複雜，但借助 talib 函數庫，只需要幾
行程式就可以將 ADX 的值計算出來。因為計算 ADX 的值需要使用 talib 函
數庫，而 talib 函數庫需要用到 numpy.array 資料型態，所以需要在程式開頭
匯入 SDK、talib 函數庫和 numpy 函數庫，程式如下：

```python
from fmz import *
import talib                              # 匯入 talib 函數庫
import numpy as np                        # 匯入 numpy 函數庫
```

　　在使用 talib 函數庫計算 ADX 的值時，一共需要 4 個參數：最高價、最
低價、收盤價、週期參數。所以我們需要撰寫一個 get_data() 函數，用於從
K 線串列中提取出最高價、最低價、收盤價，程式如下：

```python
# 將 K 線串列轉換成最高價、最低價、收盤價串列
def get_data(bars):
    arr = [[], [], []]
    for i in bars:
        arr[0].append(i['High'])
        arr[1].append(i['Low'])
        arr[2].append(i['Close'])
    return arr
```

　　然後使用 numpy 函數庫將普通的串列轉換為 numpy.array 類型的資料，
最後使用 talib 函數庫計算 ADX 的值，具體程式如下：

```python
_C(exchange.SetContractType, "FG000") # 訂閱期貨品種
bar = _C(exchange.GetRecords)          # 獲取 K 線串列
if len(bar) < 100:                     # 如果 K 線串列長度值太小，就返回
    return
macd = TA.MACD(bar, 5, 50, 15)         # 計算 MACD 值
dif = macd[0][-2]                      # 獲取 DIF 的值
dea = macd[1][-2]                      # 獲取 DEA 的值
np_arr = np.array(get_data(bar))       # 將 K 線串列轉換為 numpy.array 類型的資料
adx_arr = talib.ADX(np_arr[0], np_arr[1], np_arr[2], 14)   # 計算 ADX 的值
```

　　在策略邏輯中，需要判斷 ADX 的大小及是否上升。在判斷 DAX 的大小

時，需要將 ADX 具體某一天的值提取出來。在判斷是否上升時，需要獲取倒數第 2 根和倒數第 3 根 K 線的 ADX 值，程式如下：

```
adx1 = adx_arr[-2]                        # 獲取倒數第 2 根 K 線的 ADX 值
adx2 = adx_arr[-3]                        # 獲取倒數第 3 根 K 線的 ADX 值
```

最後修改下單邏輯：

```
last_close = bar[-1]['Close']             # 獲取最新價格（賣價）
global mp
if mp == 1 and dif < dea:
    exchange.SetDirection("closebuy")     # 設定交易方向和類型
    exchange.Sell(last_close - 1, 1)      # 平多單
    mp = 0                                # 設定虛擬持倉變數的值，即空倉
if mp == -1 and dif > dea:
    exchange.SetDirection("closesell")    # 設定交易方向和類型
    exchange.Buy(last_close, 1)           # 平空單
    mp = 0                                # 設定虛擬持倉變數的值，即空倉
if mp == 0 and dif > dea and adx1 > adx2:
    exchange.SetDirection("buy")          # 設定交易方向和類型
    exchange.Buy(last_close, 1)           # 開多單
    mp = 1                                # 設定虛擬持倉變數的值，即有多單
if mp == 0 and dif < dea and adx1 > adx2:
    exchange.SetDirection("sell")         # 設定交易方向和類型
    exchange.Sell(last_close - 1, 1)      # 開空單
    mp = -1                               # 設定虛擬持倉變數的值，即有空單
```

4.3.5 策略回測

回測 2 年的歷史資料，時間跨度為 2019 年 1 月 1 日至 2021 年 1 月 1 日，資料週期和底層資料週期均為 1 天，初始資金為 1 萬元，滑點為開平倉各 2 跳。回測設定程式如下：

```
'''backtest
start: 2019-01-01 00:00:00
end: 2021-01-01 00:00:00
period: 1d
basePeriod: 1d
balance: 10000
slipPoint: 2
exchanges: [{"eid":"Futures_CTP","currency":"FUTURES"}]
'''
```

該策略針對前面的 MACD 策略進行了最佳化，使用 ADX 指標增加開倉濾網。該策略在回測後，輸出的回測圖表如圖 4.5 所示。對比圖 4.5 和圖 4.3，可以發現，資金曲線、收益及最大回撤還不及原始 MACD 策略，這也佐證了策略開發儘量遵從「奧卡姆剃刀定律」，如無必要，勿增實體。

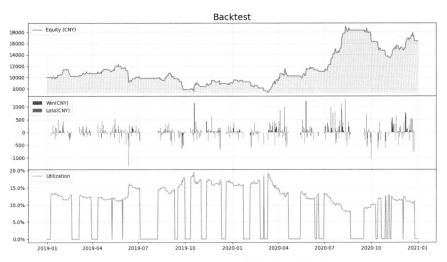

▲ 圖 4.5 ADX&MACD 策略的回測圖表

4.3.6　完整的策略程式

　　完整的策略程式和註釋如下。可以進入該策略主頁面（方法見前言提示），完整複製該策略程式（包括預設參數），並且進行線上回測。

```
# 回測設定
'''backtest
start: 2019-01-01 00:00:00
end: 2021-01-01 00:00:00
period: 1d
basePeriod: 1d
balance: 10000
slipPoint: 2
exchanges: [{"eid":"Futures_CTP","currency":"FUTURES"}]
'''

# 匯入模組
from fmz import *
```

```python
import talib   # talib 函數庫需要手動安裝
import numpy as np

mp = 0   # 定義一個全域變數，用於控制虛擬持倉

# 將 K 線串列轉換為最高價、最低價、收盤價串列
def get_data(bars):
    arr = [[], [], []]
    for i in bars:
        arr[0].append(i['High'])
        arr[1].append(i['Low'])
        arr[2].append(i['Close'])
    return arr

# 策略主函數
def onTick():
    _C(exchange.SetContractType, "FG000")        # 訂閱期貨品種
    bar = _C(exchange.GetRecords)                 # 獲取 K 線串列
    if len(bar) < 100:                            # 如果 K 線串列長度值太小，就返回
        return
    macd = TA.MACD(bar, 5, 50, 15)                # 計算 MACD 值
    dif = macd[0][-2]                             # 獲取 DIF 的值
    dea = macd[1][-2]                             # 獲取 DEA 的值
    np_arr = np.array(get_data(bar))   # 將 K 線串列轉換為 numpy.array 類型的資料
    adx_arr = talib.ADX(np_arr[0], np_arr[1], np_arr[2], 14)   # 計算 ADX 的值
    adx1 = adx_arr[-2]                            # 倒數第 2 根 K 線的 ADX 值
    adx2 = adx_arr[-3]                            # 倒數第 3 根 K 線的 ADX 值
    last_close = bar[-1]['Close']                 # 獲取最新價格（賣價）
    global mp                                     # 全域變數，用於控制虛擬持倉
    if mp == 1 and dif < dea:
        exchange.SetDirection("closebuy")         # 設定交易方向和類型
        exchange.Sell(last_close - 1, 1)          # 平多單
        mp = 0                                    # 設定虛擬持倉變數的值，即空倉
    if mp == -1 and dif > dea:
        exchange.SetDirection("closesell")        # 設定交易方向和類型
        exchange.Buy(last_close, 1)               # 平空單
        mp = 0                                    # 設定虛擬持倉變數的值，即空倉
    if mp == 0 and dif > dea and adx1 > adx2:
        exchange.SetDirection("buy")              # 設定交易方向和類型
        exchange.Buy(last_close, 1)               # 開多單
        mp = 1                                    # 設定虛擬持倉變數的值，即有多單
    if mp == 0 and dif < dea and adx1 > adx2:
        exchange.SetDirection("sell")             # 設定交易方向和類型
        exchange.Sell(last_close - 1, 1)          # 開空單
        mp = -1                                   # 設定虛擬持倉變數的值，即有空單
```

```
def main():
    while True:
        onTick()
        Sleep(1000)

# 回測結果
task = VCtx(__doc__)                        # 呼叫 VCtx() 函數
try:
    main()                                  # 呼叫策略入口函數
except:
    task.Show()                             # 回測結束，輸出圖表
```

之前流行過一句話：「站在風口，豬都會飛」。我們做交易也是一樣的，在大趨勢面前，採用再笨的策略也能分一杯羹，所以我們要做的就是抓住大趨勢，並且在震盪時期控制回撤。將 ADX 與 MACD 配合使用，可以幫助交易者確認差異，從而提高交易的精度。

> **注意**
>
> MACD 是一種中長線趨勢指標，在市場反覆震盪時，可能會出現錯誤訊號。增加濾網的好處是既可以在震盪行情中降低風險，又可以在趨勢行情中提升盈利潛力，從而最大限度地降低風險並最大化利潤。一句話，要想賺大錢，就一定不要與趨勢為敵！

4.4 自我調整動態雙均線策略

對初學者來說，策略開發最好從臨摹開始，本節我們將重溫經典技術分析工具考夫曼均線，並且根據其常用的使用方法建構策略，深度解析每一個計算步驟，並且使用 Python 和 talib 函數庫去實現它。

4.4.1 傳統均線的弊端

我們知道，價格變化的速度也在變化，傳統簡單均線受困於固定週期參數，因此，短期均線靈敏度高，更貼近價格走勢，但在市場震盪時期反覆轉向，導致頻繁發出錯誤開平倉訊號；長期均線在趨勢判斷上更加可靠，但在市場加速上漲或下跌時反應遲鈍，導致錯過最佳的交易點位。因此，雖然

傳統簡單均線可以在一定程度上適應行情，但很難根據市場變化情況進行調整，從而更好地把握趨勢。尤其在長期震盪行情中，不僅得不到正收益，還會付出高額的交易成本，為了解決這個問題，我們引入了考夫曼提出的自我調整移動均線。

4.4.2 考夫曼均線的原理

在《精明交易者》中，作者考夫曼（Kaufman）提出了自我調整移動均線（AMA），簡稱考夫曼均線。該均線考慮到了市場價格的變化速率，在普通均線的基礎上增加了平滑係數，並且自我調整動態調整均線的靈敏度，可以在慢速趨勢和快速趨勢之間進行自我調整。當市場出現盤整、趨勢不明顯時，AMA 傾向於慢速移動均線。當市場波動較大、趨勢明顯、價格沿一個方向快速移動時，AMA 傾向於快速移動均線，如圖 4.6 所示。

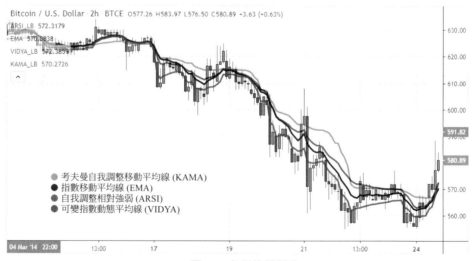

▲ 圖 4.6 各種均線對比

考夫曼均線本質上是根據一段時間內的價格波動率進行調整的，它可以計算出合適的入場設定值，從而提供最佳的交易點位。也就是說，考夫曼均線的主邏輯分為兩部分，第 2 部分邏輯在波動率層面又做了一次自我調整，從而反映市場真實的趨勢，便於快速抓住趨勢性上漲和下跌的時機，同時避開市場反覆震盪的影響。

4.4.3　考夫曼均線的計算方法

有經驗的交易者都習慣在趨勢展開的行情中使用快速移動均線，在震盪較多的行情中使用慢速移動均線。但如何將這個方法數量化，讓程式來區分這兩種行情呢？這裡需要引入「效率」的概念。

如果價格一致朝一個方向運行，每天收盤價的變化貢獻於總的運行幅度，那麼這種情況屬於高效率；如果價格漲漲跌跌，很多次收盤價的變化相互抵消，那麼這種情況屬於低效率。這類似於物理學中的位移，如果價格在10天內上漲了100個點，那麼這種情況屬於高效率；如果價格在10天內上漲了10個點，那麼這種情況屬於低效率。

第1步：計算價格效率。

價格效率建立在市場移動的速度、方向及市場中雜訊量的基礎之上，假設價格效率的取值範圍為0～1，0表示市場沒有移動，只有雜訊；1表示市場只有移動，沒有雜訊。如果價格在10天內上漲了100個點，每天移動10個點，其價格效率為1（100 / (10 × 10)）；如果價格在10天內上漲了10個點，但每天震盪10個點，其價格效率為0.1（10 / (10 × 10)）。

相關計算如下。

首先計算價格變動值，即當前K線價格與前 n 根K線價格的差的絕對值。

$$價格變動值 = abs(價格 - n 日前價格)$$

然後計算價格波動值，即 n 根K線內所有價格變動絕對值的總和。

$$價格波動值 = sum(abs(價格 - 上一個交易日價格),n)$$

最後計算效率係數，即價格變動值除以價格波動值。

$$效率係數 = 價格變動值 / 價格波動值$$

在價格變動值一定的條件下,市場波動越大,效率係數越小,此時使用慢速(長期)移動均線更能把握整體趨勢走向,因為慢速移動均線不易被市場短期波動改變方向;反之,在價格變動值一定條件下,市場波動越小,效率係數越大,此時使用快速(短期)移動均線。

第 2 步:計算平滑係數。

考夫曼用移動平均速度描述平滑係數,其計算方法與 EMA 指標的計算方法類似,根據價格所占的權重比例,重新調整快速均線和慢速均線的變化速度。其計算方法如下:

- 快速趨勢係數是 0.66667(2 /(2 + 1))。
- 慢速趨勢係數是 0.06452(2 /(30 + 1)),它們的差值是 0.60215。
- 快速趨勢係數的計算公式為 $2 / (n^1 + 1)$。
- 慢速趨勢係數的計算公式為 $2 / (n^2 + 1)$。

上面公式中的 n^1 和 n^2 是交易週期數,並且 n^1 小於 n^2。預設 n^1 為 2,n^2 為 30。最後利用效率係數計算平滑係數,也就是效率係數 × 0.60215 + 0.06452。

$$平滑係數 = 效率係數 × (快速 - 慢速) + 慢速$$

因此,當市場波動較大、趨勢明顯時,平滑係數更加趨向於選擇快速趨勢係數;反之,當市場震盪盤整、趨勢不明顯時,平滑係數更趨向於選擇慢速趨勢係數。

第 3 步:計算 AMA 值。

當效率係數太小時,可能會取消交易,因此卡夫曼建議在計算 AMA 值之前,先計算平滑係數的次方。

$$係數 = 平滑係數 × 平滑係數$$

$$AMA = 上一個交易日的 AMA + 係數 × (價格 - 上一個交易日的 AMA)$$

假設昨天的 AMA 值是 40，當前的價格是 47，它們之間的差值為 7，那麼在一個高效市場中，其 AMA 值會提高將近 3.1 個點，幾乎是差值的一半；在一個低效市場中，這個差值幾乎不會對 AMA 值產生影響。

4.4.4　策略邏輯

根據考夫曼的觀點，AMA 相當於平滑指標，如果其方向改變，就應該立刻交易。也就是說，在 AMA 上升時應該買進，在 AMA 下降時應該賣出。不過如果貿然以此為交易訊號，可能會造成大量的無效訊號，因此需要增加一個合適的濾網，即增加另一根 AMA 均線，以雙均線交叉的形式發出交易訊號。

- 多頭開倉：AMA1 和 AMA2 均為向上，並且 AMA1 大於 AMA2。
- 空頭開倉：AMA1 和 AMA2 均為向下，並且 AMA1 小於 AMA2。
- 多頭平倉：AMA1 和 AMA2 均為向下，或者 AMA1 小於 AMA2。
- 空頭平倉：AMA1 和 AMA2 均為向上，或者 AMA1 大於 AMA2。

4.4.5　策略撰寫

根據前面的策略邏輯，用 Python 實現交易策略。打開發明者量化網站，然後依次點擊「控制中心」>「策略庫」>「新建策略」按鈕，然後在左上角的語言下拉串列中選擇 Python 選項，開始撰寫策略，注意程式中的註釋。

第 1 步：首先匯入 SDK，然後抱著不重複造輪子的態度，我們在計算 AMA 的值時，直接使用之前介紹過的 talib 函數庫。因為在使用 talib 函數庫計算 AMA 的值時，需要用到 numpy.array 資料型態，所以需要在程式開頭匯入 talib 函數庫和 numpy 函數庫。程式如下：

```
from fmz import *
import talib
import numpy as np
```

第 2 步：撰寫策略框架，這個在之前的章節已經介紹過。策略框架包含 onTick() 函數和 main() 函數，並且在 main() 函數中無限迴圈執行 onTick() 函數，程式如下：

```
# 策略主函數
def onTick():
    pass

# 策略入口函數
def main():
    while True:                 # 進入無限迴圈模式
        onTick()                # 執行策略主函數
        Sleep(1000)             # 休眠 1 秒
```

第 3 步：定義虛擬持倉變數。量化交易中的持倉情況有 3 種，第 1 種是真實的帳戶持倉，第 2 種是虛擬持倉，第 3 種是將真實持倉和虛擬持倉聯合起來。在實盤交易中，使用真實的帳戶持倉就足夠了，但這裡為了簡化策略，使用虛擬持倉進行演示。程式如下：

```
mp = 0                          # 定義一個全域變數，用於控制虛擬持倉
```

虛擬持倉的原理很簡單，在策略運行之初，預設是空倉（mp=0）；在開多單後，將虛擬持倉變數的值重置為 1（mp=1）；在開空單後，將虛擬持倉變數的值重置為 -1（mp=-1）；在平多單或空單後，將虛擬持倉變數的值重置為 0（mp=0）。這樣，我們在判斷建構邏輯獲取倉位時，只需判斷 mp 的值。

第 4 步：計算 AMA 的值。因為我們使用 talib 計算 AMA 的值，所以需要用到收盤價的 numpy.array 類型的資料。AMA 的計算過程如下：訂閱期貨資料 >>> 獲取 K 線串列 >>> 將 K 線串列轉換為收盤價串列 >>> 將收盤價串列轉換為 numpy.array 類型的資料 >>> 使用 talib 函數庫計算 AMA 值。程式如下：

```
# 將 K 線串列轉換成收盤價串列，用於計算 AMA 的值
def get_close(r):
    arr = []
    for i in r:
        arr.append(i['Close'])
    return arr

# 判斷兩根 AMA 交叉
def is_cross(arr1, arr2):
```

```
    if arr1[-2] < arr2[-2] and arr1[-1] > arr2[-1]:
        return True

_C(exchange.SetContractType, "c000")          # 訂閱期貨品種
bar_arr = _C(exchange.GetRecords)             # 獲取 K 線串列
if len(bar_arr) < 100:                        # 如果 K 線數量太少，就返回
    return
close_arr = get_close(bar_arr)                # 將 K 線串列轉換為收盤價串列
np_close_arr = np.array(close_arr)     # 將收盤價串列轉換為 numpy.array 類型的資料
ama1 = talib.KAMA(np_close_arr, 10).tolist() # 計算短期 AMA
ama2 = talib.KAMA(np_close_arr, 100).tolist()# 計算長期 AMA
```

在上述程式中，第 1 ～ 6 行是 get_close() 函數，這個函數的作用是將 K 線串列轉換為收盤價串列，以便計算 AMA 的值；第 8 ～ 15 行的作用是按照流程計算 AMA 的值。

> **注意**　計算 AMA 的值需要一個週期參數，如果 K 線長度小於這個週期參數的值，就不能計算其 AMA 的值。所以在第 10 行和第 11 行，我們對 K 線串列的長度進行判斷，如果 K 線資料不足以計算 AMA 的值，則直接跳過。

第 5 步：開平倉。首先獲取當前最新價格，因為在使用下單介面函數時，必須指定交易價格。K 線串列最後一個元素的收盤價就是最新價格。然後指定交易的方向和類型，即開多、開空、平多、平空。然後呼叫 exchange. SetDirection() 函數，分別傳入 "buy"、"sell"、"closebuy" 和 "closesell"，指定交易的方向類型，即平多、平空、開多和開空。最後在下單之後重置虛擬持倉變數 mp 的值。程式如下：

```
last_close = close_arr[-1]                     # 獲取最新價格
global mp                                      # 全域變數，用於控制虛擬持倉
if mp == 1 and is_cross(ama2, ama1):
    exchange.SetDirection("closebuy")          # 設定交易方向和類型
    exchange.Sell(last_close - 1, 1)           # 平多單
    mp = 0                                     # 設定虛擬持倉變數的值，即空倉
if mp == -1 and is_cross(ama1, ama2):
    exchange.SetDirection("closesell")         # 設定交易方向和類型
    exchange.Buy(last_close, 1)                # 平空單
    mp = 0                                     # 設定虛擬持倉變數的值，即空倉
if mp == 0 and is_cross(ama1, ama2):
    exchange.SetDirection("buy")               # 設定交易方向和類型
    exchange.Buy(last_close, 1)                # 開多單
```

```
    mp = 1                                      # 設定虛擬持倉變數的值，即有多單
if mp == 0 and is_cross(ama2, ama1):
    exchange.SetDirection("sell")               # 設定交易方向和類型
    exchange.Sell(last_close - 1, 1)            # 開空單
    mp = -1                                     # 設定虛擬持倉變數的值，即有空單
```

4.4.6 策略回測

該策略使用螺紋鋼指數作為資料來源進行回測，時間跨度為 2019 年 1 月 1 日至 2021 年 1 月 1 日，K 線週期和底層 K 線週期均為 1 天，初始資金為 1 萬元，滑點為開平倉各 2 跳。回測設定程式如下：

```
'''backtest
start: 2019-01-01 00:00:00
end: 2021-01-01 00:00:00
period: 1d
basePeriod: 1d
balance: 10000
slipPoint: 2
exchanges: [{"eid":"Futures_CTP","currency":"FUTURES"}]
'''
```

該策略在回測後，呼叫 SDK 中的 Show() 函數，輸出玉米指數 2 年資料的回測圖表，如圖 4.7 所示。

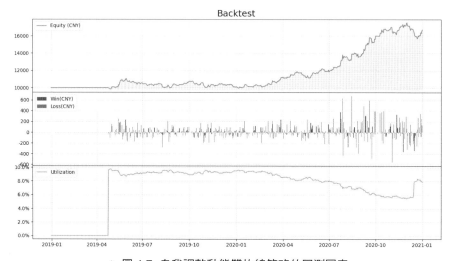

▲ 圖 4.7 自我調整動態雙均線策略的回測圖表

4.4.7 完整的策略程式

完整的策略程式和註釋如下。可以進入該策略主頁面（方法見前言提示），完整複製該策略程式（包括預設參數），並且進行線上回測。

```python
# 回測設定
'''backtest
start: 2019-01-01 00:00:00
end: 2021-01-01 00:00:00
period: 1d
basePeriod: 1d
balance: 10000
slipPoint: 2
exchanges: [{"eid":"Futures_CTP","currency":"FUTURES"}]
'''

# 匯入模組
from fmz import *
import talib  # talib 函數庫需要手動安裝
import numpy as np

mp = 0  # 定義一個全域變數，用於控制虛擬持倉

# 將 K 線串列轉換為收盤價串列，用於計算 AMA 的值
def get_close(r):
    arr = []
    for i in r:
        arr.append(i['Close'])
    return arr

# 判斷兩根 AMA 交叉
def is_cross(arr1, arr2):
    if arr1[-2] < arr2[-2] and arr1[-1] > arr2[-1]:
        return True

# 策略主函數
def onTick():
    _C(exchange.SetContractType, "rb000")     # 訂閱期貨品種
    bar_arr = _C(exchange.GetRecords)          # 獲取 K 線串列
    if len(bar_arr) < 100:                     # 如果 K 線數量太少，就直接返回
        return
    close_arr = get_close(bar_arr)             # 將 K 線串列轉換為收盤價串列
    np_close_arr = np.array(close_arr)  # 將收盤價串列轉換為 numpy.array 類型的資料
    ama1 = talib.KAMA(np_close_arr, 10).tolist()     # 計算短期 AMA
```

```
        ama2 = talib.KAMA(np_close_arr, 100).tolist()      # 計算長期 AMA
        last_close = close_arr[-1]                          # 獲取最新價格
        global mp                                           # 全域變數,用於控制虛擬持倉
        if mp == 1 and is_cross(ama2, ama1):
            exchange.SetDirection("closebuy")               # 設定交易方向和類型
            exchange.Sell(last_close - 1, 1)                # 平多單
            mp = 0                                          # 設定虛擬持倉變數的值,即空倉
        if mp == -1 and is_cross(ama1, ama2):
            exchange.SetDirection("closesell")              # 設定交易方向和類型
            exchange.Buy(last_close, 1)                     # 平空單
            mp = 0                                          # 設定虛擬持倉變數的值,即空倉
        if mp == 0 and is_cross(ama1, ama2):
            exchange.SetDirection("buy")                    # 設定交易方向和類型
            exchange.Buy(last_close, 1)                     # 開多單
            mp = 1                                          # 設定虛擬持倉變數的值,即有多單
        if mp == 0 and is_cross(ama2, ama1):
            exchange.SetDirection("sell")                   # 設定交易方向和類型
            exchange.Sell(last_close - 1, 1)                # 開空單
            mp = -1                                         # 設定虛擬持倉變數的值,即有空單

# 策略入口函數
def main():
    while True:
        onTick()
        Sleep(1000)

# 回測結果
task = VCtx(__doc__)                                        # 呼叫 VCtx() 函數
try:
    main()                                                  # 呼叫策略入口函數
except:
    task.Show()                                             # 回測結束,輸出圖表
```

　　上述程式建構了自我調整動態雙均線,並且在細節上逐行闡述了其原理和演算法,最後以自我調整動態雙均線建立了一個簡單的 CTA 策略。整體來看,自我調整雙均線比普通均線更加穩定且不失靈活性。

> **注意**
> 　　AMA 主要用於代替普通均線,從而更好地擬合市場價格走勢,單獨一根 AMA 並沒有質的提升,所以需要額外設定一個濾網,這個濾網可以基於市場波動狀況進行選擇。

4.5 日內高低點突破策略

　　之前聽過一句話：要想賺大錢，必須學會長線持倉，但如果要賺快錢，就要學會日內交易。如今的量化交易範圍之廣令人驚歎，各種交易策略層出不窮，其中日內交易策略是最流行的交易策略之一。

　　日內交易是一種快進快出的交易方式，由於可以控制隔夜風險，因此獲得了很多交易者的推崇。為了幫助大家了解日內交易，豐富策略倉庫，本節我們會深入介紹商品期貨中最流行的日內策略之一——日內高低點突破策略。

4.5.1　什麼是日內交易

　　日內交易是指開倉和平倉在同一天內或同一交易時間段內完成的交易方式，開倉和平倉可以是單次，也可以是多次，只要開平倉在同一個交易日前結束就行。日內交易的目的是以很小的損失，獲取當天市場微小的價格波動所帶來的利潤。

　　理論上日內交易不承擔隔夜的跳空風險，相對來說是一種較完美的低風險交易策略。但實際上並非如此，雖然日內交易回避了跳空所帶來的風險，同時也錯失了跳空所帶來的利潤。如果以正確的方式交易，透過配合不同的交易規則，那麼日內交易通常也能產生豐厚的回報。

4.5.2　策略邏輯

　　我們知道，判斷上漲趨勢最簡單的方法是，當前低點比前一個低點更高，當前高點也比前一個高點更高；同理，判斷下跌趨勢最簡單的方法是，當前低點比前一個低點更低，當前高點也比前一個高點更低。但如果僅僅以高、低點的比較去判斷趨勢的漲跌，未免太過簡陋，因為價格可能在一個點上來回跳動幾十次甚至上百次，導致交易過於頻繁。所以我們需要設定一個價格區間來過濾這些日常雜波，用於對簡單的日內高、低點突破策略進行完善。我們可以將歷史行情中出現的最高價和最低價組成一個包含上軌和下軌的通道，根據順勢交易的原則，當價格突破上軌時多頭開倉，當價格突破下軌時空頭開倉。

- 多頭開倉：當前無持倉，時間是在開盤與收盤前 10 分鐘之間，並且價格高於上軌。
- 空頭開倉：當前無持倉，時間是在開盤與收盤前 10 分鐘之間，並且價格低於下軌。
- 多頭平倉：當前持多單，價格低於下軌，或者時間晚於 14:50。
- 空頭平倉：當前持空單，價格高於上軌，或者時間晚於 14:50。

有人統計過，大部分的窄幅止損都是無效的，小空間的止損會頻繁打臉，所以我們需要設計一個寬幅止損。

- 如果在多頭開倉後，價格不升反跌，那麼我們要做的不是立即止損，而是等待觀望，直到價格跌破下軌才止損出局。
- 如果在空頭開倉後，價格不跌反升，繼續等待價格是否會自我修正，直到跌破上軌才止損出局。

4.5.3 策略撰寫

第 1 步：匯入 SDK 和 time 函數庫，程式如下：

```
from fmz import *
import time
```

因為在撰寫日內策略時，要判斷當前的時間，用於控制開平倉邏輯。在設計日內高低點突破策略時，只能在 9 點 30 分與 14 點 50 分之間開倉，在 14 點 50 分之後全部平倉，其餘時間都過濾掉了。所以需要引入 time 函數庫。

第 2 步：撰寫策略框架，程式如下：

```
# 策略主函數
def onTick():
    pass

# 策略入口函數
def main():
```

```
while True:              # 進入無限迴圈模式
    onTick()            # 執行策略主函數
    Sleep(1000)         # 休眠1秒
```

撰寫策略就像蓋房子一樣，先將地基和框架架設好，再往裡面填充東西。這裡我們用了兩個函數，一個是 main() 函數，另一個是 onTick() 函數，程式會先從 main() 函數執行程式，在 main() 函數中，我們用了一個無限迴圈模式，重複執行 onTick() 函數。

第 3 步：設定全域變數，程式如下：

```
mp = on_line = under_line = 0
up = 1
down = 1
```

全域變數 mp 主要用於控制虛擬持倉。量化交易中的持倉情況有 3 種，第 1 種是真實的帳戶持倉，第 2 種是虛擬持倉，第 3 種是將真實持倉和虛擬持倉聯合起來。在實盤交易中，使用真實的帳戶持倉就足夠了，但這裡為了簡化策略，使用虛擬持倉進行演示。on_line 和 under_line 分別用於記錄上軌和下軌。

第 4 步：處理時間，程式如下：

```
def can_time(hour, minute):
    hour = str(hour)
    minute = str(minute)
    if len(minute) == 1:
        minute = "0" + minute
    return int(hour + minute)

_C(exchange.SetContractType, "TA888")                    # 訂閱期貨品種
bar_arr = _C(exchange.GetRecords)                        # 獲取K線串列
if len(bar_arr) < 10:
    return
time_new = bar_arr[-1]['Time']                           # 獲取當前K線的時間戳記
time_local_new = time.localtime(time_new / 1000)         # 處理時間戳記
hour_new = int(time.strftime("%H", time_local_new))      # 獲取小時
minute_new = int(time.strftime("%M", time_local_new))    # 獲取分鐘
day_new = int(time.strftime("%d", time_local_new))       # 當前K線日期
time_previous = bar_arr[-2]['Time']                      # 獲取上根K線的時間戳記
previous = time.localtime(time_previous / 1000)          # 處理時間戳記
day_previous = int(time.strftime("%d", previous))        # 上根K線日期
```

處理時間的功能有以下兩點：

- 判斷當前時間是否在我們規定的交易時間內，如果當前時間在規定的交易時間內，並且已經達到了開倉條件，就開倉；如果當前時間不在規定的時間內，並且當前有持倉，就平掉所有持倉，從而達到收盤前平倉的目的。

- 判斷當前 K 線是不是最新交易日的 K 線，因為我們的策略邏輯是每當新的一天 K 線出現時，都會重置上、下軌。透過對比兩個 K 線的時間戳記來重置 on_line 和 under_line 的值，也就是说，上、下軌是在不斷變化的。

第 5 步：計算高點和低點的上、下軌，程式如下：

```
global mp, on_line, under_line                    # 引入全域變數
high = bar_arr[-2]['High']                        # 獲取上根 K 線的最高價
low = bar_arr[-2]['Low']                          # 獲取上根 K 線的最低價
if day_new != day_previous:                       # 如果是最新一根 K 線
    on_line = high * up                           # 重置上軌
    under_line = low * down                       # 重置下軌
can_trade = can_time(hour_new, minute_new)
if can_trade < 930:                               # 如果不在規定交易的時間內
    if high > on_line:                            # 如果上根 K 線最高價高於上軌
        on_line = high * up                       # 重置上軌
    if low < under_line:                          # 如果上根 K 線最低價低於下軌
        under_line = low * down                   # 重置下軌
if on_line - under_line < 10:                     # 如果上軌與下軌的差小於 10
    return
```

計算高點和低點上、下軌的邏輯非常簡單：如果當前 K 線是第 1 根 K 線，那麼 on_line 和 under_line 的值分別是最高價和最低價；如果當前 K 線是最新交易日的 K 線，那麼重置 on_line 和 under_line 的值為最高價和最低價。

如果當前時間小於 9 點 30 分，那麼 on_line 就是開盤時間內的最高價，under_line 就是開盤時間內的最低價。如果當前時間大於或等於 9 點 30 分，那麼 on_line 和 under_line 的值就固定不變了。

第 6 步：下單交易。

在下單交易之前，我們首先獲取當前最新價格，因為在下單時需要在函數中傳入下單價格；然後使用 if 敘述，根據之前設計的交易邏輯，先判斷當前的持倉狀態，再判斷當前時間狀態，以及最新價格與上、下軌的位置關係；最後下單交易並重置虛擬持倉變數的值。程式如下：

```
close_new = bar_arr[-1]['Close']                    # 獲取最新價格（賣價），用於開平倉
# 如果持多單且價格低於下軌，或者不在規定的交易時間內
if mp > 0 and (close_new < under_line or can_trade > 1450):
    exchange.SetDirection("closebuy")               # 設定交易方向和類型
    exchange.Sell(close_new - 1, 1)                 # 平多單
    mp = 0                                          # 設定虛擬持倉變數的值，即空倉
# 如果持空單且價格高於上軌，或者不在規定的交易時間內
if mp < 0 and (close_new > on_line or can_trade > 1450):
    exchange.SetDirection("closesell")              # 設定交易方向和類型
    exchange.Buy(close_new, 1)                      # 平空單
    mp = 0                                          # 設定虛擬持倉變數的值，即空倉
if mp == 0 and 930 < can_trade < 1450:              # 如果當前無持倉且在交易時間內
    if close_new > on_line:                         # 如果價格高於上軌
        exchange.SetDirection("buy")                # 設定交易方向和類型
        exchange.Buy(close_new, 1)                  # 開多單
        mp = 1                                      # 設定虛擬持倉變數的值，即有多單
    elif close_new < under_line:                    # 如果價格低於下軌
        exchange.SetDirection("sell")               # 設定交易方向和類型
        exchange.Sell(close_new - 1, 1)            # 開空單
        mp = -1                                     # 設定虛擬持倉變數的值，即有空單
```

預測今天下午的天氣是很容易的，但預測這個月的天氣很難。日內交易不需要較長的持倉週期，所承受的市場波動風險較低，儘管這種交易方式不符合每個人的風格，但對那些對風險較為敏感的交易者來說，日內交易還是相當值得深入研究的。

4.5.4 策略回測

回測 2 年的歷史資料，時間跨度為 2019 年 1 月 1 日至 2021 年 1 月 1 日，資料週期和底層資料週期均為 1 分鐘，初始資金為 1 萬元，滑點為開平倉各 1 跳。回測設定程式如下：

```
'''backtest
start: 2019-01-01 00:00:00
end: 2021-01-01 00:00:00
period: 1m
basePeriod: 1m
balance: 10000
slipPoint: 1
exchanges: [{"eid":"Futures_CTP","currency":"FUTURES"}]
'''
```

該策略在回測後，呼叫 SDK 中的 Show() 函數，輸出 PTA 主力連續 2 年資料的回測圖表，如圖 4.8 所示。

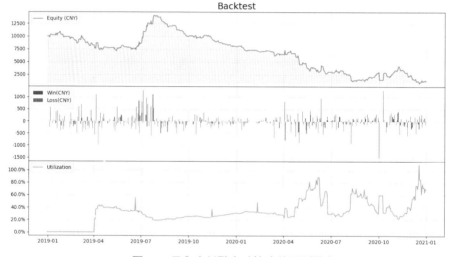

▲ 圖 4.8 日內高低點突破策略的回測圖表

根據圖 4.8 可知，這是一個失敗的策略，因為該策略從 2019 年 7 月底開始持續虧損。

4.5.5 完整的策略程式

完整的策略程式和註釋如下。可以進入該策略主頁面（方法見前言中的提示），完整複製該策略程式（包括預設參數），並且進行線上回測。

```
# 回測設定
'''backtest
```

```
start: 2019-01-01 00:00:00
end: 2021-01-01 00:00:00
period: 1m
basePeriod: 1m
balance: 10000
slipPoint: 1
exchanges: [{"eid":"Futures_CTP","currency":"FUTURES"}]
'''

# 匯入模組
from fmz import *
import time

# 定義全域變數：虛擬持倉、上軌、下軌
mp = on_line = under_line = 0
up = 1
down = 1

# 處理時間函數
def can_time(hour, minute):
    hour = str(hour)
    minute = str(minute)
    if len(minute) == 1:
        minute = "0" + minute
    return int(hour + minute)


def onTick():
    _C(exchange.SetContractType, "TA888")              # 訂閱期貨品種
    bar_arr = _C(exchange.GetRecords)                   # 獲取K線串列
    if len(bar_arr) < 10:
        return
    time_new = bar_arr[-1]['Time']                              # 獲取當前K線的時間戳記
    time_local_new = time.localtime(time_new / 1000)            # 處理時間戳記
    hour_new = int(time.strftime("%H", time_local_new))         # 獲取小時
    minute_new = int(time.strftime("%M", time_local_new))       # 獲取分鐘
    day_new = int(time.strftime("%d", time_local_new))          # 當前K線日期
    time_previous = bar_arr[-2]['Time']                         # 獲取上根K線的時間戳記
    previous = time.localtime(time_previous / 1000)             # 處理時間戳記
    day_previous = int(time.strftime("%d", previous))           # 上根K線的日期
    global mp, on_line, under_line                              # 引入全域變數
    high = bar_arr[-2]['High']                                  # 獲取上根K線的最高價
    low = bar_arr[-2]['Low']                                    # 獲取上根K線的最低價
    if day_new != day_previous:                                 # 如果是最新一根K線
        on_line = high * up                                     # 重置上軌
```

```
            under_line = low * down                   # 重置下軌
        can_trade = can_time(hour_new, minute_new)
        if can_trade < 930:                           # 如果不在規定交易的時間內
            if high > on_line:                        # 如果上根 K 線最高價高於上軌
                on_line = high * up                   # 重置上軌
            if low < under_line:                      # 如果上根 K 線最低價低於下軌
                under_line = low * down                # 重置下軌
        if on_line - under_line < 10:                 # 如果上軌與下軌的差小於 10
            return
        close_new = bar_arr[-1]['Close']              # 獲取最新價格（賣價），用於開平倉
        # 如果持多單且價格低於下軌，或者不在規定的交易時間內
        if mp > 0 and (close_new < under_line or can_trade > 1450):
            exchange.SetDirection("closebuy")         # 設定交易方向和類型
            exchange.Sell(close_new - 1, 1)           # 平多單
            mp = 0                                    # 設定虛擬持倉變數的值，即空倉
        # 如果持空單且價格高於上軌，或者不在規定的交易時間內
        if mp < 0 and (close_new > on_line or can_trade > 1450):
            exchange.SetDirection("closesell")        # 設定交易方向和類型
            exchange.Buy(close_new, 1)                # 平空單
            mp = 0                                    # 設定虛擬持倉變數的值，即空倉
        if mp == 0 and 930 < can_trade < 1450:        # 如果當前無持倉且在交易時間內
            if close_new > on_line:                   # 如果價格高於上軌
                exchange.SetDirection("buy")          # 設定交易方向和類型
                exchange.Buy(close_new, 1)            # 開多單
                mp = 1                                # 設定虛擬持倉變數的值，即有多單
            elif close_new < under_line:              # 如果價格低於下軌
                exchange.SetDirection("sell")         # 設定交易方向和類型
                exchange.Sell(close_new - 1, 1)       # 開空單
                mp = -1                               # 設定虛擬持倉變數的值，即有空單


def main():
    while True:
        onTick()
        Sleep(1000)


# 回測結果
task = VCtx(__doc__)                                  # 呼叫 VCtx() 函數
try:
    main()                                            # 呼叫策略入口函數
except:
    task.Show()                                       # 回測結束，輸出圖表
```

4.6 增強版唐奇安通道策略

提起唐奇安通道，很多人都會聯想到海龜交易法則，這也許是有史以來最成功的交易員教育訓練課程。海龜們用神奇的交易系統賺了成百上千萬美金，直到 1983 年海龜交易法則解密，人們才發現這個神奇的交易系統用的是修正版的唐奇安通道策略。唐奇安通道策略如圖 4.9 所示。

▲ 圖 4.9 唐奇安通道策略

4.6.1 唐奇安通道策略簡介

原始的唐奇安通道（Donchian Channel）策略規則很簡單，它先設定一條阻力線和一條支撐線，阻力線由過去 N 天的最高價的最大值形成；支撐線由過去 N 天的最低價的最小值形成。

> **注意** 圖 4.9 中的唐奇安通道阻力線和支撐線，在外觀上與布林帶比較相似，只不過布林帶的波動比較靈敏，而唐奇安通道是直上直下的。唐奇安通道可以用於衡量市場的波動性，在一般情況下，唐奇安通道寬度越寬，市場的波動性越強；唐奇安通道寬度越窄，市場的波動性越弱。

4.6.2 原始策略邏輯

除了用於衡量市場波動性外，唐奇安通道的主要作用是幫助交易者確定買入和賣出的時機。因為唐奇安通道是根據最高價和最低價計算出來的，並且唐奇安通道的寬窄會隨著價格的變化自動調整，所以價格通常在唐奇安通道內運行，很少突破其上、下軌。也就是說，價格不會隨意突破阻力線和支撐線，但如果存在明顯突破現象，則預示著可能會出現大行情。此時交易者可以根據支撐線和阻力線狀態，確定買進或賣出的具體時機。例如，當價格向上突破阻力線時買入，當價格向下跌破支撐線時賣出。

原始策略邏輯之所以在早期的金融市場中大行其道，是因為早期的市場和市場參與者不太成熟。現如今散戶都已經用上了量化交易策略，策略的同質性導致策略低效。也就是說，如果一個策略使用的人越多，該策略在市場中的效率就越低。所以我們有必要對原始策略邏輯加以改進，使其與眾不同。

4.6.3 改進後的策略邏輯

我們分別從最佳化開倉方式和止盈、止損方式這兩個方面進行改進。

首先改進開倉方式，做過突破策略的交易者可能會有體會，行情突破阻力線，本來我們是要做多的，結果剛一入場，價格卻急轉直下，本來看著是一個很好的機會，最後弄了一個措手不及。

大家想一想假突破究竟是怎麼來的，怎麼總是那麼巧合地發生，就好像莊家頂著自己的帳號操縱市場一樣。其實這是策略同質化的原因，因為前期高低點是固定的，大家都有目共睹，結果大家都等著價格向上突破時買進，該買的都已經買了，此時買力消失，價格自然會下跌。此外，大戶也在盯著這個關鍵點，他也知道散戶會在突破時買進，等散戶買完不就可以做空「割韭菜」了嗎？

為了解決這個問題，我們在支撐線和阻力線上分別增加一個係數，用於避免與大多數策略參數一致造成的同質化現象和策略低效。我們知道，期貨市場總是漲得緩、跌得急，因此可以對支撐線和阻力線設定不同的係數，使策略更合理地適應當前市場環境。

- 唐奇安上軌：由過去 N 天的最高價的最大值乘上漲係數形成。
- 唐奇安下軌：由過去 N 天的最低價的最小值乘下跌係數形成。
- 唐奇安中軌：(唐奇安上軌 + 唐奇安下軌) / 2。

　　然後改進止盈、止損方式，原始的唐奇安通道規則是，如果價格突破阻力線，則開多單，將止盈、止損放在支撐線位置；如果價格跌破支撐線，則開空單，將止盈、止損放在阻力線位置。但有一個問題，假如市場波動率比較高，那麼唐奇安通道上軌與下軌的距離會加寬，此時會提高止損的成本，並且損失一部分浮盈。

- 開多：當前無持倉，並且價格突破唐奇安上軌。
- 開空：當前無持倉，並且價格跌破唐奇安下軌。
- 平多：當前持多單，並且價格跌破唐奇安中軌。
- 平空：當前持空單，並且價格突破唐奇安中軌。

　　折中的解決方法如下：根據唐奇安通道的上軌和下軌計算出一條中軌，將止盈、止損放在中軌位置，無論持有的是多單還是空單，只要價格反向突破中軌，就都及時止盈、止損，這樣不僅可以降低止損時付出的成本，還可以保護未平倉的利潤免受重大不利價格波動的影響。

4.6.4 策略撰寫

　　到目前為止，你應該極佳地理解了原始唐奇安通道策略的規則及改進方法。現在我們用程式撰寫改進後的唐奇安通道策略（增強版唐奇安通道策略）吧！

　　第 1 步：匯入 SDK，撰寫策略框架。

　　策略框架中包含兩個函數，其中 main() 函數是策略的入口函數，也就是說，在策略開始執行時，會先執行 main() 函數；另一個函數是 onTick() 函數（onTick 是函數的名字，可以自主命名），在該函數中撰寫策略邏輯。整個框架其實是在 main() 函數中重複執行 onTick() 函數。

```
# 匯入模組
from fmz import *

# 策略主函數
def onTick():
    pass

# 策略入口函數
def main():
    while True:          # 進入無限迴圈模式
        onTick()         # 執行策略主函數
        Sleep(1000)      # 休眠 1 秒
```

第 2 步：定義全域變數。

該策略只需要一個控制虛擬持倉的全域變數。虛擬持倉是理論持倉，不是真實持倉，無論是開倉，還是平倉，我們都假設訂單已經完全成交。這麼做的目的是降低初學者的入門門檻。定義全域變數的程式如下：

```
mp = 0                          # 定義全域變數，用於控制虛擬持倉
```

第 3 步：處理 K 線資料。

我們在前面已經定義過，上軌是過去 N 天的最高價的最大值，下軌是過去 N 天的最低價的最小值。要計算這兩個值，首先要獲取基礎 K 線資料。但是在使用 GetRecords() 函數獲取基礎 K 線資料後，先不要計算上軌和下軌，需要先對資料進行處理。

注意

因為在計算上軌和下軌時需要 N 根 K 線，如果 K 線數量太少，就不能計算了，所以要加一個 if 條件陳述式，用於判斷當前 K 線數量是否足夠，如果不夠，就直接返回，等待下一次迴圈。此外，我們需要從 K 線串列中提取當前最新價格和上根 K 線的收盤價，最新價格主要用於開平倉，上根 K 線的收盤價主要用於判斷開平倉訊號。

有的朋友可能會問，為什麼不直接使用最新價格判斷開平倉訊號呢？這是因為如果使用最新價格判斷開平倉訊號，就可能出現訊號反覆的問題。此外，為了避開未來函數和偷價等常見的量化交易問題，我們的策略設計原則是，當前 K 線出訊號，下根 K 線發單。程式如下：

```
_C(exchange.SetContractType, "c000")          # 訂閱期貨品種
bar_arr = _C(exchange.GetRecords)             # 獲取 K 線串列
if len(bar_arr) < 60:
    return
close_new = bar_arr[-1]['Close']              # 獲取最新價格（賣價）
close_last = bar_arr[-2]['Close']             # 獲取上根 K 線收盤價
```

第 4 步：計算唐奇安上軌、下軌、中軌。

在 FMZ API 中已經內建了 talib 函數庫中的 Highest() 函數和 Lowest() 函數，所以我們直接呼叫這兩個函數就可以計算唐奇安上軌、下軌的值。但因為我們以上根 K 線收盤價為基準，透過判斷它與唐奇安上軌、下軌、中軌的位置關係開平倉，所以在計算唐奇安上軌和下軌之前，需要先刪除 K 線串列中的最後一個元素。程式如下：

```
bar_arr.pop()                                    # 刪除 K 線串列中的最後一個元素
on_line = TA.Highest(bar_arr, 55, 'High') * 0.999 # 計算唐奇安上軌
under_line = TA.Lowest(bar_arr, 55, 'Low') * 1.001 # 計算唐奇安下軌
middle_line = (on_line + under_line) / 2         # 計算唐奇安中軌
```

第 5 步：下單交易。

如果需要在函數內使用外部的全域變數，那麼在使用這個變數之前，需要先用 global 關鍵字將變數引入。根據我們之前定義的策略邏輯撰寫下單交易的相關程式，注意程式中的註釋。有兩點需要注意，第 1 點是在下單之前，需要先設定下單的方向和類型，也就是先呼叫 SetDirection() 函數；第 2 點是在下單之後，要重新給虛擬持倉變數 mp 給予值。具體程式如下：

```
global mp                                        # 引入全域變數
# 如果持多單，並且價格低於下軌
if mp > 0 and close_last < middle_line:
    exchange.SetDirection("closebuy")            # 設定交易方向和類型
    exchange.Sell(close_new - 1, 1)              # 平多單
    mp = 0                                       # 設定虛擬持倉變數的值，即空倉
# 如果持空單，並且價格高於上軌
if mp < 0 and close_last > middle_line:
    exchange.SetDirection("closesell")           # 設定交易方向和類型
    exchange.Buy(close_new, 1)                   # 平空單
    mp = 0                                       # 設定虛擬持倉變數的值，即空倉
if mp == 0:                                      # 如果當前無持倉
    if close_last > on_line:                     # 如果價格高於上軌
        exchange.SetDirection("buy")             # 設定交易方向和類型
```

```
        exchange.Buy(close_new, 1)         # 開多單
        mp = 1                             # 設定虛擬持倉變數的值，即有多單
    elif close_last < under_line:          # 如果價格低於下軌
        exchange.SetDirection("sell")      # 設定交易方向和類型
        exchange.Sell(close_new - 1, 1)    # 開空單
        mp = -1                            # 設定虛擬持倉變數的值，即有空單
```

4.6.5 策略回測

　　該策略使用玉米指數作為資料來源進行回測，時間跨度為 2019 年 1 月 1 日至 2021 年 1 月 1 日，K 線週期和底層 K 線週期均為 1 天，初始資金為 1 萬元，滑點為開平倉各 1 跳。回測設定程式如下：

```
'''backtest
start: 2019-01-01 00:00:00
end: 2021-01-01 00:00:00
period: 1d
basePeriod: 1d
balance: 10000
slipPoint: 1
exchanges: [{"eid":"Futures_CTP","currency":"FUTURES"}]
'''
```

　　該策略在回測後，呼叫 SDK 中的 Show() 函數，輸出玉米指數 2 年資料的回測圖表，如圖 4.10 所示。

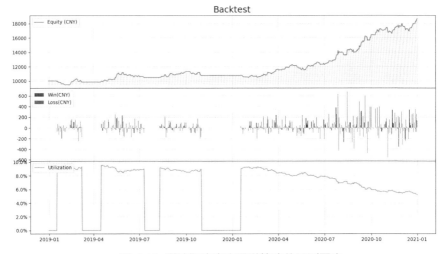

▲ 圖 4.10 增強版唐奇安通道策略的回測圖表

4.6.6 完整的策略程式

完整的策略程式和註釋如下。可以進入該策略主頁面（方法見前言中的提示），完整複製該策略程式（包括預設參數），並且進行線上回測。

```python
# 回測設定
'''backtest
start: 2019-01-01 00:00:00
end: 2021-01-01 00:00:00
period: 1d
basePeriod: 1d
balance: 10000
slipPoint: 1
exchanges: [{"eid":"Futures_CTP","currency":"FUTURES"}]
'''

# 匯入模組
from fmz import *

mp = 0                                      # 定義全域變數，用於控制虛擬持倉

def onTick():
    _C(exchange.SetContractType, "c000")    # 訂閱期貨品種
    bar_arr = _C(exchange.GetRecords)       # 獲取 K 線串列
    if len(bar_arr) < 60:
        return
    close_new = bar_arr[-1]['Close']        # 獲取最新價格（賣價）
    close_last = bar_arr[-2]['Close']       # 獲取上根 K 線收盤價
    bar_arr.pop()                           # 刪除 K 線串列中的最後一個元素
    on_line = TA.Highest(bar_arr, 55, 'High') * 0.999    # 計算唐奇安上軌
    under_line = TA.Lowest(bar_arr, 55, 'Low') * 1.001   # 計算唐奇安下軌
    middle_line = (on_line + under_line) / 2 # 計算唐奇安中軌
    global mp                               # 引入全域變數
    if mp > 0 and close_last < middle_line:  # 如果持多單，並且價格低於下軌
        exchange.SetDirection("closebuy")    # 設定交易方向和類型
        exchange.Sell(close_new - 1, 1)      # 平多單
        mp = 0                               # 設定虛擬持倉變數的值，即空倉
    if mp < 0 and close_last > middle_line:  # 如果持空單，並且價格高於上軌
        exchange.SetDirection("closesell")   # 設定交易方向和類型
        exchange.Buy(close_new, 1)           # 平空單
        mp = 0                               # 設定虛擬持倉變數的值，即空倉
    if mp == 0:                              # 如果當前無持倉
        if close_last > on_line:             # 如果價格高於上軌
            exchange.SetDirection("buy")     # 設定交易方向和類型
            exchange.Buy(close_new, 1)       # 開多單
            mp = 1                           # 設定虛擬持倉變數的值，即有多單
```

```
        elif close_last < under_line:          # 如果價格低於下軌
            exchange.SetDirection("sell")       # 設定交易方向和類型
            exchange.Sell(close_new - 1, 1)     # 開空單
            mp = -1                             # 設定虛擬持倉變數的值，即有空單

# 策略入口函數
def main():
    while True:                                 # 進入無線迴圈模式
        onTick()                                # 執行策略主函數
        Sleep(1000)                             # 休眠 1 秒

# 回測結果
task = VCtx(__doc__)                            # 呼叫 VCtx() 函數
try:
    main()                                      # 呼叫策略入口函數
except:
    task.Show()                                 # 回測結束，輸出圖表
```

唐奇安通道策略可以流傳至今，一定有它獨特的道理。但隨著市場的轉變，我們也要與時俱進，不要貿然使用。隨著你對交易認知的提升，你會發現改進的方法非常多。這就是交易的魅力所在，每一位交易者都應該是一位探險者，大膽探索，小心求證，長此以往，一定能有適合自己的交易方法。配合合理的風險管理，方能成為成功的交易者。

4.7 HANS123 日內突破策略

HANS123 策略最早主要應用於外匯市場，其交易方式比較簡單，屬於趨勢突破系統，這種交易方式可以在趨勢形成的第一時間入場，因此受到很多交易員的青睞。迄今為止，HANS123 策略已有多種擴充版本。下面我們一起來認識 HANS123 策略。

4.7.1 策略邏輯

有的人認為，上午開盤是市場分歧最大的時候，很容易出現價格走勢方向不明、寬幅震盪的情況。經過 30 分鐘左右的時間，市場充分消化完各種隔夜資訊，價格走勢就會趨於理性、回歸正常。也就是說，前 30 分鐘左右市場消化隔夜資訊，並且組成了今天市場價格整體方向。

- 上軌：開盤 30 分鐘內的最高價。
- 下軌：開盤 30 分鐘內的最低價。
- 中軌：(上軌 + 下軌) / 2。

在開盤後 30 分鐘內產生的相對高、低點，形成道氏理論中的有效高、低點，HANS123 策略就是以此建立的交易邏輯。期貨市場上午 09:00 開盤，09:30 就可以大致判斷今天究竟是做多還是做空。當價格向上突破高點時，價格很容易繼續上漲；當價格向下突破低點時，價格很容易繼續下跌。

- 多頭開倉：當前無持倉，並且價格向上突破上軌。
- 空頭開倉：當前無持倉，並且價格向下突破下軌。

注意　雖然 HANS123 日內突破策略能在趨勢形成時第一時間入場，但這個特點是把雙刃劍，入場靈敏導致的結果就是，價格突破失敗。所以設定止損是非常有必要的。為了實現贏沖輸縮的策略邏輯，還要設定止盈。

- 多頭止損：當前持多單，達到虧損金額。
- 空頭止損：當前持空單，達到虧損金額。
- 多頭止盈：當前持多單，達到盈利金額。
- 空頭止盈：當前持空單，達到盈利金額。

4.7.2 策略撰寫

第 1 步：匯入 SDK，撰寫策略框架。

撰寫策略框架，這個在之前的章節已經介紹過，一個是 onTick() 函數，另一個是 main() 函數，在 main() 函數中無限迴圈執行 onTick() 函數。具體程式如下：

```python
# 匯入模組
from fmz import *

# 策略主函數
def onTick():
```

```
        pass

# 策略入口函數
def main():
    while True:              # 進入無限迴圈模式
        onTick()             # 執行策略主函數
        Sleep(1000)          # 休眠 1 秒
```

第 2 步：定義全域變數，程式如下：

```
up_line = down_line = trade_count = 0
```

因為上軌和下軌只在上午 09:30 統計計算，其餘時間不統計計算，所以我們需要將這兩個變數寫到迴圈外面。為了在日內交易中限制交易次數，還需要將 trade_count 變數寫到迴圈外面。在策略主函數 onTick() 內使用這兩個全域變數前，需要使用 global 關鍵字引用。

第 3 步：獲取資料，程式如下：

```
_C(exchange.SetContractType, "TA888")        # 訂閱期貨品種
bar_arr = _C(exchange.GetRecords)            # 獲取 1 分鐘 K 線串列
current_close = bar_arr[-1]['Close']         # 獲取最新價格
```

要獲取資料，首先需要使用 FMZ API 中的 SetContractType() 函數訂閱期貨品種；然後使用 GetRecords() 函數獲取 K 線串列，或者在使用 GetRecords() 函數時傳入指定的 PERIOD_M1，從而獲取 1 分鐘 K 線串列。接下來獲取最新的價格，用於判斷當前價格與上、下軌之間的位置關係。此外，記得過濾 K 線數量，因為如果 K 線過少，就會因無法計算指標而顯示出錯。

第 4 步：處理時間函數，程式如下：

```
def current_time(bar_arr):
    current = bar_arr[-1]['Time']                    # 獲取當前 K 線時間戳記
    time_local = time.localtime(current / 1000)      # 處理時間戳記
    hour = time.strftime("%H", time_local)           # 格式化時間戳記，並且獲取小時
    minute = time.strftime("%M", time_local)         # 格式化時間戳記，並且獲取分鐘
    if len(minute) == 1:
        minute = "0" + minute
    return int(hour + minute)
```

在計算上、下軌和下單交易時，需要判斷當前的時間是否符合我們指定的交易時間。為了方便判斷，我們需要處理一下當前 K 線的具體小時數和分鐘數。

　　第 5 步：計算上、下軌，程式如下：

```
global up_line, down_line, trade_count           # 引入全域變數
current_time = current_time(bar_arr)             # 處理時間
if current_time == 930:                          # 如果時間是 09:30
    bar_arr = _C(exchange.GetRecords, PERIOD_D1) # 獲取日 K 線串列
    up_line = bar_arr[-1]['High']                # 前 30 根 K 線最高價
    down_line = bar_arr[-1]['Low']               # 前 30 根 K 線最低價
    trade_count = 0                              # 重置交易次數為 0
```

　　要計算上、下軌，首先需要使用 global 關鍵字引入我們之前定義的全域變數。我們需要計算的是 09:00 ～ 09:30 之間的最高價和最低價，因為我們使用的是 1 分鐘 K 線資料。也就是説，當時間為 09:30 時，剛好有 30 根 K 線，那麼我們直接計算這 30 根 K 線的最高價和最低價就可以了。

　　第 6 步：獲取持倉資訊，程式如下：

```
position_arr = _C(exchange.GetPosition)          # 獲取持倉資訊串列
if len(position_arr) > 0:                         # 如果持倉資訊串列長度值大於 0
    position_arr = position_arr[0]               # 獲取持倉資訊串列中的資料
    if position_arr['ContractType'][:2] == 'rb': # 如果持倉品種為訂閱品種
        if position_arr['Type'] % 2 == 0:        # 如果是多單
            position = position_arr['Amount']    # 將持倉數量給予值為正數
        else:
            position = -position_arr['Amount']   # 將持倉數量給予值為負數
        profit = position_arr['Profit']          # 獲取持倉盈虧
else:
    position = 0                                 # 將持倉數量給予值為 0
    profit = 0                                   # 將持倉盈虧給予值為 0
```

注意　持倉資訊涉及策略邏輯，在真實的交易環境中，最好使用 GetPosition() 函數，用於獲取真實的持倉資訊，包括持倉方向、持倉盈虧、持倉數量等。

第 7 步：下單交易。

為了避免策略出現邏輯錯誤，最好將平倉邏輯寫到開倉邏輯的前面。在這個策略中，在開倉時，首先需要判斷當前的持倉狀態、是否在指定的交易時間內，然後判斷當前價格與上、下軌之間的位置關係；在平倉時，需要先判斷是否接近尾盤，或者是否達到止盈、止損條件。

```
# 如果臨近收盤或達到止盈、止損條件
if current > 1450 or profit > 500 * 3 or profit < -500:
    if position > 0:                              # 如果持多單
        exchange.SetDirection("closebuy")         # 設定交易方向和類型
        exchange.Sell(current_close - 1, 1)       # 平多單
    if position < 0:                              # 如果持空單
        exchange.SetDirection("closesell")        # 設定交易方向和類型
        exchange.Buy(current_close + 1, 1)        # 平空單
# 如果當前無持倉，並且交易次數少於指定交易次數，並且在指定交易時間內
if position == 0 and trade_count < 3 and 930 < current < 1450:
    if current_close > up_line:                   # 如果價格高於上軌
        exchange.SetDirection("buy")              # 設定交易方向和類型
        exchange.Buy(current_close + 1, 1)        # 開多單
        trade_count = trade_count + 1             # 交易次數加一次
    if current_close < down_line:                 # 如果價格低於下軌
        exchange.SetDirection("sell")             # 設定交易方向和類型
        exchange.Sell(current_close - 1, 1)       # 開空單
        trade_count = trade_count + 1             # 交易次數加一次
```

4.7.3 策略回測

回測 2 年的歷史資料，時間跨度為 2019 年 1 月 1 日至 2021 年 1 月 1 日，資料週期和底層資料週期均為 5 分鐘，初始資金為 1.5 萬元，滑點為開平倉各 1 跳。回測設定程式如下：

```
'''backtest
start: 2019-01-01 00:00:00
end: 2021-01-01 00:00:00
period: 5m
basePeriod: 5m
slipPoint: 1
exchanges: [{"eid":"Futures_CTP","currency":"FUTURES","balance": 15000}]
'''
```

該策略在回測後，呼叫 SDK 中的 Show() 函數，輸出 PTA 主力連續 2 年資料的回測圖表，如圖 4.11 所示。

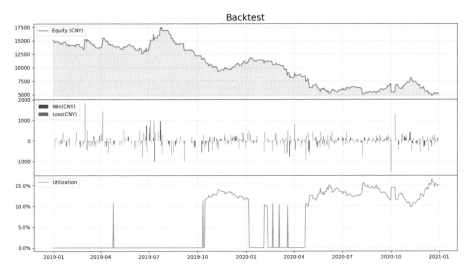

▲ 圖 4.11　HANS123 日內突破策略的回測圖表

根據圖 4.11 可知，該策略整體盈利尚可，但這是一個失敗的策略，因為回測的初始資金為 1.5 萬元，在該策略運行 7 個月後，資金達到最大峰值 1.75 萬元，之後開始不斷回撤。

4.7.4　完整的策略程式

完整的策略程式和註釋如下。可以進入該策略主頁面（方法見前言中的提示），完整複製該策略程式（包括預設參數），並且進行線上回測。

```
# 回測設定
'''backtest
start: 2019-01-01 00:00:00
end: 2021-01-01 00:00:00
period: 5m
basePeriod: 5m
slipPoint: 1
exchanges: [{"eid":"Futures_CTP","currency":"FUTURES","balance": 15000}]
'''
```

```python
# 匯入模組
from fmz import *

# 定義全域變數：上軌、下軌、當天交易次數
up_line = down_line = trade_count = 0

def current_time(bar_arr):
    current = bar_arr[-1]['Time']                       # 獲取當前 K 線時間戳記
    time_local = time.localtime(current / 1000)         # 處理時間戳記
    hour = time.strftime("%H", time_local)       # 格式化時間戳記，並且獲取小時
    minute = time.strftime("%M", time_local)     # 格式化時間戳記，並且獲取分鐘
    if len(minute) == 1:
        minute = "0" + minute
    return int(hour + minute)

def onTick():
    _C(exchange.SetContractType, "TA888")               # 訂閱期貨品種
    bar_arr = _C(exchange.GetRecords)                   # 獲取 1 分鐘 K 線串列
    current_close = bar_arr[-1]['Close']                # 獲取最新價格
    global up_line, down_line, trade_count              # 引入全域變數
    current = current_time(bar_arr)                     # 處理時間
    if current == 930:                                  # 如果 K 線時間是 09:30
        bar_arr = _C(exchange.GetRecords, PERIOD_D1)    # 獲取日 K 線串列
        up_line = bar_arr[-1]['High']                   # 前 30 根 K 線最高價
        down_line = bar_arr[-1]['Low']                  # 前 30 根 K 線最低價
        trade_count = 0                                 # 重置交易次數為 0
    position_arr = _C(exchange.GetPosition)             # 獲取持倉資訊串列
    if len(position_arr) > 0:                           # 如果持倉資訊串列長度值大於 0
        position_arr = position_arr[0]                  # 獲取持倉資訊串列中的資料
        if position_arr['ContractType'][:2] == 'TA':    # 如果持倉品種為訂閱品種
            if position_arr['Type'] % 2 == 0:           # 如果是多單
                position = position_arr['Amount']       # 將持倉數量給予值為正數
            else:
                position = -position_arr['Amount']      # 將持倉數量給予值為負數
            profit = position_arr['Profit']             # 獲取持倉盈虧
    else:
        position = 0                                    # 將持倉數量給予值為 0
        profit = 0                                      # 將持倉盈虧給予值為 0
    # 如果臨近收盤或達到止盈、止損條件
    if current > 1450 or profit > 500 * 3 or profit < -500:
        if position > 0:                                # 如果持多單
            exchange.SetDirection("closebuy")           # 設定交易方向和類型
            exchange.Sell(current_close - 1, 1)         # 平多單
        if position < 0:                                # 如果持空單
            exchange.SetDirection("closesell")          # 設定交易方向和類型
            exchange.Buy(current_close + 1, 1)          # 平空單
    # 如果當前無持倉，並且交易次數少於指定交易次數，並且在指定交易時間內
```

```
if position == 0 and trade_count < 3 and 930 < current < 1450:
    if current_close > up_line:                # 如果價格高於上軌
        exchange.SetDirection("buy")           # 設定交易方向和類型
        exchange.Buy(current_close + 1, 1)     # 開多單
        trade_count = trade_count + 1          # 交易次數加一次
    if current_close < down_line:              # 如果價格低於下軌
        exchange.SetDirection("sell")          # 設定交易方向和類型
        exchange.Sell(current_close - 1, 1)    # 開空單
        trade_count = trade_count + 1          # 交易次數加一次

# 策略入口函數
def main():
    while True:                                # 進入無限迴圈模式
        onTick()                               # 執行策略主函數
        Sleep(1000)                            # 休眠 1 秒

# 回測結果
task = VCtx(__doc__)                           # 呼叫 VCtx() 函數
try:
    main()                                     # 呼叫策略入口函數
except:
    task.Show()                                # 回測結束，輸出圖表
```

　　以上就是 HANS123 日內突破策略的原理和程式解析。實際上 HANS123 日內突破策略提供了一個較好的入場時機和出場時機，是一種入場較早的交易模式，配合適當的過濾技術，或許可以提高其勝算。你可以根據自己對市場的認知和對交易的理解，對該策略加以改進，或者根據品種波動率最佳化止盈、止損等參數，從而實現更好的效果。

4.8 菲阿里四價策略

　　在期貨市場中，價格呈現一切。幾乎所有的技術分析，如均線、布林帶、MACD、KDJ 等，都以價格為基礎，並且使用特定的方法計算得到。基本面分析也是如此，透過分析近期和遠期價差、期貨和現貨升貼水、上游和下游庫存等資料，計算當前價格是否合理，並且預估未來的價格。既然如此，為什麼不直接研究價格呢？今天我們講的菲阿里四價策略就是完全根據價格做出交易決定的。

4.8.1 菲阿里簡介

菲阿里是一位日本的交易者，主要偏向於商品期貨日內主觀交易。其大名遠揚是在 2001 年的羅賓斯（ROBBINS-TAICOM）期貨冠軍大賽中，他以 1098% 的成績獲得冠軍，並且在之後兩年分別以 709%、1131% 的成績奪冠。根據成績可知，菲阿里是一個非常優秀的交易者。

幸運的是，菲阿里在《1000% 的男人》中詳盡敘述了他的交易方法，菲阿里四價策略正是後人複習的他的交易方法。雖然只是從外在形式加上自己的理解模仿了一部分，並不代表菲阿里交易的全部精髓，但至少可以幫助我們在建構策略時拓展思路。

4.8.2 策略邏輯

菲阿里四價策略是一種比較簡單的趨勢性日內交易策略，四價分別是指昨日高點、昨日低點、昨日收盤價、今日開盤價。從書中的交易筆記來看，菲阿里不使用任何分析工具，他使用大量應用阻溢線的概念，也就是我們通常所說的阻力線和支撐線。

- 阻力線就是昨日的最高價。
- 支撐線就是昨日的最低價。

注意 對於阻力線和支撐線的定義，菲阿里使用的是昨日最高價和昨日最低價，可以視為昨日價格的波動範圍，這也意味著只有當多頭或空頭有足夠的力量時，才可以有效突破阻力線和支撐線，如圖 4.12 所示。如果突破這個波動範圍，則說明價格背後的動能較大，後續走勢沿最小阻力線運動的機率較大。

利用價格與阻力線、支撐線之間的位置關係，可以得出多頭開倉和空頭開倉的條件。

- 多頭開倉：價格向上突破阻力線。
- 空頭開倉：價格向下突破支撐線。

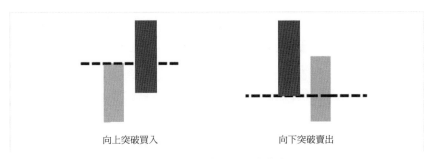

向上突破買入　　　　　　　　　　　　向下突破賣出

▲ 圖 4.12 突破買入與賣出

　　當開盤價處於阻力線和支撐線之間時，如果價格向上突破阻力線，就建立多頭開倉；如果價格向下突破支撐線，就建立空頭開倉。如果一切順利，則一直持倉到收盤。這樣做的好處是符合充分非必要條件，即突破不一定上漲／下跌，但上漲／下跌一定會突破，始終守在行情發生的必經之路，伺機而動，因為較大行情的上漲和下跌一旦出現，勢必要突破阻力線和支撐線。

　　當然這也是出錯率最高的方法，因為在大部分的情況下，價格只是暫時性地突破了關鍵位置，如果貿然開倉，則可能會面臨價格隨時反向運動的風險。這時需要設定一些過濾條件，限制假突破造成的來回開平倉問題。此外，在交易週期上，儘量避免波動過於混亂的 5 分鐘週期以下 K 線。

　　但是在開倉後，盈利了還好，在遇到虧損時，總不能從小虧損一直累積到大虧損，才在收盤時平倉吧？這樣顯然不合理。所以對於平倉，我們有兩種處理方式：收盤平倉和止損平倉。如果 K 線在向上突破高點或向下突破低點後又回到原來的區間內，就要考慮止損了。

　　綜合收盤平倉和止損平倉的條件，可以得出多頭止損平倉和空頭止損平倉的條件。

- 多頭止損平倉：收盤前 5 分鐘或達到多頭止損線。
- 空頭止損平倉：收盤前 5 分鐘或達到空頭止損線。

　　實際上，菲阿里在主觀交易中還有很多交易方法。例如，在開盤後先漲後跌，當跌破開盤價時做空，將止損設在之前上漲的最高點；在開盤後先跌後漲，當突破開盤價時做多，將止損設在之前下跌的最低點。動手能力強的朋友可以在自己的策略中進行修改。

到這裡你會發現，對於一天的價格走勢，收盤價相對於開盤價的漲跌，其機率接近於 50%。菲阿里的交易方法在勝率上就立於不敗之地，再加上在行情順利時一直持倉到收盤，在行情不符合自己的預期時及時止損，形成了截斷虧損，讓利潤奔跑的正向交易方式，這也是長期交易下來累積利潤的原因。

4.8.3 策略撰寫

第 1 步：匯入 SDK，撰寫策略框架，程式如下：

```python
# 匯入模組
from fmz import *

# 策略主函數
def onTick():
    pass

# 策略入口函數
def main():
    while True:                    # 進入無限迴圈模式
        onTick()                   # 執行策略主函數
        Sleep(1000)                # 休眠 1 秒
```

定義一個 main() 函數和一個 onTick() 函數，然後在 main() 函數中寫入 while 迴圈，重複執行 onTick() 函數。

第 2 步：匯入庫，程式如下：

```python
import time                        # 用於轉換時間格式
```

因為這個是日內策略，需要判斷 K 線時間戳記，如果有持倉，並且在臨近收盤時平倉出局，那麼我們直接 import time 即可。

第 3 步：獲取基礎資料，程式如下：

```python
_C(exchange.SetContractType, "ag888")        # 訂閱期貨品種
bar_arr = _C(exchange.GetRecords, PERIOD_D1)  # 獲取日線串列
if len(bar_arr) < 2:                          # 如果少於 2 根 K 線
    return                                    # 返回繼續等待資料
yh = bar_arr[-2]['High']                      # 昨日最高價
```

```
yl = bar_arr[-2]['Low']                    #  昨日最低價
today_open = bar_arr[-1]['Open']           #  當日開盤價
```

菲阿里四價策略需要用到 4 個資料：昨日最高價、昨日最低價、昨日收盤價、當日開盤價。因為這些都是日線等級的資料，所以我們在使用 GetRecords() 函數時，可以直接傳入 PERIOD_D1 參數，表示我們要獲取的是日線等級的資料，這樣，無論你的策略載入的是哪個週期的資料，它獲取的始終是日線等級的資料。

細心的朋友可能已經發現了，為什麼在這一次呼叫 GetRecords() 函數時，程式的寫法跟以前不一樣？這次我們使用的是 FMZ API 內建的重試函數 _C()。使用這個函數的好處是，_C() 函數會呼叫 GetRecords() 函數，如果 GetRecords() 函數返回 None，就重新呼叫 GetRecords() 函數，直到 GetRecords() 函數返回 K 線串列為止，這樣可以避免在直接使用 GetRecords() 函數時，沒有獲取資料導致顯示出錯的情況。

第 4 步：處理時間和獲取最新價格，程式如下：

```
bar_arr = _C(exchange.GetRecords)          #  獲取當前設定週期的 K 線串列
current = bar_arr[-1]['Time']              #  獲取當前 K 線時間戳記
local = time.localtime(current / 1000)     #  處理時間戳記
hour = int(time.strftime("%H", local))     #  格式化時間戳記，並且獲取小時
minute = int(time.strftime("%M", local))   #  格式化時間戳記，並且獲取分鐘
price = bar_arr[-1]['Close']               #  獲取最新價格
```

既然要獲取當前的時間，那麼使用獲取當前設定週期的 K 線串列更合適，所以需要重新呼叫一次 GetRecords() 函數，這次我們仍然使用 _C() 函數，在不傳入參數的情況下，預設獲取當前設定週期的 K 線串列。此外，獲取最新價格的目的是，計算交易邏輯和下單。

第 5 步：處理時間，程式如下：

```
def trade_time(hour, minute):
    minute = str(minute)
    if len(minute) == 1:
        minute = "0" + minute
    return int(str(hour) + minute)
```

注意 之所以建立這個函數，是因為我們在開倉之前，需要判斷當前時間是否在我們規定的交易時間內，以及在有持倉時，當前時間是否臨近收盤。在第 4 步中，我們已經獲取了當前 K 線小時和分鐘。為了方便比較，我們採用小時加分鐘的方法，舉例如下：

- 如果 K 線時間是 9:05，那麼 trade_time 返回的結果是 905。
- 如果 K 線時間是 14:30，那麼 trade_time 返回的結果是 1430。

第 6 步：設定虛擬持倉變數的值，程式如下：

```
mp = 0
```

第 7 步：設定止損，程式如下：

```
# 設定多頭止損價
if today_open / yh > 1.005:              # 如果當日開盤價高於昨日最高價
    long_stop = yh                       # 設定多頭止損價為昨日最高價
elif today_open / yh < 0.995:            # 如果當日開盤價低於昨日最高價
    long_stop = today_open               # 設定多頭止損價為當日開盤價
else:                                    # 如果當日開盤價接近昨日最高價
    long_stop = (yh + yl) / 2            # 設定多頭止損價為昨日中間價
# 設定空頭止損
if today_open / yl < 0.995:              # 如果當日開盤價低於昨日最低價
    short_stop = yl                      # 設定空頭止損價為昨日最低價
elif today_open / yl > 1.005:            # 如果當日開盤價高於昨日最低價
    short_stop = today_open              # 設定空頭止損價為當日開盤價
else:                                    # 如果當日開盤價接近昨日最低價
    short_stop = (yh + yl) / 2           # 設定空頭止損價為昨日中間價
```

在大部分的情況下，價格突破阻力線或支撐線，會將止損價設定為當日開盤價。但如果當日開盤價高於阻力線，而價格往下走，或者當日開盤價低於支撐線，而價格往上走，則會造成邏輯錯誤，導致頻繁開平倉。為了解決這個問題，我們需要根據當日開盤價與阻力線、支撐線的位置關係，分別設定不同的止損價。如果當日開盤價高於昨日最高價的 0.5%，那麼將多頭止損價設定為昨日最高價；如果當日開盤價在阻力線和支撐線之間，那麼將多頭止損價設定為當日開盤價；如果當日開盤價接近於昨日最高價，那麼將多頭止損價設定為昨日中間價。設定空頭止損價同理。

第 8 步：下單交易，程式如下：

```
trading = trade_time(hour, minute)
if mp > 0:                                          # 如果當前持有多單
    # 如果當前價格低於多頭止損價，或者超過規定的交易時間
    if price < long_stop or trading > 1450:
        exchange.SetDirection("closebuy")           # 設定交易方向和類型
        exchange.Sell(price - 1, 1)                 # 平多單
        mp = 0                                      # 重置虛擬持倉變數的值
if mp < 0:                                          # 如果當前持有空單
    # 如果當前價格高於空頭止損價，或者超過規定的交易時間
    if price > short_stop or trading > 1450:
        exchange.SetDirection("closesell")          # 設定交易方向和類型
        exchange.Buy(price, 1)                      # 平空單
        mp = 0                                      # 重置虛擬持倉變數的值
# 如果當前無持倉，並且在規定的交易時間內
if mp == 0 and 930 < trading < 1450:
    if price > yh:                                  # 如果當前價格高於昨日最高價
        exchange.SetDirection("buy")                # 設定交易方向和類型
        exchange.Buy(price, 1)                      # 開多單
        mp = 1                                      # 重置虛擬持倉變數的值
    elif price < yl:                                # 如果價格低於昨日最低價
        exchange.SetDirection("sell")               # 設定交易方向和類型
        exchange.Sell(price - 1, 1)                 # 開空單
        mp = -1                                     # 重置虛擬持倉變數的值
```

 為了避免邏輯錯誤，最好將平倉邏輯寫到開倉邏輯的前面。

4.8.4 策略回測

　　該策略使用的是白銀主力連續作為資料來源進行回測，時間跨度為 2019 年 1 月 1 日至 2021 年 1 月 1 日，K 線週期和底層 K 線週期均為 15 分鐘，初始資金為 10 萬元，滑點為開平倉各 2 跳。回測設定程式如下：

```
'''backtest
start: 2019-01-01 00:00:00
end: 2021-01-01 00:00:00
period: 15m
basePeriod: 15m
slipPoint: 2
exchanges: [{"eid":"Futures_CTP","currency":"FUTURES","balance": 100000}]
'''
```

該策略在回測後，呼叫 SDK 中的 Show() 函數，輸出白銀主力連續 2 年資料的回測圖表，如圖 4.13 所示。

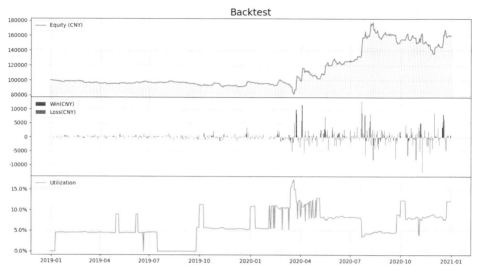

▲ 圖 4.13 菲阿里四價策略的回測圖表

4.8.5 完整的策略程式

完整的策略程式和註釋如下。可以進入該策略主頁面（方法見前言中的提示），完整複製該策略程式（包括預設參數），並且進行線上回測。

```
# 回測設定
'''backtest
start: 2019-01-01 00:00:00
end: 2021-01-01 00:00:00
period: 15m
basePeriod: 15m
slipPoint: 2
exchanges: [{"eid":"Futures_CTP","currency":"FUTURES","balance": 100000}]
'''

# 匯入模組
from fmz import *
import time                              # 匯入 time 函數庫，用於轉換時間格式

mp = 0                                   # 設定虛擬持倉變數的值
```

```
def trade_time(hour, minute):
    minute = str(minute)
    if len(minute) == 1:
        minute = "0" + minute
    return int(str(hour) + minute)

def onTick():
    _C(exchange.SetContractType, "ag888")       # 訂閱期貨品種
    bar_arr = _C(exchange.GetRecords, PERIOD_D1) # 獲取日線串列
    if len(bar_arr) < 2:                         # 如果低於 2 根 K 線
        return                                   # 返回繼續等待資料
    yh = bar_arr[-2]['High']                     # 昨日最高價
    yl = bar_arr[-2]['Low']                      # 昨日最低價
    today_open = bar_arr[-1]['Open']             # 當日開盤價
    bar_arr = _C(exchange.GetRecords)            # 獲取當前設定週期的 K 線串列
    current = bar_arr[-1]['Time']                # 獲取當前 K 線時間戳記
    local = time.localtime(current / 1000)       # 處理時間戳記
    hour = int(time.strftime("%H", local))       # 格式化時間戳記，並且獲取小時
    minute = int(time.strftime("%M", local))     # 格式化時間戳記，並且獲取分鐘
    price = bar_arr[-1]['Close']                 # 獲取最新價格
    global mp
    # 設定多頭止損
    if today_open / yh > 1.005:                  # 如果當日開盤價高於昨日最高價
        long_stop = yh                           # 設定多頭止損價為昨日最高價
    elif today_open / yh < 0.995:                # 如果當日開盤價低於昨日最高價
        long_stop = today_open                   # 設定多頭止損價為當日開盤價
    else:                                        # 如果當日開盤價接近昨日最高價
        long_stop = (yh + yl) / 2                # 設定多頭止損價為昨日中間價
    # 設定空頭止損
    if today_open / yl < 0.995:                  # 如果當日開盤價低於昨日最低價
        short_stop = yl                          # 設定空頭止損價為昨日最低價
    elif today_open / yl > 1.005:                # 如果當日開盤價高於昨日最低價
        short_stop = today_open                  # 設定空頭止損價為當日開盤價
    else:                                        # 如果當日開盤價接近昨日最低價
        short_stop = (yh + yl) / 2               # 設定多頭止損價為昨日中間價
    # 下單交易
    trading = trade_time(hour, minute)
    if mp > 0:                                   # 如果當前持有多單
        # 如果當前價格低於多頭止損線，或者超過規定的交易時間
        if price < long_stop or trading > 1450:
            exchange.SetDirection("closebuy")    # 設定交易方向和類型
            exchange.Sell(price - 1, 1)          # 平多單
            mp = 0                               # 重置虛擬持倉變數的值
    if mp < 0:                                   # 如果當前持有空單
        # 如果當前價格高於空頭止損線，或者超過規定的交易時間
        if price > short_stop or trading > 1450:
            exchange.SetDirection("closesell")   # 設定交易方向和類型
```

```
        exchange.Buy(price, 1)                # 平空單
        mp = 0                                # 重置虛擬持倉變數的值
# 如果當前無持倉，並且在規定的交易時間內
if mp == 0 and 930 < trading < 1450:
    if price > yh:                            # 如果當前價格高於昨日最高價
        exchange.SetDirection("buy")          # 設定交易方向和類型
        exchange.Buy(price, 1)                # 開多單
        mp = 1                                # 重置虛擬持倉變數的值
    elif price < yl:                          # 如果價格低於昨日最低價
        exchange.SetDirection("sell")         # 設定交易方向和類型
        exchange.Sell(price - 1, 1)           # 開空單
        mp = -1                               # 重置虛擬持倉變數的值

# 策略入口函數
def main():
    while True:                               # 無限迴圈
        onTick()                              # 執行策略主函數
        Sleep(1000)                           # 休眠 1 秒

# 回測結果
task = VCtx(__doc__)                          # 呼叫 VCtx() 函數
try:
    main()                                    # 呼叫策略入口函數
except:
    task.Show()                               # 回測結束，輸出圖表
```

　　雖然距離 2001 年的羅賓斯期貨冠軍大賽結束已經有 20 年之久了，但以今天的眼光看那時的交易也毫無過時感。需要注意的是，該策略僅用於拓展思路，不能直接用於實盤交易。菲阿里策略提供了一個很好的入場參考工具，我們可以根據自己對市場的認知進行更深的開發。

4.9 AROON（阿隆指標）策略

　　阿隆（Aroon）是一個很獨特的技術指標，「Aroon」一詞來自梵文，寓意為「黎明曙光」。它不像 MA、MACD、KDJ 那樣廣為人知，它出現的時間更晚，直到 1995 年才被圖莎爾·錢德（Tushar Chande）發明出來。圖莎爾·錢德還發明了錢德動量擺動指標（CMO）和日內動量指數（IMI）。對於一個技術指標，如果知道的人越多，使用的人也越多，那麼其賺錢能力越低。從這個角度來看，相對新穎的阿隆指標是一個不錯的選擇。

4.9.1 阿隆指標簡介

　　阿隆指標透過計算當前 K 線距離前最高價和最低價之間的 K 線數量，幫助交易者預測價格走勢與趨勢區域的相對位置關係。阿隆指標由兩部分組成，分別為阿隆上線（AroonUp）和阿隆下線（AroonDown），這兩條線在 0 ～ 100 取值範圍內上下移動，如圖 4.14 所示，雖然命名為上線和下線，但阿隆指標並不像 BOLL 指標那樣是真正意義上的上線和下線。

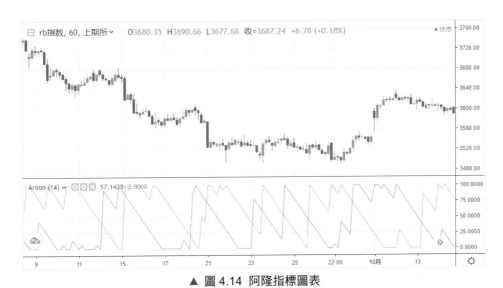

▲ 圖 4.14 阿隆指標圖表

4.9.2 阿隆指標的計算方法

　　阿隆指標要求首先設定一個時間週期參數，就像設定均線週期參數一樣，在傳統行情軟體中，這個週期參數的值為 14，當然這個週期參數的值並不是固定的，你還可以將其設定為 10、50 等。為了方便理解，暫且將這個時間週期參數定義為 N。在確定 N 之後，即可計算阿隆上線（AroonUp）和阿隆下線（AroonDown），具體的計算公式如下：

阿隆上線 = [（設定的週期參數 - 最高價後的週期數）/ 計算的週期數] × 100

阿隆下線 = [（設定的週期參數 - 最低價後的週期數）/ 計算的週期數] × 100

> **注意**　根據上述公式，我們可以大致看出阿隆指標的思想：判斷價格有多少
> 個週期是在近期高 / 低點之下，輔助預測當前趨勢是否會延續，同時衡量當
> 前趨勢的強弱。阿隆指標屬於趨勢追蹤型指標，但與其他趨勢追蹤型指標不
> 同的是，它更重視時間，而非價格。

4.9.3　如何使用阿隆指標

阿隆上線（AroonUp）和阿隆下線（AroonDown）反映的是當前時間與之前最高價或最低價的距離，距離越近，該值越大；距離越遠，該值越小。如果兩條線發生交叉，則預示著價格方向可能會發生改變；如果 AroonUp 在 AroonDown 之上，則說明價格處於上漲趨勢，未來價格可能會進一步上漲；如果 AroonDown 在 AroonUp 之上，則說明價格處於下跌趨勢，未來價格可能會進一步下跌。

同時我們可以設定幾個固定的值，用於精確確認入場時機。我們知道，阿隆指標一直在 0 ～ 100 取值範圍內上下移動。

在市場處於上漲趨勢，即 AroonUp 大於 AroonDown 時，如果 AroonUp 大於 50，則說明市場上漲趨勢已經形成，未來價格可能會繼續上漲；如果 AroonUp 小於 50，則說明價格上漲的動力正在減弱，未來價格可能會震盪或下跌。

在 市 場 處 於 下 跌 趨 勢， 即 AroonDown 大 於 AroonUp 時， 如 果 AroonDown 大於 50，則說明市場下跌趨勢已經形成，未來價格可能會繼續下跌；如果 AroonDown 小於 50，則說明價格下跌的動力正在減弱，未來價格可能會震盪或上漲。

根據上述理論，我們可以將交易條件羅列如下：

- 當 AroonUp 大於 AroonDown 且 AroonUp 大於 50 時，多頭開倉。
- 當 AroonUp 小於 AroonDown 或 AroonUp 小於 50 時，多頭平倉。
- 當 AroonDown 大於 AroonUp 且 AroonDown 大於 50 時，空頭開倉。
- 當 AroonDown 小於 AroonUp 或 AroonDown 小於 50 時，空頭平倉。

4.9.4　基於阿隆指標建構交易策略

在理清交易邏輯後，我們就可以用程式去實現該交易策略了。打開發明者量化網站，然後依次點擊「控制中心」>「策略庫」>「新建策略」按鈕，然後在左上角的語言下拉串列中選擇 Python 選項，開始撰寫策略，注意程式中的註釋。

第 1 步：匯入 SDK、talib 和 numpy 函數庫。

在計算 AROON 時，需要用到 talib 函數庫，使用 import 將其匯入。因為在使用 talib 函數庫進行計算時，必須先將資料處理成 numpy.array 類型的資料，所以需要匯入在程式開頭匯入 SDK、talib 函數庫和 numpy 函數庫，程式如下：

```python
from fmz import *
import talib
import numpy as np
```

第 2 步：撰寫策略框架。

我們知道，在量化交易中，程式是不斷獲取資料、處理資料、下單交易的迴圈過程，所以我們繼續使用之前講過的 main() 函數和 onTick() 函數，並且在 main() 函數中無限迴圈執行 onTick() 函數。程式如下：

```python
# 策略主函數
def onTick():
    pass

# 策略入口函數
def main():
    while True:               # 進入無限迴圈模式
        onTick()              # 執行策略主函數
        Sleep(1000)           # 休眠 1 秒
```

第 3 步：定義虛擬持倉變數。

量化交易的持倉情況有 3 種，第 1 種是真實的帳戶持倉，第 2 種是虛擬持倉，第 3 種是將真實持倉和虛擬持倉聯合起來。在實盤交易中，使用真實的帳戶持倉就足夠了，但這裡為了簡化策略，使用虛擬持倉進行演示，程式如下：

```
mp = 0              # 定義全域變數，用於控制虛擬持倉
```

虛擬持倉的原理很簡單，在策略運行之初，預設是空倉（mp=0）；在開多單後，將虛擬持倉變數的值重置為 1（mp=1）；在開空單後，將虛擬持倉變數的值重置為 -1（mp=-1）；在平多單或空單後，將虛擬持倉變數的值重置為 0（mp=0）。這樣，我們在判斷建構邏輯獲取倉位時，只需判斷 mp 的值。

第 4 步：計算阿隆指標。

計算阿隆指標，首先需要獲取基礎資料，但前提是先訂閱資料，即訂閱具體的合約程式，可以訂閱指數或主力連續，也可以訂閱具體交割月份的合約程式。然後需要獲取 K 線串列，K 線串列是一個包含開盤價、最高價、最低價、收盤價、成交量和時間的序列資料，也是計算大部分指標的基礎資料。

接下來需要判斷 K 線串列的長度，因為如果 K 線串列太短，那麼在計算指標時會出現異常。所以我們使用 if 敘述進行判斷，如果 K 線串列的長度小於指標參數值，就直接返回 None。

在使用 talib 函數庫計算阿隆指標時，所傳入的參數是 numpy.array 類型的資料，所以需要將 K 線串列中的必要資料提取出來，並且將其轉換成 numpy.array 類型的資料。這裡我們自訂一個 get_data() 函數，用於將必要的資料提取出來。

```
# 將 K 線串列轉換成最高價和最低價串列，用於轉換為 numpy.array 類型的資料
def get_data(bars):
    arr = [[], []]
    for i in bars:
        arr[0].append(i['High'])
        arr[1].append(i['Low'])
    return arr

exchange.SetContractType("ni000")        # 訂閱期貨品種
bars = exchange.GetRecords()             # 獲取 K 線串列
if len(bars) < 100:                      # 如果 K 線數量過少，就直接返回 None
    return
```

```
# 將最高價和最低價串列轉換為 numpy.array 類型的資料，用於計算阿隆指標
np_arr = np.array(get_data(bars))
aroon = talib.AROON(np_arr[0], np_arr[1], 20)  # 計算阿隆指標
aroon_up = aroon[1][len(aroon[1]) - 2]          # 阿隆指標上線倒數第 2 根資料
aroon_down = aroon[0][len(aroon[0]) - 2]        # 阿隆指標下線倒數第 2 根資料
```

在使用 talib 函數庫計算阿隆指標時，需要 3 個參數，分別為最高價
（numpy.array 類型的資料）、最低價（numpy.array 類型的資料）、時間週期。
所以我們在自訂 get_data() 函數中，需要將 K 線串列中的最高價和最低價提
取出來，並且將它們都轉換成 numpy.array 類型的資料。

接下來，直接呼叫 talib.AROON() 函數並傳入參數，就可以計算阿隆指
標了。計算出的阿隆指標是一個二維串列，我們將阿隆指標的上線和下線分
別提取出來，用於判斷開平倉邏輯。

第 5 步：下單交易。

在下單交易之前，我們要先獲取當前最新價格，因為在下單時，需要在
函數中傳入下單價格。還需要引入全域變數 mp，用於控制虛擬持倉。根據
之前的策略邏輯，使用 if 敘述撰寫下單交易的程式。具體程式如下：

```
close0 = bars[len(bars) - 1].Close              # 獲取當前 K 線收盤價
global mp                                        # 定義全域變數，用於控制虛擬持倉
# 如果當前空倉，阿隆指標的上線大於下線且阿隆指標的上線大於 50
if mp == 0 and  aroon_up > aroon_down and aroon_up > 50:
    exchange.SetDirection("buy")                 # 設定交易方向和類型
    exchange.Buy(close0, 1)                      # 開多單
    mp = 1                                        # 設定虛擬持倉變數的值，即有多單
# 如果當前空倉，阿隆指標的下線大於上線且阿隆指標的下線小於 50
if mp == 0 and aroon_down > aroon_up and aroon_down > 50:
    exchange.SetDirection("sell")                # 設定交易方向和類型
    exchange.Sell(close0 - 1, 1)                 # 開空單
    mp = -1                                       # 設定虛擬持倉變數的值，即有空單
# 如果當前持有多單，阿隆指標的上線小於下線或阿隆指標的上線小於 50
if mp > 0 and  (aroon_up < aroon_down or aroon_up < 50):
    exchange.SetDirection("closebuy")            # 設定交易方向和類型
    exchange.Sell(close0 - 1, 1)                 # 平多單
    mp = 0                                        # 設定虛擬持倉變數的值，即空倉
# 如果當前持有空單，阿隆指標的下線小於上線或阿隆指標的下線小於 50
if mp < 0 and (aroon_down < aroon_up or aroon_down < 50):
    exchange.SetDirection("closesell")           # 設定交易方向和類型
    exchange.Buy(close0, 1)                      # 平空單
    mp = 0                                        # 設定虛擬持倉變數的值，即空倉
```

在萬事俱備後，就可以判斷策略邏輯並開平倉下單交易了。在判斷策略邏輯時，使用 if 敘述，先判斷 mp 的值，再判斷阿隆指標的上線和下線的位置關係。注意上述程式中的註釋。

> **注意** 在期貨交易下單前，先呼叫 exchange.SetDirection() 函數，分別傳入「buy」、「sell」、「closebuy」和「closesell」，指定交易的方向和類型，即開多、開空、平多和平空。在下單後重置虛擬持倉變數 mp 的值。

4.9.5 策略回測

回測 2 年的歷史資料，時間跨度為 2019 年 1 月 1 日至 2021 年 1 月 1 日，資料週期和底層資料週期均為 1 天，初始資金為 10 萬元，滑點為開平倉各 2 跳。回測設定程式如下：

```
'''backtest
start: 2019-01-01 00:00:00
end: 2021-01-01 00:00:00
period: 1d
basePeriod: 1d
slipPoint: 2
exchanges: [{"eid":"Futures_CTP","currency":"FUTURES","balance": 100000}]
'''
```

該策略在回測後，呼叫 SDK 中的 Show() 函數，輸出滬鎳指數 2 年資料的回測圖表，如圖 4.15 所示。

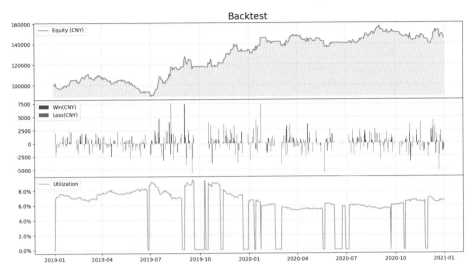

▲ 圖 4.15 AROON 策略的回測圖表

根據圖 4.15 可知，雖然整體收益為正，但該策略獲利的效率很低，2 年淨利 40%，而這只是回測資料，在實盤交易中通常會更低。

4.9.6 完整的策略程式

完整的策略程式和註釋如下。可以進入該策略主頁面（方法見前言中的提示），完整複製該策略程式（包括預設參數），並且進行線上回測。

```
# 回測設定
'''backtest
start: 2019-01-01 00:00:00
end: 2021-01-01 00:00:00
period: 1d
basePeriod: 1d
slipPoint: 2
exchanges: [{"eid":"Futures_CTP","currency":"FUTURES","balance": 100000}]
'''

# 匯入模組
from fmz import *
import talib
import numpy as np

mp = 0 # 定義全域變數，用於控制虛擬持倉
```

```python
# 將 K 線串列轉換成最高價和最低價串列，用於轉換為 numpy.array 類型的資料
def get_data(bars):
    arr = [[], []]
    for i in bars:
        arr[0].append(i['High'])
        arr[1].append(i['Low'])
    return arr


# 策略主函數
def onTick():
    exchange.SetContractType("ni000")    # 訂閱期貨品種
    bars = exchange.GetRecords()          # 獲取 K 線串列
    if len(bars) < 100:                   # 如果 K 線串列的長度值太小，就直接返回 None
        return
    # 將最高價和最低價串列轉換為 numpy.array 類型的資料
    np_arr = np.array(get_data(bars))
    aroon = talib.AROON(np_arr[0], np_arr[1], 20)     # 計算阿隆指標
    aroon_up = aroon[1][len(aroon[1]) - 2]     # 阿隆上線倒數第 2 根資料
    aroon_down = aroon[0][len(aroon[0]) - 2]   # 阿隆下線倒數第 2 根資料
    close0 = bars[len(bars) - 1].Close         # 獲取當前 K 線收盤價
    global mp                                  # 全域變數，用於控制虛擬持倉
    # 如果當前空倉，阿隆指標的上線大於下線且阿隆指標的上線大於 50
    if mp == 0 and  aroon_up > aroon_down and aroon_up > 50:
        exchange.SetDirection("buy")          # 設定交易方向和類型
        exchange.Buy(close0, 1)               # 開多單
        mp = 1                                # 設定虛擬持倉變數的值，即有多單
    # 如果當前空倉，阿隆指標的下線大於上線且阿隆指標的下線小於 50
    if mp == 0 and aroon_down > aroon_up and aroon_down > 50:
        exchange.SetDirection("sell")         # 設定交易方向和類型
        exchange.Sell(close0 - 1, 1)          # 開空單
        mp = -1                               # 設定虛擬持倉變數的值，即有空單
    # 如果當前持有多單，阿隆指標的上線小於下線或阿隆指標的上線小於 50
    if mp > 0 and  (aroon_up < aroon_down or aroon_up < 50):
        exchange.SetDirection("closebuy")     # 設定交易方向和類型
        exchange.Sell(close0 - 1, 1)          # 平多單
        mp = 0                                # 設定虛擬持倉變數的值，即空倉
    # 如果當前持有空單，阿隆指標的下線小於上線或阿隆指標的下線小於 50

    if mp < 0 and (aroon_down < aroon_up or aroon_down < 50):
        exchange.SetDirection("closesell")    # 設定交易方向和類型
        exchange.Buy(close0, 1)               # 平空單
        mp = 0                                # 設定虛擬持倉變數的值，即空倉


# 策略入口函數
def main():
```

```
while True:                          # 進入無限迴圈模式
    onTick()                         # 執行策略主函數
    Sleep(1000)                      # 休眠 1 秒

# 回測結果
task = VCtx(__doc__)                 # 呼叫 VCtx() 函數
try:
    main()                           # 呼叫策略入口函數
except:
    task.Show()                      # 回測結束，輸出圖表
```

在這個策略中，當 AroonUp、AroonDown 的值大於 50 時才開倉，導致策略反應太慢，通常在行情上漲或下跌一段時間後才開平倉交易。這樣雖然提高了勝率，減少了最大回撤率，但也錯過了很多收益，這也印證了盈虧同源的道理。

4.10 EMV（簡易波動指標）策略

與其他技術指標不同，EMV（Ease of Movement Value，簡易波動指標）反映的是價格、成交量、人氣的變化情況，它將價格與成交量變化相結合，透過衡量單位成交量的價格變動情況，形成一個價格波動指標。當市場人氣聚集、交易活躍時，發出買入訊號；當成交量低迷、市場能量即將耗盡時，發出賣出訊號。

EMV 根據等量圖和壓縮圖的原理設計而成，它的核心理念如下：市場價格僅在發生趨勢轉折或即將轉折時，才會消耗大量能量，外在表現就是成交量變大；價格在上升的過程中，由於推波助瀾的作用，不會消耗太多的能量。雖然這個理念與量價同升的觀點相悖，但的確有其獨特的地方。

4.10.1 EMV 的計算公式

第 1 步：計算 mov_mid，計算公式如下：

$$mov\_mid = \frac{TH + TL}{2} - \frac{YH + YL}{2}$$

其中 TH 表示當日最高價，TL 表示當日最低價，YH 表示前日最高價，YL 表示前日最低價。如果 MID > 0，則表示今日平均價高於昨日平均價。

第 2 步：計算 ratio，計算公式如下：

$$ratio = \frac{TVOL / 10000}{TH - TL}$$

其中 TVOL 表示當天交易量，TH 表示當日最高價，TL 表示當日最低價。

第 3 步：計算 emv，計算公式如下：

$$emv = \frac{mov\_mid}{ratio}$$

4.10.2 EMV 的使用方法

EMV 的提出者認為，巨量上漲伴隨的是能量的快速枯竭，上漲往往不會持續太久；反而溫和上漲能夠保存一定的能量，上漲往往持續更久。上漲趨勢行情一旦形成，較少的成交量就能推動價格上漲，EMV 的值就會升高。下跌趨勢行情一旦形成，往往伴隨的是少量下跌或無下跌，EMV 的值就會下降。如果價格處於震盪行情，或者價格上漲和下跌都伴隨較大成交量，那麼 EMV 的值會接近於零。因此，EMV 在大部分行情中都位於零軸下方，這是該指標的一大特色。從另一個角度來看，EMV 重視大趨勢且能夠產生足夠利潤的行情。

EMV 的使用方法相當簡單，只需看 EMV 是否穿越零軸。當 EMV 位於零軸下方時，表示市場弱市；當 EMV 位於零軸上方時，表示市場強市。當 EMV 由負數轉為正數時，應該買進；當 EMV 由正數轉為負數時，應該賣出。EMV 的特點是不僅能較好地避免市場中的震盪行情，還能在趨勢行情啟動時及時入場。但由於 EMV 反映的是價格變動時成交量的變化情況，因此僅對中長期走勢有作用。對於短線或交易週期比較小的行情，EMV 策略的效果很差。

4.10.3　策略撰寫

第 1 步：匯入 SDK，撰寫策略框架。

首先需要定義一個 main() 函數和一個 onTick() 函數，main() 函數是策略入口函數，程式會從 main() 函數開始逐行執行程式。在 main() 函數中，寫入 while 迴圈，重複執行 onTick() 函數，所有的策略核心程式都寫在 onTick() 函數中。具體程式如下：

```python
# 匯入模組
from fmz import *

# 策略主函數
def onTick():
    pass

# 策略入口函數
def main():
    while True:        # 進入無限迴圈模式
        onTick()       # 執行策略主函數
        Sleep(1000)    # 休眠 1 秒
```

第 2 步：獲取持倉資料，程式如下：

```python
# 獲取持倉資料
def get_position():
    position = 0                            # 將持倉數量給予值為 0
    position_arr = _C(exchange.GetPosition) # 獲取持倉資料串列
    if len(position_arr) > 0:               # 如果持倉資料串列長度值大於 0
        for i in position_arr:              # 遍歷持倉資料串列
            if i['ContractType'][:2] == 'IH': # 如果持倉品種等於訂閱品種
                if i['Type'] % 2 == 0:      # 如果是多單
                    position = i['Amount']  # 將持倉數量給予值為正數
                else:
                    position = -i['Amount'] # 將持倉數量給予值為負數
    return position                         # 返回持倉數量
```

因為在這個策略中，只使用了即時的持倉數量，所以為了方便維護，這裡使用 get_position() 函數封裝了持倉數量，如果當前持有多單，就返回正數；如果當前持有空單，就返回負數。

第 3 步：獲取 K 線資料，程式如下：

```
# 獲取 K 線資料
exchange.SetContractType('IH000')          # 訂閱期貨品種
bars_arr = exchange.GetRecords()           # 獲取 K 線串列
if len(bars_arr) < 10:                     # 如果 K 線數量少於 10 根
    return
```

在獲取 K 線資料前，首先要訂閱具體的合約，使用 FMZ API 中的 SetContractType() 函數訂閱合約，傳入對應的合約程式即可。如果要知道該合約的其他資訊，則可以使用一個變數接收該合約資料。接著使用 GetRecords() 函數獲取 K 線資料，返回的是一個串列，我們將其賦給變數 bars_arr。

第 4 步：計算 EMV 的值，程式如下（程式中為變數 emv）：

```
# 計算 emv 的值
bar1 = bars_arr[-2]                             # 獲取倒數第 2 根 K 線資料
bar2 = bars_arr[-3]                             # 獲取倒數第 3 根 K 線資料
# 計算 mov_mid 的值
mov_mid = (bar1['High'] + bar1['Low'])/2 - (bar2['High'] + bar2['Low'])/2
if bar1['High'] != bar1['Low']:                 # 如果被除數不為 0
    # 計算 ratio 的值
    ratio = (bar1['Volume'] / 10000) / (bar1['High'] - bar1['Low'])
else:
    ratio = 0
# 如果 ratio 的值大於 0
if ratio > 0:
    emv = mov_mid / ratio
else:
    emv = 0
```

注意 這裡我們並沒有使用最新價格計算 EMV 的值，而是採用相對落後的當前 K 線出訊號、下根 K 線發單的方法，這麼做的目的是讓回測更接近實盤交易。

我們知道，儘管現在量化交易軟體已經非常先進了，但仍然很難完全模擬真實的實盤 Tick 環境，尤其在面對回測 Bar 級超長資料時，所以採用這種折中的方法。

第 5 步：下單交易，程式如下：

```
# 下單交易
current_price = bars_arr[-1]['Close']                      # 最新價格
position = get_position()                                  # 獲取最新持倉數量
if position > 0:                                           # 如果持有多單
    if emv < 0:                                            # 如果 emv 的值小於 0
        exchange.SetDirection("closebuy")                 # 設定交易方向和類型
        exchange.Sell(round(current_price - 1, 2), 1)     # 平多單
if position < 0:                                           # 如果持有空單
    if emv > 0:                                            # 如果 emv 的值大於 0
        exchange.SetDirection("closesell")                # 設定交易方向和類型
        exchange.Buy(round(current_price + 0.8, 2), 1)    # 平空單
if position == 0:                                          # 如果無持倉
    if emv > 0:                                            # 如果 emv 的值大於 0
        exchange.SetDirection("buy")                      # 設定交易方向和類型
        exchange.Buy(round(current_price + 0.8, 2), 1)    # 開多單
    if emv < 0:                                            # 如果 emv 的值小於 0
        exchange.SetDirection("sell")                     # 設定交易方向和類型
        exchange.Sell(round(current_price - 1, 2), 1)     # 開空單
```

在下單交易之前，我們需要確定兩個資料，一個是下單的價格，另一個是當前的持倉數量。確定下單的價格很簡單，直接使用當前的收盤價加 / 減品種的最小變動價即可。由於我們之前已經使用 get_position() 函數封裝了持倉數量，因此直接呼叫該函數，即可獲取當前的持倉數量。最後根據 EMV 與零軸的位置關係確定開平倉。

4.10.4　策略回測

回測 2 年的歷史資料，時間跨度為 2019 年 1 月 1 日至 2021 年 1 月 1 日，資料週期和底層資料週期均為日線資料，初始資金為 50 萬元，由於在策略中設定了 5 跳的滑點，因此在回測設定中將滑點設定為 0。回測設定程式如下：

```
'''backtest
start: 2019-01-01 00:00:00
end: 2021-01-01 00:00:00
period: 1d
```

```
basePeriod: 1d
slipPoint: 0
exchanges: [{"eid":"Futures_CTP","currency":"FUTURES","balance":500000}]
'''
```

該策略在回測後，呼叫 SDK 中的 Show() 函數，輸出上證 50 股指期貨（IH）2 年資料的回測圖表，如圖 4.16 所示。

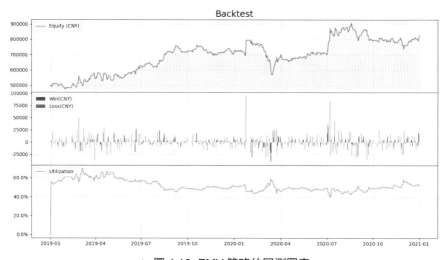

▲ 圖 4.16 EMV 策略的回測圖表

4.10.5 完整的策略程式

完整的策略程式和註釋如下。可以進入該策略主頁面（方法見前言中的提示），完整複製該策略程式（包括預設參數），並且進行線上回測。

```
# 回測設定
'''backtest
start: 2019-01-01 00:00:00
end: 2021-01-01 00:00:00
period: 1d
basePeriod: 1d
slipPoint: 0
exchanges: [{"eid":"Futures_CTP","currency":"FUTURES","balance":500000}]
'''

# 匯入模組
```

```python
from fmz import *

# 獲取持倉數量
def get_position():
    position = 0                                     # 將持倉數量給予值為 0
    position_arr = _C(exchange.GetPosition)          # 獲取持倉資料串列
    if len(position_arr) > 0:                        # 如果持倉資料串列長度值大於 0
        for i in position_arr:                       # 遍歷持倉資料串列
            if i['ContractType'][:2] == 'IH':        # 如果持倉品種等於訂閱品種
                if i['Type'] % 2 == 0:               # 如果是多單
                    position = i['Amount']           # 將持倉數量給予值為正數
                else:
                    position = -i['Amount']          # 將持倉數量給予值為負數
    return position                                  # 返回持倉數量

# 策略主函數
def onTick():
    exchange.SetContractType('IH000')               # 訂閱期貨品種
    bars_arr = exchange.GetRecords()                # 獲取 K 線串列
    if len(bars_arr) < 10:                          # 如果 K 線數量少於 10 根
        return
    bar1 = bars_arr[-2]                             # 獲取上一根 K 線資料
    bar2 = bars_arr[-3]                             # 獲取前一根 K 線資料
    mov_mid = (bar1['High'] + bar1['Low'])/2-(bar2['High'] + bar2['Low'])/2
    if bar1['High'] != bar1['Low']:                 # 如果被除數不為 0
        ratio = (bar1['Volume'] / 10000) / (bar1['High'] - bar1['Low'])
    else:
        ratio = 0
    if ratio > 0:                                   # 如果 ratio 的值大於 0
        emv = mov_mid / ratio
    else:
        emv = 0
    current_price = bars_arr[-1]['Close']           # 最新價格
    position = get_position()                       # 獲取最新持倉數量
    if position > 0:                                # 如果持有多單
        if emv < 0:                                 # 如果 emv 的值小於 0
            exchange.SetDirection("closebuy")       # 設定交易方向和類型
            exchange.Sell(round(current_price - 1, 2), 1)   # 平多單
    if position < 0:                                # 如果持有空單
        if emv > 0:                                 # 如果 emv 的值大於 0
            exchange.SetDirection("closesell")      # 設定交易方向和類型
            exchange.Buy(round(current_price + 0.8, 2), 1)  # 平空單
    if position == 0:                               # 如果無持倉
        if emv > 0:                                 # 如果 emv 的值大於 0
            exchange.SetDirection("buy")            # 設定交易方向和類型
            exchange.Buy(round(current_price + 0.8, 2), 1)  # 開多單
```

```
    if emv < 0:                                    # 如果 emv 的值小於 0
        exchange.SetDirection("sell")              # 設定交易方向和類型
        exchange.Sell(round(current_price - 1, 2), 1)  # 開空單

# 策略入口函數
def main():
    while True:                                    # 進入無限迴圈模式
        onTick()                                   # 執行策略主函數
        Sleep(1000)                                # 休眠 1 秒

# 回測結果
task = VCtx(__doc__)                               # 呼叫 VCtx() 函數
try:
    main()                                         # 呼叫策略入口函數
except:
    task.Show()                                    # 回測結束，輸出圖表
```

由於 EMV 引入了成交量資料，因此比單純用價格計算的技術指標更能有效發現價格背後的東西。

每一種策略都有不同的特點，只有充分了解不同策略的優缺點，去其糟粕，取其精華，才能離成功更進一步。

4.11 動態階梯突破策略

前面介紹了如何基於指標建構簡單的策略，其中，在計算指標時用到了 talib 函數庫，大大簡化了策略撰寫難度。但有的策略可能會用到 talib 函數庫中沒有的計算方法，本節我們透過動態階梯突破策略，介紹這種策略是如何實現的。

注意
　　talib 函數庫是一個 Python 金融技術指標庫，包含很多常用的技術指標（如 MA、MACD、KDJ 等）演算法。

4.11.1 什麼是突破策略

我們知道，期貨市場的價格是以趨勢和震盪交替的方式演變的，如果我

們能抓住趨勢，就能賺到趨勢行情的錢。那麼，使用什麼方法抓住趨勢呢？一種比較簡單的方法是使用突破策略。

根據一段時間內的歷史價格資料，設定價格的上軌、下軌或支撐線、阻力線，如果價格超過上軌，那麼我們認為多頭行情即將啟動，開倉做多；如果價格跌破下軌，那麼我們認為空頭行情即將啟動，開倉做空。

市面上有很多種類的突破策略，大致可以分為形態突破（如雙肩型、頭肩型、頸線、趨勢線等）、指標突破（如均線、KDJ、ATR等）、通道突破（如新高和新低、支撐線和阻力線）、量能突破（如成交量、能量潮）。在量化交易中，比較常用的是指標突破策略和通道突破策略。

4.11.2 突破策略理論

在邏輯學中，有 A 不一定有 B，但有 B 必定有 A，那麼 B 是 A 的充分不必要條件，A 是 B 的必要不充分條件。所以從結果的角度來看，價格在突破關鍵價位後未必形成趨勢，但趨勢上漲或下跌必然會突破關鍵價位。

從突破關鍵價位的原因來看，市場漲跌取決於交易雙方的實力對比。當價位衝破上一時段的最高點時，在上一時段任何價位做空頭的人無一例外都被套牢了，其中肯定有一部分交易者會認賠平倉出局，反過來給升勢推波助瀾。反之，當行情跌破上一時段的最低價時，在上一時段任何價位做多頭的都會出現浮動虧損，其中一定有一部分交易者會平倉止損，正好對跌勢落井下石，加劇了行情繼續下跌。

4.11.3 策略邏輯

動態階梯突破策略，因其在圖表上的外形類似台階而得名，最初的靈感來自階梯止損。相信有過實盤交易經驗的人應該深有體會：當市場進行橫向整理或搖擺不定時，對交叉類系統的打擊很大，往往會買在高點、賣在低點。如果行情一直持續，則會出現連續虧損。連續虧損訊號會對交易者造成嚴重的心理負擔和資金回撤壓力。

注 意 連續出現虧損訊號，不僅限於交叉類系統中，歸其原因不是指標的錯誤，而是對市場節奏不適應。

利用通道技術可以過濾或減少價格反覆繞排，減少部分虛假訊號，對降低無效交易有巨大幫助。本策略並非傳統的通道策略，它可以根據前期最高價和最低價，反向建立自我調整通道。這裡提到的自我調整是指回溯日期會根據策略邏輯進行調整，具體來說，該策略是由市場波動的變動率決定的。

動態階梯突破策略主要由上、下兩根類似於「階梯」的曲線組成，上面那根線是多頭突破線，下面那根線是空頭突破線，這兩根線都是根據市場波動率計算而來的，如圖 4.17 所示。上、下線之間稱為通道，通道之間的寬度，可以透過設定時間週期參數改變。

▲ 圖 4.17 動態階梯曲線

設定通道。

- 上軌：如果當前 K 線最低價低於上根 K 線最低價，那麼上軌等於前 N 根 K 線最高價。

- 下軌：如果當前 K 線最高價高於上根 K 線最高價，那麼下軌等於前 N 根 K 線最低價。

- 中軌：上軌和下軌的平均值。

入場條件。

- 多頭入場：如果當前沒有持倉，並且價格高於上軌，則買入開倉。
- 空頭入場：如果當前沒有持倉，並且價格低於下軌，則賣出開倉。

出場條件。

- 多頭出場：如果當前持有多單，並且價格低於中軌，則賣出平倉。
- 空頭出場：如果當前持有空單，並且價格高於中軌，則買入平倉。

為了避免過擬合問題，在設計策略時，只給定了一個參數。雖然只有一個參數，但不失策略在市場中的靈活性。不僅如此，階梯策略既可以適應國內外商品期貨，又可以應用於 A 股 ETF，包括外盤 ETF、反向槓桿 ETF 及外匯市場。當然，該策略只能適應部分品種，但從全品種統計來看，這是一個普適性比較強的策略。

4.11.4 策略撰寫

根據上面的策略邏輯，打開發明者量化交易平台，然後依次點擊「控制中心」>「策略庫」>「新建策略」按鈕，然後在左上角的語言下拉串列中選擇 Python 選項，開始撰寫策略，注意程式中的註釋。

第 1 步：匯入 SDK，撰寫策略框架。

前面已經學習過，策略框架中包含兩個函數，一個是 onTick() 函數，另一個是 main() 函數，在 main() 函數中無限迴圈執行 onTick() 函數，程式如下：

```python
# 匯入模組
from fmz import *

# 策略主函數
def onTick():
    pass

# 策略入口函數
def main():
    while True:        # 進入無限迴圈模式
        onTick()       # 執行策略主函數
        Sleep(1000)    # 休眠 1 秒
```

第 2 步：定義全域變數。

首先定義策略中的上軌、下軌。在本策略中，上軌、下軌是根據一定的條件計算出來的，如果當前的最高價高於前面 K 線的最高價，則重新計算下軌；如果當前的最低價低於前面 K 線的最低價，則重新計算上軌。這樣做的意義是只參考最新的資料。所以我們必須將上軌和下軌變數定義在主策略函數 onTick() 外面。然後定義全域變數 mp，用於控制虛擬持倉。具體程式如下：

```
# 定義全域變數
up_line = 0              # 上軌
under_line = 0           # 下軌
mp = 0                   # 用於控制虛擬持倉
```

在策略運行之初，預設是空倉（mp=0）；在開多單後，將虛擬持倉變數的值重置為 1（mp=1）；在開空單後，將虛擬持倉變數的值重置為 -1（mp=-1）；在平多單或空單後，將虛擬持倉變數的值重置為 0（mp=0）。這樣我們在判斷建構邏輯獲取倉位時，只需判斷 mp 的值。

第 3 步：計算上軌、下軌、中軌。

因為在計算這些資料之前，需要先獲取歷史 K 線基礎資料，這些基礎資料的獲取方式也很簡單，首先訂閱期貨品種，然後呼叫 FMZ API 中的 GetRecords() 函數即可。在計算上軌和下軌時，需要用到 talib 函數庫中的 Highest() 函數和 Lowest() 函數。這兩個函數都要傳入週期參數，但如果 K 線資料不夠，就不能正常計算其值，所以需要判斷 K 線的數量，如果 K 線數量不足以計算其值，就直接返回。

接著，我們分別獲取當前 K 線和上根 K 線的最高價和最低價，透過對比當前 K 線最高價與上根 K 線最高價來定義下軌，如果當前 K 線的最高價高於上根 K 線的最高價，就重新計算下軌；透過對比當前 K 線最低價與上根 K 線最低價來定義上軌，如果當前 K 線的最低價低於上根 K 線的最低價，就重新計算上軌。上軌和下軌的平均值就是中軌。

```
exchange.SetContractType("c000")    # 訂閱期貨品種
bars = exchange.GetRecords()        # 獲取 K 線串列
if len(bars) < 100:                 # 如果 K 線串列的長度值太小，就直接返回
    return
```

```
close0 = bars[-1].Close              # 獲取當前 K 線收盤價
high0 = bars[-1].High                # 獲取當前 K 線最高價
high1 = bars[-2].High                # 獲取上根 K 線最高價
low0 = bars[-1].Low                  # 獲取當前 K 線最低價
low1 = bars[-2].Low                  # 獲取上根 K 線最低價
# 獲取前 cycle_length 根 K 線最高價中的最高價
highs = TA.Highest(bars, 100, 'High')
# 獲取前 cycle_length 根 K 線最低價中的最低價
lows = TA.Lowest(bars, 100, 'Low')
global up_line, under_line, mp        # 使用全域變數
if high0 > high1:                    # 如果當前 K 線最高價高於上根 K 線最高價
    under_line = lows # 將下軌重新給予值為前 cycle_length 根 K 線最低價中的最低價
if low0 < low1:                      # 如果當前 K 線最低價低於上根 K 線最低價
    up_line = highs    # 將上軌重新給予值為前 cycle_length 根 K 線最高價中的最高價
middle_line = (lows + highs) / 2     # 計算中軌的值
```

在計算上軌和下軌時，用到了 talib 函數庫中的 Highest() 函數和 Lowest() 函數，因為在 FMZ API 中已經內建了這兩個函數，所以我們不需要像前幾節那樣在策略開頭匯入 talib 函數庫。在使用內建函數時，其寫法也略有不同，具體可以查看後面的程式。

第 4 步：下單交易。

在計算出上軌、下軌、中軌的值後，就可以配合當前的最新價格進行開平倉交易了，我們可以回過頭查看之前設計的交易邏輯。

- 如果當前沒有持倉，並且價格高於上軌，則買入開倉。
- 如果當前沒有持倉，並且價格低於下軌，則賣出開倉。
- 如果當前持有多單，並且價格低於中軌，則賣出平倉。
- 如果當前持有空單，並且價格高於中軌，則買入平倉。

```
if mp == 0 and close0 > up_line:         # 如果當前空倉，並且最新價高於上軌
    exchange.SetDirection("buy")          # 設定交易方向和類型
    exchange.Buy(close0, 1)               # 開多單
    mp = 1                                # 設定虛擬持倉變數的值，即有多單
if mp == 0 and close0 < under_line:      # 如果當前空倉，並且最新價低於下軌
    exchange.SetDirection("sell")         # 設定交易方向和類型
    exchange.Sell(close0 - 1, 1)          # 開空單
    mp = -1                               # 設定虛擬持倉變數的值，即有空單
if mp > 0 and close0 < middle_line:      # 如果當前持有多單，並且最新價低於中軌
    exchange.SetDirection("closebuy")     # 設定交易方向和類型
```

```
    exchange.Sell(close0 - 1, 1)              # 平多單
    mp = 0                                     # 設定虛擬持倉變數的值，即空倉
if mp < 0 and close0 > middle_line:            # 如果當前持有空單，並且最新價高於中軌
    exchange.SetDirection("closesell")         # 設定交易方向和類型
    exchange.Buy(close0, 1)                    # 平空單
    mp = 0                                     # 設定虛擬持倉變數的值，即空倉
```

首先使用 if 敘述判斷條件是否為真，如果條件為真，就先設定交易方向和類型，即開多、開空、平多、平空。然後呼叫 FMZ API 中的 Buy() 或 Sell() 函數下單。

 在下單後，需要重置虛擬持倉變數的值。

4.11.5 策略回測

回測 2 年的歷史資料，時間跨度為 2019 年 1 月 1 日至 2021 年 1 月 1 日，資料週期和底層資料週期均為 1 天，初始資金為 1 萬元，滑點為開平倉各 2 跳。回測設定程式如下：

```
'''backtest
start: 2019-01-01 00:00:00
end: 2021-01-01 00:00:00
period: 1d
basePeriod: 1d
balance: 10000
slipPoint: 2
exchanges: [{"eid":"Futures_CTP","currency":"FUTURES"}]
'''
```

該策略在回測後，呼叫 SDK 中的 Show() 函數，輸出玉米指數 2 年資料的回測圖表，如圖 4.18 所示。

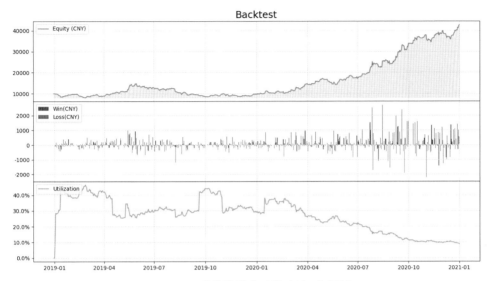

▲ 圖 4.18 動態階梯突破策略的回測圖表

根據圖 4.18 可知，該策略 2 年內獲利豐厚，資金曲線呈 45°角向上。需要注意的是，策略通常依賴於行情，因為玉米日線趨勢行情較好，所以該策略的回測結果較好。

4.11.6 完整的策略程式

完整的策略程式和註釋如下。可以進入該策略主頁面（方法見前言中的提示），完整複製該策略程式（包括預設參數），並且進行線上回測。

```
# 回測設定
'''backtest
start: 2019-01-01 00:00:00
end: 2021-01-01 00:00:00
period: 1d
basePeriod: 1d
balance: 10000
slipPoint: 2
exchanges: [{"eid":"Futures_CTP","currency":"FUTURES"}]
'''

# 匯入模組
from fmz import *
```

```python
# 定義全域變數
up_line = 0                                    # 上軌
under_line = 0                                 # 下軌
mp = 0                                         # 用於控制虛擬持倉

def onTick():
    exchange.SetContractType("c000")           # 訂閱期貨品種
    bars = exchange.GetRecords()               # 獲取K線串列
    if len(bars) < 100:                        # 如果K線串列的長度值太小，就直接返回
        return
    close0 = bars[-1].Close                     # 獲取當前K線收盤價
    high0 = bars[-1].High                       # 獲取當前K線最高價
    high1 = bars[-2].High                       # 獲取上根K線最高價
    low0 = bars[-1].Low                         # 獲取當前K線最低價
    low1 = bars[-2].Low                         # 獲取上根K線最低價
    # 獲取前 cycle_length 根K線最高價中的最高價
    highs = TA.Highest(bars, 100, 'High')
    # 獲取前 cycle_length 根K線最低價的最低價
    lows = TA.Lowest(bars, 100, 'Low')
    global up_line, under_line, mp              # 使用全域變數
    if high0 > high1:       # 如果當前K線最高價高於上根K線最高價
        under_line=lows     # 將下軌重新給予值為前 cycle_length 根K線最低價中的最低價
    if low0 < low1:         # 如果當根K線最低價低於上根K線最低價
        up_line = highs     # 將上軌重新給予值為前 cycle_length 根K線最高價中的最高價
    middle_line = (lows + highs) / 2           # 計算中軌的值

    if mp == 0 and close0 > up_line:           # 如果當前空倉，並且最新價高於上軌
        exchange.SetDirection("buy")           # 設定交易方向和類型
        exchange.Buy(close0, 1)                # 開多單
        mp = 1                                 # 設定虛擬持倉變數的值，即有多單

    if mp == 0 and close0 < under_line:        # 如果當前空倉，並且最新價低於下軌
        exchange.SetDirection("sell")          # 設定交易方向和類型
        exchange.Sell(close0 - 1, 1)           # 開空單
        mp = -1                                # 設定虛擬持倉變數的值，即有空單

    if mp > 0 and close0 < middle_line:        # 如果當前持有多單且最新價低於中軌
        exchange.SetDirection("closebuy")      # 設定交易方向和類型
        exchange.Sell(close0 - 1, 1)           # 平多單
        mp = 0                                 # 設定虛擬持倉變數的值，即空倉

    if mp < 0 and close0 > middle_line:        # 如果當前持有空單且最新價高於中軌
        exchange.SetDirection("closesell")     # 設定交易方向和類型
        exchange.Buy(close0, 1)                # 平空單
        mp = 0                                 # 設定虛擬持倉變數的值，即空倉

# 策略入口函數
```

```
def main():
    while True:                           # 進入無限迴圈模式
        onTick()                          # 執行策略主函數
        Sleep(1000)                       # 休眠 1 秒

# 回測結果
task = VCtx(__doc__)                      # 呼叫 VCtx() 函數
try:
    main()                                # 呼叫策略入口函數
except:
    task.Show()                           # 回測結束，輸出圖表
```

在量化投資領域，突破策略是技術分析中的重要部分，它的觀念在於市場價格突破了之前的價格阻力線或支撐線，從而形成一股新的趨勢，我們的目標是在突破發生時能夠確認並建立倉位，從而獲取趨勢的利潤。動態階梯突破策略具有彈性，可順可逆，將通道縮窄一點，就可以做順勢；將通道拉寬一點，就可以做逆勢。如果搭配其他指標，就可以寫成其他交易策略。

其實類似於動態階梯突破策略的策略有很多，如著名的海龜交易法則就是一個價格通道突破策略，對於價格通道的定義也有很多種方法，都是根據支撐線和阻力線決定進場做多或做空的。總之，對量化交易而言，不管是什麼策略，只要可以賺錢，就都是好策略。

4.12 Dual Thrust 日內交易策略

Dual Thrust 直譯為「雙重推力」，是 20 世紀 80 年代由 Michael Chalek 開發的一個交易策略，曾經在期貨市場風靡一時。由於該策略思路簡單，參數很少，因此適用於很多金融市場，獲得了廣大交易者的認可並流傳至今。

4.12.1 Dual Thrust 簡介

Dual Thrust 日內交易策略屬於開盤區間突破策略，它以當天開盤價加減一定的範圍來確定上、下軌，當價格突破上軌時做多，當價格突破下軌時做空。與其他突破策略相比，Dual Thrust 日內交易策略有以下兩點不同。

- Dual Thrust 日內交易策略在設定範圍時，引入的是前 N 個交易日的開高低收這 4 個價格，在一定時期內相對穩定，對趨勢追蹤策略來說是比較合理的。

- Dual Thrust 日內交易策略在多頭和空頭的觸發條件上，考慮了非對稱性，可以透過外部參數 Ks 和 Kx，針對多頭和空頭選擇不同的週期，這一點比較符合期貨市場漲緩跌急的特點。當 Ks 小於 Kx 時，多頭相對容易被觸發；當 Ks 大於 Kx 時，空頭相對容易被觸發。這樣的優點是交易者可以根據自己的交易經驗，動態地調整 Ks 和 Kx 的值。

可以根據歷史資料測試的最優參數使用策略。

4.12.2 Dual Thrust 日內交易策略的上、下軌

在 Dual Thrust 日內交易策略中，首先需要定義前 N 根 K 線的震盪區間，然後將震盪區間乘多頭和空頭係數，從而計算出範圍，接著以開盤價加減這個範圍，形成上軌和下軌，最後根據價格與上、下軌的位置關係開平倉。

第 1 步：計算震盪區間。首先需要獲取 4 個價格，即前 N 根 K 線中的最高價（hh）、最高收盤價（hc）、最低價（ll）、最低收盤價（lc）。然後獲取 hh 與 lc 的差、hc 與 ll 的差，最後獲取這兩個差的最大值。計算公式如下：

$$Range = Max(hh-lc, hc-ll)$$

第 2 步：計算範圍。在計算範圍時，需要用到兩個外部參數，分別為多頭係數 Ks 和空頭係數 Kx，交易者可以根據經驗設定它們的值。多頭的範圍是 Rang 與 Ks 的積，空頭的範圍是 Rang 與 Kx 的積。計算公式如下：

$$long\_range = Range * Ks$$

$$short\_range = Range * Kx$$

第 3 步：計算上軌、下軌。在有了多頭範圍和空頭範圍後，就可以根據開盤價計算上軌和下軌的值了，其中上軌的值是開盤價與多頭範圍的和，下軌的值是開盤價與空頭範圍的差。計算公式如下：

$$up\_line = open + long\_rang$$

$$down\_line = open - short\_range$$

4.12.3　策略邏輯

與其他突破策略一樣，Dual Thrust 日內交易策略也是根據價格與上、下軌的相對位置關係進行開平倉的，當價格向上突破上軌時開多單，當價格向下突破下軌時開空單，如圖 4.19 所示。

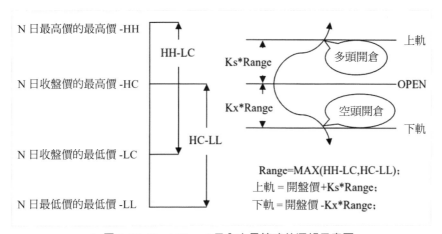

▲ 圖 4.19 Dual Thrust 日內交易策略的邏輯示意圖

- 做多：價格向上突破上軌。
- 做空：價格向下突破下軌。

Dual Thrust 日內交易策略沒有止損、止盈機制，也沒有主動平倉機制。也就是説，當持有多單時，如果價格向下突破下軌，則直接反空為多；當持有空單時，如果價格向上突破上軌，則直接反多為空。

4.12.4 策略撰寫

第 1 步：撰寫策略架構。

還是我們熟悉的策略框架，它包含一個策略入口函數 main() 和一個策略主函數 onTick()，程式如下：

```
# 匯入模組
from fmz import *

# 定義全域變數
mp = 0                      # 用於控制虛擬持倉
last_bar_time = 0           # 用於判斷 K 線時間
up_line = 0                 # 上軌
down_line = 0               # 下軌

# 策略參數
Ks = 3
Kx = 2
Cycle = 5

# 策略主函數
def onTick():
    pass

# 策略入口函數
def main():
    while True:             # 進入無限迴圈模式
        onTick()           # 執行策略主函數
        Sleep(1000)        # 休眠 1 秒
```

第 2 步：定義全域變數。

之所以定義全域變數，是因為在程式重複執行 onTick() 函數時，如果變數定義在 onTick() 函數中，那麼這個變數的值會隨著 onTick() 函數的執行而改變。但有時需要在達到某個條件時才改變這個變數，所以需要將變數寫到 onTick() 函數的外面。

第 3 步：計算上、下軌。

仔細看下面程式中的註釋，首先一次性引入所有全域變數，然後訂閱期貨品種並獲取 K 線串列，接著判斷 K 線串列的狀態是否符合我們的條件，如果沒問題，就從 K 線串列中獲取最新的 K 線資料和最新的收盤價。

有了以上基礎資料，就可以計算上、下軌的值了。首先獲取最高價、最高的收盤價、最低價、最低的收盤價，然後計算範圍，最後根據範圍計算上軌和下軌的值。具體程式如下：

```
global mp, last_bar_time, up_line, down_line        # 引入全域變數
exchange.SetContractType('rb000')                   # 訂閱期貨品種
bar_arr = exchange.GetRecords()                     # 獲取K線串列
# 如果沒有獲取K線資料或K線資料太少，就返回
if not bar_arr or len(bar_arr) < Cycle:
    return
last_bar = bar_arr[len(bar_arr) - 1]                # 最新的K線資料
last_bar_close = last_bar['Close']                  # 最新K線的收盤價
if last_bar_time != last_bar['Time']:               # 如果產生了新的K線
    hh = TA.Highest(bar_arr, Cycle, 'High')         # 最高價
    hc = TA.Highest(bar_arr, Cycle, 'Close')        # 最高的收盤價
    ll = TA.Lowest(bar_arr, Cycle, 'Low')           # 最低價
    lc = TA.Lowest(bar_arr, Cycle, 'Close')         # 最低的收盤價
    Range = max(hh - lc, hc - ll)                   # 計算範圍
    up_line = _N(last_bar['Open'] + Ks * Range)     # 計算上軌
    down_line = _N(last_bar['Open'] - Kx * Range)   # 計算下軌
    last_bar_time = last_bar['Time']                # 更新最後的時間戳記
```

第4步：下單交易。

　　下單交易很簡單，使用 if 敘述判斷當前的持倉狀態，以及價格與上、下軌的位置關係，用於確定開平倉。在下單交易前，需要設定交易方向和類型，即開多、開空、平多、平空。

 在下單後，需要重置虛擬持倉變數的值。

```
if mp == 0 and last_bar_close >= up_line:
    exchange.SetDirection("buy")                    # 設定交易方向和類型
    exchange.Buy(last_bar_close, 10)                # 開多單
    mp = 1                                          # 設定虛擬持倉變數的值，即有多單
if mp == 0 and last_bar_close <= down_line:
    exchange.SetDirection("sell")                   # 設定交易方向和類型
    exchange.Sell(last_bar_close - 1, 10)           # 開空單
    mp = -1                                         # 設定虛擬持倉變數的值，即有空單
if mp == 1 and last_bar_close <= down_line:
    exchange.SetDirection("closebuy")               # 設定交易方向和類型
    exchange.Sell(last_bar_close - 1, 10)           # 平多單
    mp = 0                                          # 設定虛擬持倉變數的值，即空倉
```

```
if mp == -1 and last_bar_close >= up_line:
    exchange.SetDirection("closesell")      # 設定交易方向和類型
    exchange.Buy(last_bar_close, 10)        # 平空單
    mp = 0                                  # 設定虛擬持倉變數的值，即空倉
```

4.12.5 策略回測

在下面的回測設定程式中，時間跨度為 2019 年 1 月 1 日至 2021 年 1 月 1 日，資料週期和底層資料週期均為 1 小時，初始資金為 1 萬元，滑點為開平倉各 2 跳。

```
'''backtest
start: 2019-01-01 00:00:00
end: 2021-01-01 00:00:00
period: 1h
basePeriod: 1h
balance: 10000
slipPoint: 2
exchanges: [{"eid":"Futures_CTP","currency":"FUTURES"}]
'''
```

該策略在回測後，呼叫 SDK 中的 Show() 函數，輸出螺紋鋼（rb）2 年資料的回測圖表，如圖 4.20 所示。根據圖 4.20 可知，該策略的回測資金曲線整體向上。

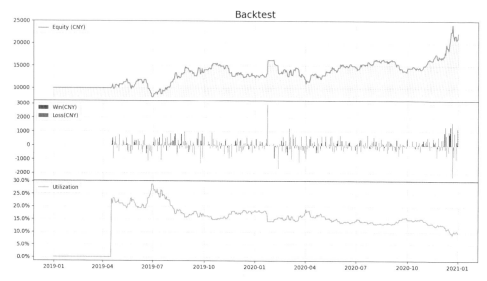

▲ 圖 4.20 Dual Thrust 日內交易策略的回測圖表

4.12.6　完整的策略程式

　　完整的策略程式和註釋如下。可以進入該策略主頁面（方法見前言中的提示），完整複製該策略程式（包括預設參數），並且進行線上回測。

```python
# 回測設定
'''backtest
start: 2019-01-01 00:00:00
end: 2021-01-01 00:00:00
period: 1h
basePeriod: 1h
balance: 10000
slipPoint: 2
exchanges: [{"eid":"Futures_CTP","currency":"FUTURES"}]
'''

# 匯入模組
from fmz import *

# 定義全域變數
mp = 0                                    # 用於控制虛擬持倉
last_bar_time = 0                         # 用於判斷 K 線時間
up_line = 0                               # 上軌
down_line = 0                             # 下軌

# 策略參數
Ks = 3
Kx = 2
Cycle = 5

# 策略主函數
def onTick():
    global mp, last_bar_time, up_line, down_line   # 引入全域變數
    exchange.SetContractType('rb000')              # 訂閱期貨品種
    bar_arr = exchange.GetRecords()                # 獲取 K 線串列
    # 如果沒有獲取 K 線資料或 K 線資料太少，就返回
    if not bar_arr or len(bar_arr) < 5:
        return
    last_bar = bar_arr[len(bar_arr) - 1]           # 最新的 K 線資料
    last_bar_close = last_bar['Close']             # 最新 K 線的收盤價
    if last_bar_time != last_bar['Time']:          # 如果產生了新的 K 線
        hh = TA.Highest(bar_arr, Cycle, 'High')    # 最高價
        hc = TA.Highest(bar_arr, Cycle, 'Close')   # 最高的收盤價
        ll = TA.Lowest(bar_arr, Cycle, 'Low')      # 最低價
        lc = TA.Lowest(bar_arr, Cycle, 'Close')    # 最低的收盤價
        Range = max(hh - lc, hc - ll)              # 計算範圍
```

```
        up_line = _N(last_bar['Open'] + 3 * Range)     # 計算上軌
        down_line = _N(last_bar['Open'] - 2 * Range)   # 計算下軌
        last_bar_time = last_bar['Time']        # 更新最後的時間戳記
    if mp == 0 and last_bar_close >= up_line:
        exchange.SetDirection("buy")            # 設定交易方向和類型
        exchange.Buy(last_bar_close, 1)         # 開多單
        mp = 1                                  # 設定虛擬持倉變數的值，即有多單
    if mp == 0 and last_bar_close <= down_line:
        exchange.SetDirection("sell")           # 設定交易方向和類型
        exchange.Sell(last_bar_close - 1, 1)    # 開空單
        mp = -1                                 # 設定虛擬持倉變數的值，即有空單
    if mp == 1 and last_bar_close <= down_line:
        exchange.SetDirection("closebuy")       # 設定交易方向和類型
        exchange.Sell(last_bar_close - 1, 1)    # 平多單
        mp = 0                                  # 設定虛擬持倉變數的值，即空倉
    if mp == -1 and last_bar_close >= up_line:
        exchange.SetDirection("closesell")      # 設定交易方向和類型
        exchange.Buy(last_bar_close, 1)         # 平空單
        mp = 0                                  # 設定虛擬持倉變數的值，即空倉

# 策略入口函數
def main():
    while True:                                 # 進入無限迴圈模式
        onTick()                                # 執行策略主函數
        Sleep(1000)                             # 休眠 1 秒

# 回測結果
task = VCtx(__doc__)                            # 呼叫 VCtx() 函數
try:
    main()                                      # 呼叫策略入口函數
except:
    task.Show()                                 # 回測結束，輸出圖表
```

注意

　　盡可能折中設定外部參數 Ks 和 Kx 的值。如果值太小，那麼雖然可能會及時追蹤到趨勢，但會有很多虛假的突破訊號；如果值太大，那麼可能會錯過趨勢開始的部分，或者剛入場不久趨勢就結束了。

4.13 經典恒溫器策略

趨勢行情不會永遠持續下去，事實上市場大部分時間都處於震盪行情，所以才會有人希望能得到一種交易策略，既適用於趨勢行情，又適用於震盪行情。本節我們就建構一個趨勢行情和震盪行情通用的經典恒溫器策略。

4.13.1 策略簡介

提到恒溫器，有人可能會想到汽車引擎與水箱之間的恒溫器。當引擎溫度較低時，恒溫器處於關閉狀態，此時引擎和水箱中的水是不相通的，直到引擎溫度升高，達到最佳機油潤滑效果；當引擎溫度升高到一定設定值時，恒溫器處於開啟狀態，此時引擎和水箱中的水形成迴圈，並且流經風扇開啟降溫模式，直到達到引擎的最佳工作溫度。

恒溫器策略的原理與恒溫器的原理類似，並且沿用了這個名字，它使用市場波動指數作為設定值，將市場分為趨勢行情和震盪行情，可以自動對這兩種行情使用對應的交易邏輯，有效解決了趨勢策略在震盪行情中的不適應問題。

4.13.2 市場波動指數

如何將市場劃分為趨勢行情和震盪行情，是恒溫器策略的關鍵。恒溫器策略引入了市場波動指數（Choppy Market Index，CMI），它是一個用於判斷市場走勢類型的技術指標，透過計算當前收盤價與 N 週期前收盤價的差與這段時間內價格波動的範圍比值，判斷目前的價格走勢是趨勢還是震盪。

CMI 的計算公式如下：

$$CMI = \frac{abs(close - ref(close,(n-1))) \times 100}{HHV(high,n) - LLV(low,n)}$$

其中，abs() 函數主要用於計算絕對值，n 表示週期數。

4.13.3 策略邏輯

在一般情況下，CMI 的取值範圍為 0 ～ 100，值越大，趨勢越強。當 CMI 的值小於 20 時，恒溫器策略認為市場處於震盪行情；當 CMI 的值大於或等於 20 時，恒溫器策略認為市場處於趨勢行情。

恒溫器策略邏輯可以簡化如下：

- 如果 CMI < 20，則執行震盪策略。
- 如果 CMI ≥ 20，則執行趨勢策略。

恒溫器策略框架就是這麼簡單，之後會將震盪策略的內容和趨勢策略的內容填充到這個框架中。

4.13.4 策略撰寫

根據上面的策略邏輯，打開發明者量化交易平台，然後依次點擊「控制中心」>「策略庫」>「新建策略」按鈕，然後在左上角的語言下拉串列中選擇 Python 選項，開始撰寫策略，注意程式中的註釋。

第 1 步：匯入 SDK，撰寫策略框架。

前面已經介紹過，策略框架包含兩個函數，一個是 onTick() 函數，另一個是 main() 函數，在 main() 函數中無限迴圈執行 onTick() 函數，程式如下：

```python
# 匯入模組
from fmz import *

# 策略主函數
def onTick():
    pass

# 策略入口函數
def main():
    while True:        # 進入無限迴圈模式
        onTick()       # 執行策略主函數
        Sleep(1000)    # 休眠 1 秒
```

第 2 步：定義虛擬持倉變數，程式如下：

```
mp = 0                          # 定義一個全域變數，用於控制虛擬持倉
```

虛擬持倉變數主要用於控制策略倉位，在策略運行之初，預設是空倉（mp=0）；在開多單後，將虛擬持倉變數的值重置為 1（mp=1）；在開空單後，將虛擬持倉變數的值重置為 -1（mp=-1）；在平多單或空單後，將虛擬持倉變數的值重置為 0（mp=0）。

注意

在判斷建構邏輯獲取倉位時，只需判斷 mp 的值。虛擬持倉的特點是撰寫簡單，策略更新快速，一般用於回測環境中，假設每一筆訂單都完全成交。但在實際交易中，常用的還是真實持倉。

第 3 步：獲取基礎資料，程式如下：

```
exchange.SetContractType("rb000")          # 訂閱期貨品種
bar_arr = exchange.GetRecords()            # 獲取 K 線串列
if len(bar_arr) < 100:                     # 如果 K 線數量少於 100 根
    return                                 # 直接返回
close0 = bar_arr[-1]['Close']              # 獲取最新價格（賣價），用於開平倉
bar_arr.pop() # 刪除 K 線串列中的最後一個元素，如果開平倉條件成立，那麼在下根 K 線開始交易
```

首先使用 FMZ API 中的 SetContractType() 函數訂閱期貨品種；然後使用 GetRecords() 函數獲取 K 線串列，因為 K 線數量太少會導致無法計算一些資料，所以設定如果 K 線數量少於 100 根，就直接返回，等待下一次新資料。接著從 K 線串列中獲取最新的賣一價，主要用於在使用開平倉函數時傳入價格參數。最後因為我們的策略採用如果當前 K 線開平倉條件成立，就在下根 K 線交易的模式，所以需要刪除 K 線串列中的最後一個元素。

因為策略回測是根據歷史價格計算各種收益績效的，歷史價格是一種固定的資料，不可能跟實盤交易完全一樣，所以這樣做有以下兩個優點。

- 可以使回測績效更接近於實盤績效。
- 可以避免未來函數和偷價等常見的策略邏輯錯誤。

計算市場波動指數，程式如下：

```
# 計算市場波動指數，用於區分震盪市場與趨勢市場
close1 = bar_arr[-1]['Close']                           # 最新收盤價
close30 = bar_arr[-30]['Close']                         # 前 30 根 K 線的收盤價
hh30 = TA.Highest(bar_arr, 30, 'High')                  # 最近 30 根 K 線的最高價
ll30 = TA.Lowest(bar_arr, 30, 'Low')                    # 最近 30 根 K 線的最低價
cmi = abs((close1 - close30) / (hh30 - ll30)) * 100     # 計算市場波動指數
```

根據 CMI 的計算公式可知，我們需要 4 個資料，分別是最新收盤價、前 30 根 K 線的收盤價、最近 30 根 K 線的最高價、最近 30 根 K 線的最低價。前兩個資料可以直接從 K 線串列中獲取。後兩個資料需要呼叫 FMZ API 內建的 talib 指標庫中的 TA.Highest() 函數和 TA.Lowest() 函數獲取，這兩個函數需要傳入 3 個參數，分別是 K 線串列、週期、屬性。當前收盤價與前 30 根 K 線的收盤價的差與這段時間內價格波動的範圍的比值就是 CMI 的值。

定義宜賣市和宜買市，程式如下：

```
# 在震盪市場中，如果收盤價高於關鍵價格，則為宜賣市，否則為宜買市
high1 = bar_arr[-1]['High']                 # 最新最高價
low1 = bar_arr[-1]['Low']                   # 最新最低價
kod = (close1 + high1 + low1) / 3           # 計算關鍵價格
if close1 > kod:
    be = 1
    se = 0
else:
    be = 0
    se = 1
```

在震盪市場中，通常存在一種現象：如果今天價格上漲，那麼明天價格下跌的機率更大；如果今天價格下跌，那麼明天價格上漲的機率更大。這就是震盪市場的特性。因此，首先定義一個關鍵價格（最高價 + 最低價 + 收盤價的平均值），這些資料都可以在 K 線串列中直接獲取。如果當前價格高於關鍵價格，那麼明天應該震盪看空；如果當前價格低於關鍵價格，那麼明天應該震盪看多。

計算震盪行情的進出場價格，程式如下：

```
# 計算 10 根 K 線的 ATR 指標
atr10 = TA.ATR(bar_arr, 10)[-1]

# 定義最高價與最低價的 3 日均線
high2 = bar_arr[-2]['High']          # 倒數第 2 根 K 線的最高價
high3 = bar_arr[-3]['High']          # 倒數第 3 根 K 線的最高價
low2 = bar_arr[-2]['Low']            # 倒數第 2 根 K 線的最低價
low3 = bar_arr[-3]['Low']            # 倒數第 3 根 K 線的最低價
avg3high = (high1 + high2 + high3) / 3    # 計算最近 3 根 K 線最高價的均值
avg3low = (low1 + low2 + low3) / 3        # 計算最近 3 根 K 線最低價的均值

# 計算震盪行情的進場價格
open1 = bar_arr[-1]['Open']          # 最新開盤價
if close1 > kod:                     # 如果收盤價高於關鍵價格
    lep = open1 + atr10 * 3
    sep = open1 - atr10 * 2
else:
    lep = open1 + atr10 * 2
    sep = open1 - atr10 * 3
lep1 = max(lep, avg3high)            # 計算震盪行情的多頭進場價格
sep1 = min(sep, avg3low)             # 計算震盪行情的空頭進場價格
```

首先計算 10 根 K 線的 ATR 指標，直接呼叫 FMZ API 內建 talib 函數庫中的 TA.ATR() 函數即可。為了防止假突破導致策略來回止損，加入了一個最高價與最低價 3 日均線濾網，分別從 K 線串列中獲取最近 3 根 K 線的值，計算其均值即可。

在獲得上述資料後，就可以計算震盪行情中的進出場價格了，其原理是以開盤價為中心，上下加減最近 10 根 K 線的真實波動幅度，形成一個開多和開空的價格通道。為了使策略更加符合市場走勢，在做多和做空時分別設定了不同的空間。

注意 在震盪行情中看多，只代表價格上漲的機率更大一些，並不代表價格一定會上漲。所以將做多的設定值設定得低一點，將做空的設定值設定得高一點。同理，在震盪行情中看空，只代表價格下跌的機率更大一些，並不代表價格一定會下跌。所以將做空的設定值設定得低一點，將做多的設定值設定得高一點。

計算趨勢行情的進場價格，程式如下：

```
# 計算趨勢行情的進場價格
boll = TA.BOLL(bar_arr, 50, 2)          # 呼叫指標函數 BOLL()
up_line = boll[0][-1]                    # 獲取上軌
mid_line = boll[1][-1]                   # 獲取中軌
down_line = boll[2][-1]                  # 獲取下軌
```

在處理趨勢行情的進、出場價格時，沿用了布林帶策略，當價格向上突破布林帶上軌時多頭開倉，當價格向下突破布林帶下軌時空頭開倉，根據當前價格與布林中軌的位置關係判斷平倉方式。

第 4 步：下單交易。

在下單交易前，首先使用 global 關鍵字引入全域變數 mp，在本策略中主要透過 cmi 的值判斷市場是處於震盪行情還是處於趨勢行情，如果 cmi 的值小於 20，則撰寫震盪行情的開平倉邏輯，否則撰寫趨勢行情的開平倉邏輯，程式如下：

```
global mp                                        # 引入全域變數
if cmi < 20:                                     # 如果是震盪行情
    if mp == 0 and close1 >= lep1 and se:
        exchange.SetDirection("buy")             # 設定交易方向和類型
        exchange.Buy(close0, 1)                  # 開多單
        mp = 1                                   # 設定虛擬持倉變數的值，即有多單
    if mp == 0 and close1 <= sep1 and be:
        exchange.SetDirection("sell")            # 設定交易方向和類型
        exchange.Sell(close0 - 1, 1)             # 開空單
        mp = -1                                  # 設定虛擬持倉變數的值，即有空單
    if mp == 1 and (close1 >= avg3high or be):
        exchange.SetDirection("closebuy")        # 設定交易方向和類型
        exchange.Sell(close0 - 1, 1)             # 平多單
        mp = 0                                   # 設定虛擬持倉變數的值，即空倉
    if mp == -1 and (close1 <= avg3low or se):
        exchange.SetDirection("closesell")       # 設定交易方向和類型
        exchange.Buy(close0, 1)                  # 平空單
        mp = 0                                   # 設定虛擬持倉變數的值，即空倉
else:                                            # 如果是趨勢行情
    if mp == 0 and close1 >= up_line:
        exchange.SetDirection("buy")             # 設定交易方向和類型
        exchange.Buy(close0, 1)                  # 開多單
        mp = 1                                   # 設定虛擬持倉變數的值，即有多單
    if mp == 0 and close1 <= down_line:
```

```
    exchange.SetDirection("sell")          # 設定交易方向和類型
    exchange.Sell(close0 - 1, 1)           # 開空單
    mp = -1                                # 設定虛擬持倉變數的值，即有空單
if mp == 1 and close1 <= mid_line:
    exchange.SetDirection("closebuy")      # 設定交易方向和類型
    exchange.Sell(close0 - 1, 1)           # 平多單
    mp = 0                                 # 設定虛擬持倉變數的值，即空倉
if mp == -1 and close1 >= mid_line:
    exchange.SetDirection("closesell")     # 設定交易方向和類型
    exchange.Buy(close0, 1)                # 平空單
    mp = 0                                 # 設定虛擬持倉變數的值，即空倉
```

4.13.5 策略回測

在下面的回測設定程式中，時間跨度為 2016 年 10 月 1 日至 2019 年 1 月 1 日，資料週期和底層資料週期均為 1 小時，初始資金為 1 萬元，滑點為開平倉各 2 跳。

```
'''backtest
start: 2016-10-01 00:00:00
end: 2019-01-01 00:00:00
period: 1h
basePeriod: 1h
balance: 10000
slipPoint: 2
exchanges: [{"eid":"Futures_CTP","currency":"FUTURES"}]
'''
```

為了使回測結果儘量接近實盤交易，這裡把手續費設定為交易所的 2 倍，開倉和平倉各加 2 跳的滑點，回測的資料品種為螺紋鋼指數，交易品種為螺紋鋼主力連續，固定 1 手開倉，1 小時等級的初步回測圖表如圖 4.21 所示。

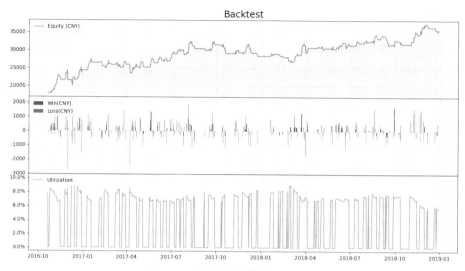

▲ 圖 4.21 經典恒溫器策略的回測圖表

4.13.6 完整的策略程式

　　從資金曲線和資料來看，該策略表現良好，在螺紋鋼品種回測中，除了 2017 年下半年有較大回撤外，整體資金曲線是穩步向上的。恒溫器策略的自動調節交易方式，為大家應對震盪行情提供了一定的思路。你也可以根據自己的理解適當修改，做進一步的深入研究。該策略的完整程式如下：

```
# 回測設定
'''backtest
start: 2016-10-01 00:00:00
end: 2019-01-01 00:00:00
period: 1h
basePeriod: 1h
balance: 10000
slipPoint: 2
exchanges: [{"eid":"Futures_CTP","currency":"FUTURES"}]
'''

# 匯入模組
from fmz import *

mp = 0                              # 定義一個全域變數，用於控制虛擬持倉
# 策略主函數
```

```
def onTick():
    exchange.SetContractType("rb000")          # 訂閱期貨品種
    bar_arr = exchange.GetRecords()            # 獲取 K 線串列
    if len(bar_arr) < 100:                     # 如果 K 線數量少於 100 根
        return                                 # 直接返回
    close0 = bar_arr[-1]['Close']              # 獲取最新價格（賣價），用於開平倉
    bar_arr.pop()                              # 刪除 K 線串列中的最後一個元素
    # 計算市場波動指數，用於區分震盪市場與趨勢市場
    close1 = bar_arr[-1]['Close']              # 最新收盤價
    close30 = bar_arr[-30]['Close']            # 前 30 根 K 線的收盤價
    hh30 = TA.Highest(bar_arr, 30, 'High')     # 最近 30 根 K 線的最高價
    ll30 = TA.Lowest(bar_arr, 30, 'Low')       # 最近 30 根 K 線的最低價
    cmi = abs((close1 - close30) / (hh30 - ll30)) * 100    # 計算市場波動指數
    # 在震盪市中，如果收盤價高於關鍵價格，則為宜賣市，否則為宜買市
    high1 = bar_arr[-1]['High']                # 最新最高價
    low1 = bar_arr[-1]['Low']                  # 最新最低價
    kod = (close1 + high1 + low1) / 3          # 計算關鍵價格
    if close1 > kod:
        be = 1
        se = 0
    else:
        be = 0
        se = 1
    # 計算 10 根 K 線 ATR 指標
    atr10 = TA.ATR(bar_arr, 10)[-1]
    # 定義最高價與最低價 3 日均線
    high2 = bar_arr[-2]['High']                # 倒數第 2 根 K 線最高價
    high3 = bar_arr[-3]['High']                # 倒數第 3 根 K 線最高價
    low2 = bar_arr[-2]['Low']                  # 倒數第 2 根 K 線最低價
    low3 = bar_arr[-3]['Low']                  # 倒數第 3 根 K 線最低價
    avg3high = (high1 + high2 + high3) / 3     # 計算最近 3 根 K 線最高價的均值
    avg3low = (low1 + low2 + low3) / 3         # 計算最近 3 根 K 線最低價的均值
    # 計算震盪行情的進場價格
    open1 = bar_arr[-1]['Open']                # 最新開盤價
    if close1 > kod:                           # 如果收盤價高於關鍵價格
        lep = open1 + atr10 * 3
        sep = open1 - atr10 * 2
    else:
        lep = open1 + atr10 * 2
        sep = open1 - atr10 * 3
    lep1 = max(lep, avg3high)                  # 計算震盪行情的多頭進場價格
    sep1 = min(sep, avg3low)                   # 計算震盪行情的空頭進場價格
    # 計算趨勢行情的進場價格
    boll = TA.BOLL(bar_arr, 50, 2)
    up_line = boll[0][-1]
    mid_line = boll[1][-1]
    down_line = boll[2][-1]
    global mp                                  # 引入全域變數
```

```python
        if cmi < 20:                                      # 如果是震盪行情
            if mp == 0 and close1 >= lep1 and se:
                exchange.SetDirection("buy")              # 設定交易方向和類型
                exchange.Buy(close0, 1)                   # 開多單
                mp = 1                                    # 設定虛擬持倉變數的值，即有多單
            if mp == 0 and close1 <= sep1 and be:
                exchange.SetDirection("sell")             # 設定交易方向和類型
                exchange.Sell(close0 - 1, 1)              # 開空單
                mp = -1                                   # 設定虛擬持倉變數的值，即有空單
            if mp == 1 and (close1 >= avg3high or be):
                exchange.SetDirection("closebuy")# 設定交易方向和類型
                exchange.Sell(close0 - 1, 1)              # 平多單
                mp = 0                                    # 設定虛擬持倉變數的值，即空倉
            if mp == -1 and (close1 <= avg3low or se):
                exchange.SetDirection("closesell") # 設定交易方向和類型
                exchange.Buy(close0, 1)                   # 平空單
                mp = 0                                    # 設定虛擬持倉變數的值，即空倉
        else:                                             # 如果是趨勢行情
            if mp == 0 and close1 >= up_line:
                exchange.SetDirection("buy")              # 設定交易方向和類型
                exchange.Buy(close0, 1)                   # 開多單
                mp = 1                                    # 設定虛擬持倉變數的值，即有多單
            if mp == 0 and close1 <= down_line:
                exchange.SetDirection("sell")             # 設定交易方向和類型
                exchange.Sell(close0 - 1, 1)              # 開空單
                mp = -1                                   # 設定虛擬持倉變數的值，即有空單
            if mp == 1 and close1 <= mid_line:
                exchange.SetDirection("closebuy")# 設定交易方向和類型
                exchange.Sell(close0 - 1, 1)              # 平多單
                mp = 0                                    # 設定虛擬持倉變數的值，即空倉
            if mp == -1 and close1 >= mid_line:
                exchange.SetDirection("closesell") # 設定交易方向和類型
                exchange.Buy(close0, 1)                   # 平空單
                mp = 0                                    # 設定虛擬持倉變數的值，即空倉

# 策略入口函數
def main():
    while True:                                           # 進入無限迴圈模式
        onTick()                                          # 執行策略主函數
        Sleep(1000)                                       # 休眠 1 秒

# 回測結果
task = VCtx(__doc__)                                      # 呼叫 VCtx() 函數
try:
    main()                                                # 呼叫策略入口函數
except:
    task.Show()                                           # 回測結束，輸出圖表
```

4.14 R-breaker 策略

　　R-breaker 策略是一個交易頻率比較高的日內交易策略，曾連續 15 年躋身 *Future Trust* 雜誌，成為年度最賺錢的十大策略之一，現在仍然活躍在國內外交易市場。該策略的特點是結合了順勢和逆勢兩種交易方法，因此交易機會相對較多，比較適合週期為 1 ～ 15 分鐘的 K 線資料。

4.14.1 策略原理

　　R-breaker 策略是一個純粹的支撐和阻力策略，它根據前一個交易日的收盤價、最高價、最低價，使用一定的演算法，計算出 3 條支撐線和 3 條阻力線，分別表示突破買入價、觀察賣出價、反轉賣出價、反轉買入價、觀察買入價、突破賣出價。

　　支撐線和阻力線是常用的技術分析工具。支撐線是價格下方的某個區域，市場在這個區域消化空頭價格止跌，多頭力量開始在此處聚集；阻力線是價格上方的某個區域，市場在這個區域消化多頭，空頭力量開始在此處聚集。支撐線和阻力線經常互相轉換，在價格向下跌破支撐線後，原有的支撐線可能會轉換為阻力線；在價格向上突破阻力線後，原有的阻力線可能會轉換為支撐線。R-breaker 策略以此形成當日的盤中交易觸發條件，像作戰地圖一樣為交易者指明方向。

4.14.2 計算方法

　　簡單地說，R-Breaker 策略就是一個支撐和阻力策略，它根據昨日的最高價、最低價和收盤價，計算出 7 個價格：1 個中心價（pivot）、3 個支撐線（s1、s2、s3）、3 個阻力線（r1、r2、r3）。然後根據當前價格與這些支撐線和阻力線的位置關係，形成交易的觸發條件，並且透過一定的演算法，調節這 7 個價格之間的距離，進一步改變交易的觸發值。

- 突破買入價（阻力線 r3）= 昨日最高價 + 2 ×（中心價 - 昨日最低價）
- 觀察賣出價（阻力線 r2）= 中心價 +（昨日最高價 - 昨日最低價）

- 反轉賣出價（阻力線 r1）＝ 2 × 中心價 - 昨日最低價
- 中心價（pivot）＝ (昨日最高價 + 昨日收盤價 + 昨日最低價)/ 3
- 反轉買入價（支撐線 s1）＝ 2 × 中心價 - 昨日最高價
- 觀察買入價（支撐線 s2）＝ 中心價 - (昨日最高價 - 昨日最低價)
- 突破賣出價（支撐線 s3）＝ 昨日最低價 - 2 × (昨日最高價 - 中心價)

由此可知，R-Breaker 策略會根據昨天的價格繪製一個類似網格的價格線，並且每天更新一次這些價格線。在技術分析中，支撐線和阻力線可以互相轉換。當價格成功向上突破阻力線時，阻力線會轉換為支撐線；當價格成功向下突破支撐線時，支撐線會轉換為阻力線。

在實際交易中，支撐線和阻力線為交易者指出了開平倉方向和精確的交易點位等。對於具體的開平倉條件，交易者可以根據盤中價格、中心價、阻力線、支撐線靈活設定，也可以根據這些網格價格線進行加減倉的頭寸管理。

4.14.3 策略邏輯

根據交易規則，R-breaker 策略可以分為兩種，分別為趨勢策略和反轉策略。

在空倉的情況下，如果盤中價格超過突破買入價，則採取趨勢策略，即在該點位開倉做多；如果盤中價格跌破突破賣出價，則採取趨勢策略，即在該點位開倉做空。

如果持多單，那麼在日內最高價高於觀察賣出價後，盤中價格出現回落，當日內最高價進一步跌破反轉賣出價組成的支撐線時，採取反轉策略，即在該點位反手做空；如果持空單，那麼在日內最低價低於觀察買入價後，盤中價格出現反彈，當日內最低價進一步超過反轉買入價組成的阻力線時，採取反轉策略，即在該點位反手做多。

趨勢策略：

- 如果當前無持倉，並且盤中價格超過突破買入價，則多頭開倉。

- 如果當前無持倉，並且盤中價格跌破突破賣出價，則空頭開倉。

反轉策略：

- 如果當日最高價高於觀察賣出價，並且價格向下跌破反轉賣出價，則空頭開倉或多單眼手。
- 如果當日最低價低於觀察買入價，並且價格向上突破反轉買入價，則多頭開倉或空單眼手。

　　將趨勢策略和反轉策略相結合，更有利於把握日內的投資機會。R-Breaker 策略在日內無明顯的漲跌趨勢時拒絕開倉，可以過濾掉大部分小幅盤整和震盪，能較早地捕捉市場中突然出現的機會，並且在機會喪失殆盡前及時撤走。

4.14.4　策略撰寫

　　第 1 步：匯入 SDK，撰寫策略框架。

　　在量化交易中，程式是不斷獲取資料、處理資料、下單交易的迴圈過程，所以我們繼續使用之前講過的 main() 函數和 onTick() 函數，並且在 main() 函數中無限迴圈執行 onTick() 函數，具體程式如下：

```python
# 匯入模組
from fmz import *

# 策略主函數
def onTick():
    pass

# 策略入口函數
def main():
    while True:        # 進入無限迴圈模式
        onTick()       # 執行策略主函數
        Sleep(1000)    # 休眠 1 秒
```

　　第 2 步：獲取資料，程式如下：

```python
exchange.SetContractType('rb000')            # 訂閱期貨品種
bars_arr =exchange.GetRecords(PERIOD_D1)     # 獲取日 K 線串列
```

```
if len(bars_arr) < 2:
# 如果K線數量少於2根
    return
yesterday_open = bars_arr[-2]['Open']                # 昨日開盤價
yesterday_high = bars_arr[-2]['High']                # 昨日最高價


yesterday_low = bars_arr[-2]['Low']                  # 昨日最低價
yesterday_close = bars_arr[-2]['Close']              # 昨日收盤價
```

首先使用 SetContractType() 函數訂閱期貨品種。例如，MA000 表示以甲醇指數為資料，以甲醇主力合約下單；MA888 表示以甲醇主力連續為資料，以甲醇主力合約下單。當然也可以指定具體交易合約程式，如 MA105。

接著使用 GetRecords() 函數獲取 K 線資料，該函數返回的是一維串列。在使用這個函數時，可以傳入一個參數，用於指定要獲取的 K 線資料，如傳入「PERIOD_D1」表示獲取日線等級的 K 線資料。

最後使用變數接收昨日的開高低收價格。

第 3 步：計算阻力線與支撐線，程式如下：

```
pivot = (yesterday_high + yesterday_close + yesterday_low)/3  # 中心價
r1 = 2 * pivot - yesterday_low                       # 阻力線 r1
r2 = pivot + (yesterday_high - yesterday_low)        # 阻力線 r2
r3 = yesterday_high + 2 * (pivot - yesterday_low)    # 阻力線 r3
s1 = 2 * pivot - yesterday_high                      # 支撐線 s1
s2 = pivot - (yesterday_high - yesterday_low)        # 支撐線 s2
s3 = yesterday_low - 2 * (yesterday_high - pivot)    # 支撐線 s3
today_high = bars_arr[-1]['High']                    # 今日最高價
today_low = bars_arr[-1]['Low']                      # 今日最低價
current_price = _C(exchange.GetTicker).Last          # 當前最新價格
```

根據上面定義的計算方法，首先計算中心價，然後分別計算 3 個阻力線和支撐線。需要注意的是，Python 中的四則運算與數學中的四則運算一樣，先乘、除，後加、減，在必要時需要加上括號。最後從 K 線串列中獲取今日最高價、今日最低價及當前最新價格。

第 4 步：獲取持倉量，程式如下：

```
position_arr = _C(exchange.GetPosition)              # 獲取持倉串列
if len(position_arr) > 0:                            # 如果持倉串列長度值大於 0
```

```
        for i in position_arr:
            if i['ContractType'][:2] == 'rb':        # 如果持倉品種等於訂閱品種
                if i['Type'] % 2 == 0:               # 如果是多單
                    position = i['Amount']           # 將持倉數量給予值為正數
                else:
                    position = -i['Amount']          # 將持倉數量給予值為負數
                profit = i['Profit']                 # 獲取持倉盈虧狀態
else:
    position = 0                                     # 將持倉數量給予值為 0
    profit = 0                                       # 將持倉盈虧狀態給予值為 0
```

使用 GetPosition() 函數可以獲取當前帳戶的所有持倉資料，返回的是一個串列，保險起見可以在外面套一個 _C() 重試函數，以防出錯。如果當前的持倉串列長度值大於 0，則表示有持倉資料；透過遍歷該串列，獲取持倉資料中的 Amount 欄位的值，即持倉數量，並且根據 Type 判斷是持有多單，還是持有空單。

第 5 步：下單交易，程式如下：

```
if position == 0:                                      # 如果無持倉資料
    if current_price > r3:                             # 如果當前價格高於阻力線 r3
        exchange.SetDirection("buy")                  # 設定交易方向和類型
        exchange.Buy(current_price + 1, 1)            # 開多單
    if current_price < s3:                            # 如果當前價格低於支撐線 s3
        exchange.SetDirection("sell")                 # 設定交易方向和類型
        exchange.Sell(current_price - 1, 1)           # 開空單
if position > 0:                                       # 如果持有多單
    # 如果今日最高價高於阻力線 r2，並且當前價格低於阻力線 r1
    if today_high > r2 and current_price < r1 or current_price < s3:
        exchange.SetDirection("closebuy")             # 設定交易方向和類型
        exchange.Sell(current_price - 1, 1)           # 平多單
        exchange.SetDirection("sell")                 # 設定交易方向和類型
        exchange.Sell(current_price - 1, 1)           # 反手開空單
if position < 0:                                       # 如果持有空單
    # 如果今日最低價低於支撐線 s2，並且當前價格高於支撐線 s1
    if today_low < s2 and current_price > s1 or current_price > r3:
        exchange.SetDirection("closesell")            # 設定交易方向和類型
        exchange.Buy(current_price + 1, 1)            # 平空單
        exchange.SetDirection("buy")                  # 設定交易方向和類型
        exchange.Buy(current_price + 1, 1)            # 反手開多單
```

在交易之前，首先判斷當前的持倉狀態，然後根據當前價格與支撐線、阻力線的位置關係判斷交易方向和類型，並且使用 SetDirection() 函數設定交易方向和類型，最後使用 Buy() 函數或 Sell() 函數下單。

> **注意**
> 在下單之前,先設定交易方向和類型。

4.14.5 策略回測

在下面的回測設定程式中,時間跨度為 2020 年 1 月 1 日至 2021 年 1 月 1 日,資料週期和底層資料週期均為 1 小時,初始資金為 10 萬元,滑點為開平倉各 2 跳。

```
'''backtest
start: 2020-01-01 00:00:00
end: 2021-01-01 00:00:00
period: 1h
basePeriod: 1h
slipPoint: 2
exchanges: [{"eid":"Futures_CTP","currency":"FUTURES","balance":100000}]
'''
```

該策略在回測後,呼叫 SDK 中的 Show() 函數,輸出焦炭主力連續 1 年資料的回測圖表。如圖 4.22 所示。

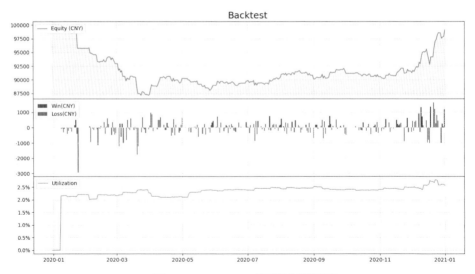

▲ 圖 4.22　R-breaker 策略的回測圖表

根據圖 4.22 可知，該策略的帳戶權益從一開始就開始回撤，直到 2020 年 5 月份才有所好轉，尤其在 2020 年底配合行情轉虧為盈。

4.14.6 完整的策略程式

完整的策略程式和註釋如下。可以進入該策略主頁面（方法見前言中的提示），完整複製該策略程式（包括預設參數），並且進行線上回測。

```python
# 回測設定
'''backtest
start: 2020-01-01 00:00:00
end: 2021-01-01 00:00:00
period: 1h
basePeriod: 1h
slipPoint: 2
exchanges: [{"eid":"Futures_CTP","currency":"FUTURES","balance":100000}]
'''

# 匯入模組
from fmz import *

# 策略主函數
def onTick():
    # 獲取資料
    exchange.SetContractType('rb000')                        # 訂閱期貨品種
    bars_arr =exchange.GetRecords(PERIOD_D1)                 # 獲取日 K 線串列
    if len(bars_arr) < 2:                                    # 如果 K 線數量少於 2 根
        return
    yesterday_open = bars_arr[-2]['Open']                    # 昨日開盤價
    yesterday_high = bars_arr[-2]['High']                    # 昨日最高價
    yesterday_low = bars_arr[-2]['Low']                      # 昨日最低價
    yesterday_close = bars_arr[-2]['Close']                  # 昨日收盤價
    # 計算
    pivot = (yesterday_high+yesterday_close+yesterday_low) / 3 # 中心價
    r1 = 2 * pivot - yesterday_low                           # 阻力線 r1
    r2 = pivot + (yesterday_high - yesterday_low)            # 阻力線 r2
    r3 = yesterday_high + 2 * (pivot - yesterday_low         # 阻力線 r3
    s1 = 2 * pivot - yesterday_high                          # 支撐線 s1
    s2 = pivot - (yesterday_high - yesterday_low)            # 支撐線 s2
    s3 = yesterday_low - 2 * (yesterday_high - pivot)        # 支撐線 s3
    today_high = bars_arr[-1]['High']                        # 今日最高價
    today_low = bars_arr[-1]['Low']                          # 今日最低價
    current_price = _C(exchange.GetTicker).Last              # 當前最新價格
```

```python
# 獲取持倉
position_arr = _C(exchange.GetPosition)                    # 獲取持倉串列
if len(position_arr) > 0:                                  # 如果持倉串列長度值大於 0
    for i in position_arr:
        if i['ContractType'][:2] == 'rb':                  # 如果持倉品種等於 rb
            if i['Type'] % 2 == 0:                         # 如果是多單
                position = i['Amount']                     # 將持倉數量給予值為正數
            else:
                position = -i['Amount']                    # 將持倉數量給予值為負數
            profit = i['Profit']                           # 獲取持倉盈虧狀態
    else:
        position = 0                                        # 將持倉數量給予值為 0
        profit = 0                                         # 將持倉盈虧狀態給予值為 0
    if position == 0:                                      # 如果無持倉資料
        if current_price > r3:                             # 如果當前價格高於阻力線 r3
            exchange.SetDirection("buy")                   # 設定交易方向和類型
            exchange.Buy(current_price + 1, 1)             # 開多單
        if current_price < s3:                             # 如果當前價格低於支撐線 s3
            exchange.SetDirection("sell")                  # 設定交易方向和類型
            exchange.Sell(current_price - 1, 1)            # 開空單
    if position > 0:                                       # 如果持有多單
        # 如果今日最高價高於阻力線 r2，並且當前價格低於阻力線 r1
        if today_high > r2 and current_price < r1 or current_price < s3:
            exchange.SetDirection("closebuy")              # 設定交易方向和類型
            exchange.Sell(current_price - 1, 1)            # 平多單
            exchange.SetDirection("sell")                  # 設定交易方向和類型
            exchange.Sell(current_price - 1, 1)            # 反手開空單
    if position < 0:                                       # 如果持有空單
        # 如果今日最低價低於支撐線 s2，並且當前價格高於支撐線 s1
        if today_low < s2 and current_price > s1 or current_price > r3:
            exchange.SetDirection("closesell")             # 設定交易方向和類型
            exchange.Buy(current_price + 1, 1)             # 平空單
            exchange.SetDirection("buy")                   # 設定交易方向和類型
            exchange.Buy(current_price + 1, 1)             # 反手開多單

# 策略入口函數
def main():
    while True:                                            # 進入無限迴圈模式
        onTick()                                           # 執行策略主函數
        Sleep(1000)                                        # 休眠 1 秒

# 回測結果
task = VCtx(__doc__)                                       # 呼叫 VCtx() 函數
try:
    main()                                                 # 呼叫策略入口函數
except:
    task.Show()                                            # 回測結束，輸出圖表
```

Breaker 策略是一種羽量級複合型策略，它將趨勢策略和反轉策略相結合，更有利於把握日內交易機會，並且當市場轉入震盪時期時，在無明顯漲跌的行情中，可以過濾大部分無效的交易，從而同時賺取趨勢的 Alpha 收益和反轉的 Alpha 收益。

4.15 溫故知新

學完本章內容，讀者需要回答：

1·什麼是虛擬持倉？

2·試著使用 talib 函數庫獲取不同的技術指標。

3·如何避免使用未來函數？

4·如何設定交易方向和類型？

在下一章中，讀者會了解到：

1·經典的回歸策略。

2·在期貨和現貨之間如何套利。

Chapter

5

CTA 之回歸策略

趨勢追蹤策略的表現形式是追漲殺跌，與之相反的是低買高賣的回歸策略，又稱為均值回歸策略。商品期貨普遍存在一種規律，即震盪行情遠多於趨勢行情，回歸策略透過不斷地低買高賣實現利潤增長。

5.1 布林帶跨期套利策略

索羅斯在《金融煉金術》一書中曾經提出過一個重要的命題：「I believe the market prices are always wrong in the sense that they present a biased view of the future」。市場有效假說只是理論上的假設，實際上市場參與者並不總是理性的，並且在每一個時間點，參與者不可能完全獲取和客觀解讀所有資訊，而且對於同樣的資訊，每個人的回饋都不盡相同。也就是說，價格本身已經包含了市場參與者的錯誤預期，所以本質上市場價格總是錯誤的。這或許是套利者的利潤來源。

5.1.1 策略原理

在一個非有效的期貨市場中，不同時期交割合約之間受到的市場影響並不總是同步的，其定價也並不是完全有效的。以同一種交易標的在不同時期的交割合約價格為基礎，如果兩個價格出現了較大的價差幅度，就可以同時買賣不同時期的期貨合約（如螺紋鋼 2010 合約和螺紋鋼 2105 合約），進行跨期套利。

舉個例子，假設螺紋鋼 2010 和螺紋鋼 2105 的價差長期維持在 5 元左右，那麼如果某一天價差達到 7 元，我們預計價差會在未來某段時間回歸到 5 元，就可以賣出螺紋鋼 2010，同時買入螺紋鋼 2105，從而做空這個價差，反之亦然。儘管這種價差是存在的，但是人工作業耗時、準確性差，並且受價格變化的影響，人工套利往往存在諸多不確定性。透過量化模型捕捉套利機會並制定套利交易策略，使用程式化演算法自動向交易所下達交易訂單，快速、準確地捕捉機會，從而高效、穩定地賺取收益，這就是量化套利的魅力所在。

5.1.2 策略邏輯

由於價差總是圍繞中心值上下波動，因此對於低買高賣的策略，使用布林帶指標較為合適。布林帶是根據統計學中的標準差設計而成的，並且布林帶通道會隨著價差的變化自動進行調整。布林帶圖表如圖 5.1 所示。

▲ 圖 5.1 布林帶圖表

- 做多價差開倉條件：如果當前帳戶沒有持倉，並且價差小於 boll 下軌，就做多價差，即買開螺紋鋼 2010，賣開螺紋鋼 2105。

- 做空價差開倉條件：如果當前帳戶沒有持倉，並且價差大於 boll 上軌，就做空價差，即賣開螺紋鋼 2010，買開螺紋鋼 2105。
- 做多價差平倉條件：如果當前帳戶持有螺紋鋼 2010 多單，並且持有螺紋鋼 2105 空單，並且價差大於 boll 中軌，就平多價差，即賣平螺紋鋼 2010，買平螺紋鋼 2105。
- 做空價差平倉條件：如果當前帳戶持有螺紋鋼 2010 空單，並且持有螺紋鋼 2105 多單，並且價差小於 boll 中軌，就平空價差，即買平螺紋鋼 2010，賣平螺紋鋼 2105。

5.1.3 策略撰寫

這個策略包含 1 個 main() 主函數和 1 個 Hedge 類別，在 Hedge 類別中首先建立初始化函數，然後建立 1 個 poll() 函數，該函數為策略的主要函數，負責計算 2 個不同合約的價差和布林帶指標，以及呼叫交易類別庫下單交易。具體程式如下：

```
# 建立 Hedge 類別
class Hedge:
    # 初始化函數
    def __init__ (self, q, e, initAccount, symbolA, symbolB, maPeriod, atrRa-
tio, opAmount):
        self.q = q
        self.initAccount = initAccount
        self.status = 0
        self.symbolA = symbolA
        self.symbolB = symbolB
        self.e = e
        self.isBusy = False
        self.maPeriod = maPeriod
        self.atrRatio = atrRatio
        self.opAmount = opAmount
    # 策略主函數
    def poll(self):
        if (self.isBusy or not exchange.IO("status")) or not ext.IsTrading
(self.symbolA):                                # 如果行情和交易連接正常
            Sleep(1000)                          # 休眠 1 秒
            return
        exchange.SetContractType(self.symbolA)   # 訂閱 A 合約
        recordsA = exchange.GetRecords()         # 獲取 A 合約的 K 線串列
```

```
exchange.SetContractType(self.symbolB)              # 訂閱 B 合約
recordsB = exchange.GetRecords()                    # 獲取 B 合約的 K 線串列
if not recordsA or not recordsB:                    # 如果 A 合約或 B 合約中沒有資料
    return
# 如果 A 合約和 B 合約最後一根 K 線時間戳記不一致
if recordsA[-1]["Time"] != recordsB[-1]["Time"]:
    return
# 計算 A 合約和 B 合約的價差
  minL, rA, rB = min(len(recordsA), len(recordsB)), recordsA.copy(),
recordsB.copy()
rA.reverse()
rB.reverse()
arrDiff = []
for i in range(minL):
    arrDiff.append(rB[i]["Close"] - rA[i]["Close"])
arrDiff.reverse()
if len(arrDiff) < self.maPeriod:
    return
# 計算布林帶指標
boll = TA.BOLL(arrDiff, self.maPeriod, self.atrRatio)
# 畫線
ext.PlotLine(" 上軌 ", boll[0][-2], recordsA[-2]["Time"])      # 上軌
ext.PlotLine(" 中軌 ", boll[1][-2], recordsA[-2]["Time"])      # 中軌
ext.PlotLine(" 下軌 ", boll[2][-2], recordsA[-2]["Time"])      # 下軌
ext.PlotLine(" 收盤價差價 ", arrDiff[-2], recordsA[-2]["Time"]) # 價差
    LogStatus(f"{_D()}\n 上軌：{boll[0][-1]}\n 中軌：{boll[1][-1]}\n 下軌：
{boll[2][-1]}\n 當前收盤差價：{arrDiff[-1]}")     # 更新狀態列資訊
    action = 0                                       # 建立變數 action，預設值為 0
    if self.status == 0:                             # 如果 action 的值等於 0
        if arrDiff[-1] > boll[0][-1]:                # 如果價差大於布林帶上軌
            Log(" 開倉 A 買 B 賣 ", "，A 最新價格：", recordsA[-1]["Close"], "，
B 最新價格：", recordsB[-1]["Close"], "#FF0000") # 列印資訊
            action = 2                               # 重置 action 的值
        elif arrDiff[-1] < boll[2][-1]:              # 如果價差小於布林帶下軌
            Log(" 開倉 A 賣 B 買 ", "，A 最新價格：", recordsA[-1]["Close"], "，
B 最新價格：", recordsB[-1]["Close"], "#FF0000") # 列印資訊
            action = 1                               # 重置 action 的值
    # 如果 status 的值等於 1，並且價差大於布林帶中軌
    elif self.status == 1 and arrDiff[-1] > boll[1][-1]:
        Log(" 平倉 A 買 B 賣 ", "，A 最新價格：", recordsA[-1]["Close"], "，B 最
新價格：", recordsB[-1]["Close"], "#FF0000")      # 列印資訊
        action = 2                                   # 重置 action 的值
    # 如果 status 的值等於 2，並且價差小於布林帶中軌
    elif self.status == 2 and arrDiff[-1] < boll[1][-1]:
        Log(" 平倉 A 賣 B 買 ", "，A 最新價格：", recordsA[-1]["Close"], "，B 最
新價格：", recordsB[-1]["Close"], "#FF0000")      # 列印資訊
        action = 1                                   # 重置 action 的值
```

```
        if action == 0:                      # 如果 action 的值等於 0，就返回
            return
        self.isBusy = True                   # 將 isBuy 給予值為 True
        tasks = []                           # 建立空串列
        if action == 1:                      # 如果 action 的值等於 1
            tasks.append([self.symbolA, "sell" if self.status == 0 else
"closebuy"])                                 # 增加到下單佇列
            tasks.append([self.symbolB, "buy" if self.status == 0 else
"closesell"])                                # 增加到下單佇列
        elif action == 2:                    # 如果 action 的值等於 2
            tasks.append([self.symbolA, "buy" if self.status == 0 else
"closesell"])                                # 增加到下單佇列
            tasks.append([self.symbolB, "sell" if self.status == 0 else
"closebuy"])                                 # 增加到下單佇列
                                             # 下單回呼函數
        def callBack(task, ret):
            def callBack(task, ret):
                self.isBusy = False
                if task["action"] == "sell":
                    self.status = 2
                elif task["action"] == "buy":
                    self.status = 1
                else:
                    self.status = 0
                    account = _C(exchange.GetAccount)   # 獲取帳戶資訊
                    # 列印盈利資訊
                    LogProfit(account["Balance"]-self.initAccount["Balance"],
account)
            # 呼叫交易類別庫下單
            self.q.pushTask(self.e, tasks[1][0], tasks[1][1], self.opAmount,
callBack)
        # 呼叫交易類別庫下單
        self.q.pushTask(self.e, tasks[0][0], tasks[0][1], self.opAmount,
callBack)

def main():                                  # 策略入口函數
    while not exchange.IO("status"):         # 期貨和交易連接是否正常
        Sleep(1000)
    initAccount = _C(exchange.GetAccount)    # 獲取帳戶資訊
    q = ext.NewTaskQueue()                   # 引入交易類別庫函數
    p = ext.NewPositionManager()             # 引入交易類別庫函數
    # 建立 Hedge 物件
    t = Hedge(q, exchange, initAccount, SA, SB, MAPeriod, ATRRatio, OpAmount)
    while True:
        q.poll()                             # 執行下單佇列
        t.poll()                             # 執行下單佇列
```

布林帶跨期套利策略的參數設定如圖 5.2 所示,包括 2 個合約程式、開倉手數、在啟動策略時是否平掉所有倉位(預設值為 False)、布林帶指標週期參數及布林帶指標乘數參數等。每一個參數都設定了預設值,並且可以在回測和實盤交易中進行動態調整。

變數	描述	類型	預設值
SA	合約 A	字　串 (string)	rb2010
SB	合約 B	字　串 (string)	rb2101
OpAmount	開倉手數	數字型 (number)	1
CoverAll	啟動時平掉所有倉位	布林型 (true/false)	false
MAPeriod	布林週期參數	數字型 (number)	20
ATRRatio	布林乘數參數	數字型 (number)	2

▲ 圖 5.2 布林帶跨期套利策略的參數設定

在圖 5.2 中,該策略首先訂閱了 rb2010 合約和 rb2101 合約,並且分別獲取了它們的 K 線串列,然後計算兩個合約的價差,接著以價差為資料計算布林帶指標,當價差超過布林帶上軌時正對沖,當價差觸碰布林帶下軌時反對沖,當持倉價差觸碰布林帶中軌的平倉。

5.1.4 策略回測

因為本地回測引擎無法使用協力廠商交易類別庫,所以該策略基於發明者量化交易平台進行回測,設定如圖 5.3 所示:時間跨度為 2020 年 5 月 1 日至 2020 年 10 月 1 日,資料週期和底層資料週期均為 1 小時 K 線資料,滑點為 0,開倉手數為 100。

▲ 圖 5.3 布林帶跨期套利策略回測設定

　　布林帶跨期套利策略的回測圖表如圖 5.4 所示，表面看起來整體盈利效果非常好：累計收益率為 67%，最大回撤率為 4%，整體年化波動率為 2% 左右，按實際交易 252 天算年化收益率為 62%。

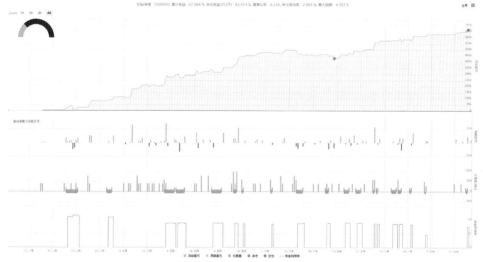

▲ 圖 5.4 布林帶跨期套利策略的回測圖表

　　由於跨期合約價差具有一定的穩定性，通常在一個固定的價格區間內波動，因此使用布林帶統計方法判斷未來價差走勢成為可能。需要注意的是，該策略的回測並沒有扣除交易費用和損耗。

5.2 期現套利圖表

　　套利在現實生活中很常見。例如，便利商店老闆從批發市場以 0.5 元買入一瓶礦泉水，然後在店裡以 1 元的價格出售，最後賺取 0.5 元的差價。這個過程就類似於套利過程。金融市場上的套利跟這個道理差不多，只不過套利的形式有很多種。

5.2.1 什麼是套利

　　在商品期貨市場中，理論上 5 月份交割的蘋果合約價格減去 10 月份交割的蘋果合約價格，其結果應該接近於 0，或者穩定在一定的價格區間內。事實上由於受到天氣、市場供需等諸多因素的影響，因此近期和遠期合約價格在一段時間內會分別受到不同程度的影響，價差也會出現較大幅度的波動。但無論如何，價差通常最終會回歸到一定的價格區間內，如果價差大於這個價格區間的最大值，就賣出 5 月份合約，同時買入 10 月份合約，做空價差賺取利潤；如果價差小於這個價格區間的最小值，就買入 5 月份合約，同時賣出 10 月份合約，做多價差賺取利潤。這就是買賣同一個品種在不同交割月份的跨期套利。

　　除了跨期套利，還有買入出口國大豆同時賣出進口國大豆，或者賣出出口國大豆同時買入進口國大豆的跨市場套利；買入上游原材料鐵礦石同時賣出下游成品螺紋鋼，或者賣出上游原材料鐵礦石同時買入下游成品螺紋鋼的跨品種套利；等等。

5.2.2 期現套利方法

　　對於上面幾種套利方法，雖然字面上是「套利」，但它們並不屬於純粹意義上的套利，它們本質上還是屬於有風險的投機，只不過這種投機的方式是做多或做空價差。雖然價差在大部分時間內趨於穩定，但也可能出現長時間不回歸的行情。

期現套利的核心原理如下：同一個商品在同一個時間點只能有一個價格，期貨到了交割時間就變成現貨，所以在臨近交割時會強制回歸，如圖 5.5 所示。這個與跨期套利完全不同，跨期套利是兩個不同交割月的合約，在到期時得到兩個不同月份的現貨，當然可以是兩個價格。

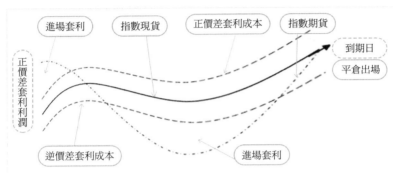

▲ 圖 5.5 期現套利方法的核心原理

　　期現套利最大的特點是理論上無風險，主要根據基差狀態計算利潤區間。基差的計算方法如下：

$$基差 = 期貨價格 - 現貨價格$$

　　如果基差過大，就可以買入現貨，同時做空期貨，在基差重新歸零時，將期貨和現貨雙邊平倉，從而賺取基差的利潤。

　　期現套利主要有兩種方法：雙平套利和交割套利。

5.2.3 期現套利的侷限

　　期現套利說起來簡單，實現起來卻很難。最複雜的一個環節是商品現貨交易，這其中涉及倉單、稅務等一系列問題。首先需要一個與投資範圍相關的公司，如果採用交割套利方法，那麼期貨帳戶必須是公司法人的；如果採用雙平套利方法，那麼需要一個可靠的銷售通路。網上有很多現貨交易網站，如卓創網、上海有色網等。

需要注意的是，現貨交易通常有 17% ～ 20% 的增值稅，所以如果採用雙平套利方法，那麼在買入現貨後，需要做空 1.2 ～ 1.25 倍的期貨；如果採用交割套利方法，那麼在買入現貨後，需要做空相同比例的期貨，還需要考慮手續費、運輸、倉庫等成本。當然這一切的前提是期現的基差足夠大，有足夠的邊界。

除此之外，上海黃金交易所中黃金（T+D）的存在，使黃金期現套利不僅可以正向套利，還可以無須租賃黃金進行反向套利操作。上海黃金交易所中的現貨黃金（T+D）延期交易不但交易方便，而且成交量和持倉量大，流動性非常適合進行期現套利。

5.2.4　獲取資料

網上有很多種現貨和基差的資料，大部分是以表格的形式呈現的，這顯然不合適用於分析、判斷行情。FMZ API 已經內建了商品期貨基本面資料，包括現貨資料和基差資料，只需要呼叫一個函數，就可以獲取每個品種的現貨和基差價格，並且支持 2016 年至今的歷史資料。部分基本面資料及程式如表 5.1 所示。

表 5.1　部分基本面資料及程式

名　稱	代　碼	名　稱	代　碼	名　稱	代　碼
期貨現貨基差	BASIS	存款準備金	CKZBJ	居民消費價格指數	CPI
國內生產總值	GDP	貨幣供應量	HBGYL	外匯和黃金儲存	FEGR
消費者信心指數	ICS	貸款市場利率	LRP	期貨標準倉單	WHR
新增信貸資料	XZXD	工業增加值	GYZJZ	財政收入	CZSR
外匯貸款資料	WHXD	本外幣存款	WBCK	新房價指數	NREPI

程式如下：

```
# 回測設定
'''backtest
start: 2020-06-01 00:00:00
end: 2020-06-02 00:00:00
period: 1d
basePeriod: 1h
exchanges: [{"eid":"Futures_CTP","currency":"FUTURES"}]
'''
```

```
# 策略入口函數
def main():
    while True:
        ret = exchange.GetData("GDP")   # 呼叫國內生產總值資料
        Log(ret)   # 列印資料
        Sleep(1000 * 60 * 60 * 24 * 30)
```

輸出結果如下：

```
{
    "季度": "2006 年第 1 季度",
    "國內生產總值": {
        "絕對值 ( 億元 )": 47078.9,
        "相較去年增長": 0.125
    },
    "第一產業": {
        "絕對值 ( 億元 )": 3012.7,
        "相較去年增長": 0.044
    },
    "第三產業": {
        "絕對值 ( 億元 )": 22647.4,
        "相較去年增長": 0.131
    },
    "第二產業": {
        "絕對值 ( 億元 )": 21418.7,
        "相較去年增長": 0.131
    }
}
```

5.2.5 期現和基差圖表

下面使用 FMZ API，以圖表的形式展示期貨價格、現貨價格和基差價格。打開發明者量化交易平台，然後依次點擊「控制中心」>「策略庫」>「新建策略」按鈕，在左上角的語言下拉串列中選擇 Python 選項，並且輸入策略的名字。

第 1 步：撰寫策略框架，程式如下：

```
# 策略主函數
def onTick():
    pass


# 策略入口函數
def main():
```

```
while True:                          #  進入迴圈模式
    onTick()                         #  執行策略主函數
    Sleep(1000 * 60 * 60 * 24)       #  策略休眠一天
```

策略框架中包含兩個函數：main() 函數和 onTick() 函數。main() 函數是策略入口函數，主要用於在交易之前進行前置處理，程式會從 main() 函數開始執行，然後進入無線迴圈模式，重複執行 onTick() 函數。onTick() 函數是策略主函數，主要用於執行核心程式。

第 2 步：增加圖表功能，程式如下：

```
# 全域變數
# 期現圖表
cfgA = {
    "extension": {
        "layout": 'single',
        "col": 6,
        "height": "500px",
    },
    "title": {
        "text": " 期現圖表 "
    },
    "xAxis": {
        "type": "datetime"
    },
    "series": [{
        "name": " 期貨價格 ",
        "data": [],
    }, {
        "name": " 現貨價格 ",
        "data": [],
    }
    ]
}
# 基差圖表
cfgB = {
    "extension": {
        "layout": 'single',
        "col": 6,
        "height": "500px",
    },
    "title": {
        "text": " 基差圖表 "
    },
    "xAxis": {
        "type": "datetime"
```

```
    },
    "series": [{
        "name": " 基差價格 ",
        "data": [],
    }]
}
chart = Chart([cfgA, cfgB])                          # 建立一個圖表物件


# 策略主函數
def onTick():
    chart.add(0, [])                                 # 繪製圖表
    chart.add(1, [])                                 # 繪製圖表
    chart.add(2, [])                                 # 繪製圖表
    chart.update([cfgA, cfgB])                       # 更新圖表


# 策略入口函數
def main():
    LogReset()                                       # 在執行前，先清空之前的 Log 日誌資訊
    chart.reset()                                    # 在執行前，先清空之前的圖表資訊
    while True:                                       # 進入迴圈模式
        onTick()                                     # 執行策略主函數
        Sleep(1000 * 60 * 60 * 24)                   # 策略休眠一天
```

在該策略中，一共建立了兩個圖表，這兩個圖表左右分佈排列。其中 cfgA 是期現圖表，包含期貨價格和現貨價格；cfgB 是基差圖表。然後呼叫 FMZ API 內建的 Python 畫線類別庫建立一個 chart 物件。最後在 onTick() 函數中即時更新圖表中的資料。

第 3 步：獲取資料，程式如下：

```
last_spot_price = 0                                  # 保存最後一個有效的現貨價格
last_basis_price = 0                                 # 保存最後一個有效的基差價格

def onTick():
    global last_basis_price, last_spot_price         # 匯入全域變數
    exchange.SetContractType("i888")                 # 訂閱期貨品種
    futures = _C(exchange.GetRecords)[-1]            # 獲取最新 K 線串列
    futures_ts = futures.Time                        # 獲取最新 K 線期貨時間戳記
    futures_price = futures.Close                    # 獲取最新 K 線收盤價

    spot = exchange.GetData("SPOTPRICE")             # 獲取現貨資料
    spot_ts = spot.Time                              # 獲取現貨時間戳記
    if ' 鐵礦石 ' in spot.Data:                       # 如果現貨資料中包含鐵礦石
        spot_price = spot.Data[' 鐵礦石 ']            # 獲取鐵礦石的現貨價格
```

```
        last_spot_price = spot_price          # 重置鐵礦石的最終現貨價格
    else:
        spot_price = last_spot_price          # 重置鐵礦石的現貨價格

    basis = exchange.GetData("BASIS")         # 獲取基差資料
    basis_ts = basis.Time                     # 獲取基差時間戳記
    if '鐵礦石' in basis.Data:                 # 如果基差資料中包含鐵礦石
        basis_price = basis.Data['鐵礦石']     # 獲取鐵礦石的基差價格
        last_basis_price = basis_price        # 重置鐵礦石的最終基差價格
    else:
        basis_price = last_basis_price        # 重置鐵礦石的基差價格
```

我們一共需要獲取 3 種資料：期貨價格、現貨價格、基差價格。獲取期貨價格很簡單，先使用 SetContractType() 函數訂閱期貨品種，再使用 GetRecords() 函數獲取 K 線的收盤價。對於現貨價格和基差價格，可以使用之前介紹的方法，使用 GetData() 函式呼叫基本面資料，返回包含時間戳記的字典資料。

5.2.6 圖表展示

在發明者量化交易平台上執行上面的策略，就可以從資料中心獲取品種的期貨價格、現貨價格和基差價格，然後將其繪製成期現圖表和基差圖表，分別如圖 5.6 和圖 5.7 所示。

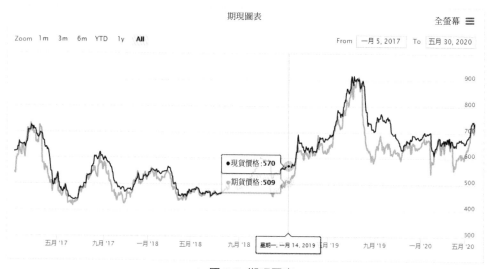

▲ 圖 5.6 期現圖表

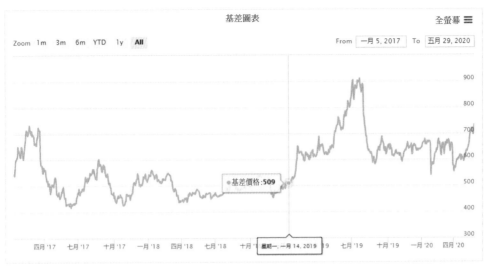

▲ 圖 5.7 基差圖表

套利沒有想像中那麼複雜，它不需要太多的金融理論知識，也不需要太過複雜的數學或統計模型，套利的本質是賺取價格從不合理回歸合理期間的利潤。市場行情每年都在變化，對交易者而言，最好不要將歷史資料完全照搬到現在，應該結合當下資料研究基差是否合理。

5.3 乖離率（BIAS）策略

俗話說「分久必合，合久必分」，在期貨市場也有這種現象，沒有只漲不跌的品種，也沒有只跌不漲的品種。但什麼時候漲、什麼時候跌，就要看乖離率（BIAS）了。本節我們將使用乖離率建構一個簡單的策略。

5.3.1 乖離率簡介

乖離率是一個由移動平均線衍生出來的技術指標，它主要以百分比的形式衡量價格在波動過程中與移動平均線之間的偏離程度，如圖 5.8 所示。如果均線是交易者的平均成本，那麼乖離率是交易者的平均回報率。

注意

乖離率是一個比較冷門的技術指標，但在量化交易中，使用乖離率可以增加策略的多樣性。

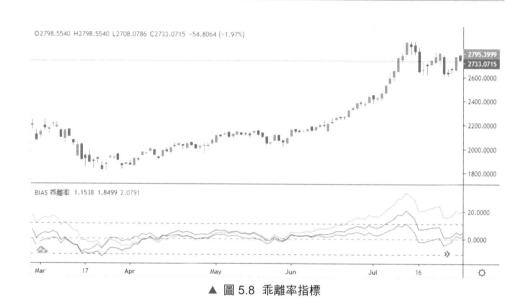

▲ 圖 5.8 乖離率指標

5.3.2 乖離率的原理

乖離率的原理是對交易者的心理分析：如果價格高於市場平均成本太多，表示多頭交易者獲利越豐厚，那麼交易者容易萌生賺錢就走的念頭，進而造成價格下跌；如果價格低於市場平均成本太多，表示空頭交易者獲利豐厚，那麼交易者容易萌生賺錢就走的念頭，進而造成價格上漲。

- 當價格向上偏離均線時，乖離率過大，未來價格有很大機率會下跌。
- 當價格向下偏離均線時，乖離率過小，未來價格有很大機率會上漲。

雖然移動平均線是由價格計算而來的，但在外在形式上價格一定會向移動平均線靠近，或者價格總是圍繞著移動平均線上下波動。如果價格偏離移動平均線太遠，那麼無論價格是在均線之上，還是在均線之下，最後都可能趨向於移動平均線，而乖離率正是表示價格偏離移動平均線的百分比。

5.3.3　乖離率的計算公式

乖離率的計算公式如下：

乖離率 =[(當日收盤價 -N 日平均價)/N 日平均價]×100%

其中，N 是移動平均線參數，由於 N 的取值不同，因此乖離率的計算結果也不同。在一般情況下，N 的取值是 6、12、24、36 等。在實際使用時，可以根據不同的品種進行動態調整。但參數的選擇十分重要，如果參數過小，那麼乖離率會過於敏感；如果參數過大，那麼乖離率會過於遲鈍。乖離率的計算結果有正負之分，正的乖離率越大，表示多頭獲利越大，價格回呼的機率越大；負的乖離率越大，表示空頭獲利越大，價格反彈的機率越大。

5.3.4　策略邏輯

由於乖離率是均線的另一種表現形式，因此我們可以將雙均線策略改編成雙乖離率策略。根據短期乖離率與長期乖離率的位置關係，判斷當前的市場狀態。如果長期乖離率大於短期乖離率，則表示短期均線金叉長期均線，反之亦然。

- 如果當前無持倉，並且長期乖離率大於短期乖離率，那麼多頭開倉。
- 如果當前無持倉，並且長期乖離率小於短期乖離率，那麼空頭開倉。
- 如果當前持多單，並且長期乖離率小於短期乖離率，那麼多頭平倉。
- 如果當前持空單，並且長期乖離率大於短期乖離率，那麼空頭平倉。

5.3.5　策略撰寫

第 1 步：撰寫策略框架，程式如下：

```python
# 策略主函數
def onTick():
    pass

# 策略入口函數
def main():
    while True:          # 進入無限迴圈模式
```

```
onTick()                # 執行策略主函數
Sleep(1000)             # 休眠 1 秒
```

首先定義一個 main() 函數和一個 onTick() 函數。main() 函數是策略的入口函數，程式會從 main() 函數開始逐行執行程式。在 main() 函數中寫入 while 迴圈，重複執行 onTick() 函數。策略的核心程式寫在 onTick() 函數中。

第 2 步：定義虛擬持倉和外部變數，程式如下：

```
short = 10
long = 50
mp = 0
```

虛擬持倉的好處是撰寫簡單，策略更新迭代快速，一般用於回測環境中，假設每一筆訂單都完全成交，但在實際交易中常用的還是真實持倉。因為虛擬持倉記錄的是開平倉後的狀態，所以需要定義成全域變數。

第 3 步：獲取 K 線資料，程式如下：

```
exchange.SetContractType('rb000')        # 訂閱期貨品種
bars_arr = exchange.GetRecords()         # 獲取 K 線串列
if len(bars_arr) < long + 1:             # 如果 K 線數量過少
    return
```

使用 FMZ API 中的 SetContractType() 函數，傳入 "rb000" 就可以訂閱螺紋鋼指數合約，但在回測和實盤環境中，會以螺紋鋼指數為資料，使用具體的主力合約下單，然後使用 GetRecords() 函數即可獲取螺紋鋼指數的 K 線串列。

注意 由於在計算乖離率時需要一定的週期，因此為了避免程式出錯，在沒有足夠多的 K 線時，使用 if 敘述進行過濾。

第 4 步：計算乖離率，程式如下：

```
close = bars_arr[-2]['Close']            # 獲取上一根 K 線的收盤價
ma1 = TA.MA(bars_arr, short)[-2]         # 計算上一根 K 線的短期均線值
bias1 = (close - ma1) / ma1 * 100        # 計算短期乖離率的值
ma2 = TA.MA(bars_arr, long)[-2]          # 計算上一根 K 線的長期均線值
bias2 = (close - ma2) / ma2 * 100        # 計算長期乖離率的值
```

根據乖離率計算公式，首先獲取收盤價，在本策略中，我們使用的是上一根 K 線的收盤價，也就是當前 K 線訊號成立，下根 K 線發單。接著使用 FMZ API 內建的 talib 函數庫計算移動平均線。

第 5 步：下單交易，程式如下：

```
global mp                                   # 全域變數
current_price = bars_arr[-1]['Close']       # 最新價格
if mp > 0:                                   # 如果持有多單
    if bias2 <= bias1:                       # 如果長期乖離率小於或等於短期乖離率
        exchange.SetDirection("closebuy")    # 設定交易方向和類型
        exchange.Sell(current_price - 1, 100)# 平多單
        mp = 0                               # 重置虛擬持倉變數的值
if mp < 0:                                   # 如果持有空單
    if bias2 >= bias1:                       # 如果長期乖離率大於或等於短期乖離率
        exchange.SetDirection("closesell")   # 設定交易方向和類型
        exchange.Buy(current_price + 1, 100) # 平空單
        mp = 0                               # 重置虛擬持倉變數的值
if mp == 0:                                  # 如果無持倉
    if bias2 > bias1:                        # 如果長期乖離率大於短期乖離率
        exchange.SetDirection("buy")         # 設定交易方向和類型
        exchange.Buy(current_price + 1, 100) # 開多單
        mp = 1                               # 重置虛擬持倉變數的值
    if bias2 < bias1:                        # 如果長期乖離率小於短期乖離率
        exchange.SetDirection("sell")        # 設定交易方向和類型
        exchange.Sell(current_price - 1, 100)# 開空單
        mp = -1                              # 重置虛擬持倉變數的值
```

由於我們在 while 迴圈外部定義了一個全域變數 mp，用於接收當前的持倉狀態，因此在使用這個變數前，需要使用 global 關鍵字引入這個全域變數。此外，我們需要獲取當前的最新價格，用於開平倉。

5.3.6　策略回測

在下面的回測設定程式中，時間跨度為 2018 年 5 月 1 日至 2020 年 1 月 1 日，資料週期和底層資料週期均為 1 小時，滑點為開平倉各 2 跳。

```
'''backtest
start: 2018-05-01 00:00:00
end: 2020-01-01 00:00:00
period: 1h
basePeriod: 1h
```

```
balance: 10000
slipPoint: 2
exchanges: [{"eid":"Futures_CTP","currency":"FUTURES"}]
'''
```

　　該策略在回測後，呼叫 SDK 中的 Show() 函數，輸出回測圖表，如圖 5.9 所示。根據圖 5.9 中的回測圖表可知，該策略從回測之日起，在開倉後一直虧損，形成最大回撤，直到 2018 年 8 月才有所好轉，整體回測結果為虧損。

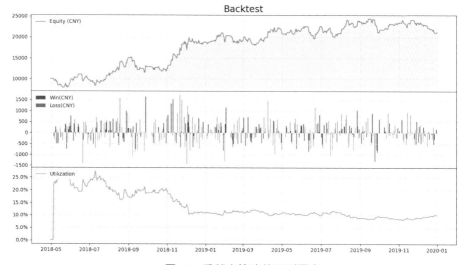

▲ 圖 5.9 乖離率策略的回測圖表

5.3.7 完整的策略程式

　　完整的策略程式和註釋如下。可以進入該策略主頁面（方法見前言中的提示），完整複製該策略程式（包括預設參數），並且進行線上回測。

```
# 回測設定
'''backtest
start: 2018-05-01 00:00:00
end: 2020-01-01 00:00:00
period: 1h
basePeriod: 1h
balance: 10000
slipPoint: 2
exchanges: [{"eid":"Futures_CTP","currency":"FUTURES"}]
```

```
'''

# 匯入模組
from fmz import *

# 外部參數和全域變數
short = 10
long = 50
mp = 0

# 策略主函數
def onTick():
    # 獲取K線資料
    exchange.SetContractType('rb000')          # 訂閱期貨品種
    bars_arr = exchange.GetRecords()            # 獲取K線串列
    if len(bars_arr) < long + 1:                # 如果K線數量過少
        return

    # 計算BIAS
    close = bars_arr[-2]['Close']               # 獲取上一根K線的收盤價
    ma1 = TA.MA(bars_arr, short)[-2]            # 計算上一根K線的短期均線值
    bias1 = (close - ma1) / ma1 * 100          # 計算短期乖離率的值
    ma2 = TA.MA(bars_arr, long)[-2]            # 計算上一根K線的長期均線值
    bias2 = (close - ma2) / ma2 * 100          # 計算長期乖離率的值

    # 下單交易
    global mp                                   # 全域變數
    current_price = bars_arr[-1]['Close']       # 最新價格
    if mp > 0:                                  # 如果持有多單
        if bias2 <= bias1:                      # 如果長期乖離率小於或等於短期乖離率
            exchange.SetDirection("closebuy")   # 設定交易方向和類型
            exchange.Sell(current_price - 1, 1) # 平多單
            mp = 0                              # 重置虛擬持倉變數的值
    if mp < 0:                                  # 如果持有空單
        if bias2 >= bias1:                      # 如果長期乖離率大於或等於短期乖離率
            exchange.SetDirection("closesell")  # 設定交易方向和類型
            exchange.Buy(current_price, 1)      # 平空單
            mp = 0                              # 重置虛擬持倉變數的值
    if mp == 0:                                 # 如果無持倉
        if bias2 > bias1:                       # 如果長期乖離率大於短期乖離率
            exchange.SetDirection("buy")        # 設定交易方向和類型
            exchange.Buy(current_price, 1)      # 開多單
            mp = 1                              # 重置虛擬持倉變數的值
        if bias2 < bias1:                       # 如果長期乖離率小於短期乖離率
            exchange.SetDirection("sell")       # 設定交易方向和類型
            exchange.Sell(current_price - 1, 1) # 開空單
            mp = -1                             # 重置虛擬持倉變數的值
```

```
# 策略入口函數
def main():
    while True:                          # 進入無限迴圈模式
        onTick()                         # 執行策略主函數
        Sleep(1000)                      # 休眠 1 秒

# 回測結果
task = VCtx(__doc__)                     # 呼叫 VCtx() 函數
try:
    main()                               # 呼叫策略入口函數
except:
    task.Show()                          # 回測結束，輸出圖表
```

　　本節我們介紹了乖離率的原理，並且使用乖離率建構了一個簡單的交易策略。在實際交易中，乖離率是一種簡單有效的交易工具，能為交易者提供有效的參考依據。

5.4 溫故知新

　　學完本章內容，讀者需要回答：

1·回歸策略與趨勢策略有什麼不同？

2·期貨套利的原理是什麼？

　　在下一章中，讀者會了解到：

1·回測資料和績效報告。

2·如何避免回測中的陷阱。

3·如何使用科學的方法回測。

Chapter

6

量化交易回測與實盤

在第 4 章和第 5 章中詳細介紹了如何開發一個交易策略，包括 CTA 趨勢追蹤策略和震盪策略。一個新開發出來的交易策略，需要進行全方位檢測，才能應用於實戰，同樣，一個優秀的交易策略是在試錯中不斷改進才得以產生的。

6.1 使用 Tick 資料讓回測更精準

量化交易回測的目的是還原交易過程，進而驗證策略的可行性，所以回測的準確性尤為重要。CTA 策略有多種風格，從頻率上來看，有高頻策略、中低頻策略、日內策略、隔夜策略。在大部分的情況下，不同類型的策略在回測時選用的資料也是不同的。

6.1.1 回測需要哪些資料

如何做到精準回測是很多量化交易者關心的問題，那麼首先要弄清楚回測中都有哪些資料，因為資料的品質在很大程度上決定了回測的品質。常見的資料有開盤價、最高價、最低價、收盤價、成交量等，這些統稱為K線資料。

還有一種資料，是原始的 Tick 快照，如果將交易所內的資料想像成一條河流，其中包含每個訂單的詳細資料，那麼 Tick 快照是這個資料河流中的某個切片，頻率是每秒 2 次，是某個時刻市場交易情況的再現。

事實上，K 線資料是由 Tick 資料組成的，按照時間週期，1 分鐘的 K 線資料是由 1 分鐘內的 Tick 資料組成的，5 分鐘的 K 線資料是由 5 分鐘內的 Tick 資料組成的，依此類推，就形成了各種分鐘圖、小時圖、日線圖等。這意味著 1 分鐘的 K 線資料可能包含 120 個 Tick 資料。因此，回測的歷史資料可以分為 K 線資料和 Tick 資料。同一個週期內的 Tick 資料量比 K 線資料量大很多。理論上，Tick 資料比 K 線資料的回測更加準確。

6.1.2 基於 Bar 資料的回測

市面上的大部分量化交易軟體都支援 K 線資料的回測，由於 K 線資料的資料量少，大大簡化了回測引擎的工作量，因此這種回測通常都非常快，10 年左右的資料幾秒之內就能回測完，甚至疊加幾十個期貨品種的回測也不會超過 1 分鐘。但是 K 線資料回測有很多問題。

1．價格極端

做過交易的人都知道，在漲停中很難買入，在跌停中很難賣出，但是在回測中是可以成交的，一些做量化交易的新手，如果不在策略中對漲、跌停價進行過濾，那麼回測的結果會與實盤交易的結果不一致。

2．價格真空

從跌停瞬間到漲停或價格跳空上漲，在大週期 K 線圖上看是一根大陽線，但是這根 K 線中間的實質掛單很少，如果採用即時價成交策略，則會基於 Bar 資料上回測，是可以成交的。舉個例子，當前 K 線的價格一直在 5000 元附近徘徊，在臨近收盤時，瞬間漲至 5100 元，並且中間幾乎沒有掛單和成交。如果策略訊號在這根 K 線上是 5050 開倉，那麼在 K 線資料回測中是可以成交的。

3．過去和未來的資料

理論上 K 線的形成可能是開盤價 >>> 最低價 >>> 最高價 >>> 收盤價。但實際上它有可能先創新高，再創新低，再收盤；也有可能先創新低，再創新高，再收盤；甚至可能一波三折，先創新低，再創新高，再創新低，再拉高收盤；表面上看是一根有上影線和下影線的 K 線，中間的過程有很多種可能。

假如有一根 K 線的開盤價為 4950 元、最低價為 4900 元、最高價為 5100 元、收盤價為 5050 元，是一根普通陽線，那麼採用如下策略：如果最新價超過前期高點 5000 元，就買入，在買入後設定 1% 的止損，也就是在價格跌破 4950 元後止損。

模擬回測：開盤 4950 元 >>> 價格超過前期高點 5000 元 >>> 訊號成立，買入開倉 >>> 在收盤時賺了 1%。但真實的情況可能是這樣的：開盤 4950 元 >>> 價格超過前期高點 5000 元 >>> 訊號成立，買入開倉 >>> 不久價格開始下跌 >>> 繼續下跌至 4949 元 >>> 止損訊號成立，賣出平倉，虧損 1%>>> 價格上漲 5100 元 >>> 價格下跌至 5050 元收盤。同樣的策略，在 K 線資料回測和真實的交易中，會有兩種截然不同的結果。

6.1.3 基於 Tick 資料的回測

使用 Tick 資料進行回測和分析，無疑具有很大的優勢，但目前在市面上很少能真正做到，有些量化交易軟體只使用了 Tick 價格，並沒有使用 Tick 掛單量，可能造成見價成交的現象。例如，在當前的 Tick 資料中，賣價為 5001 元、買價為 5000 元，如果掛的買單是 5000 元，那麼肯定是買不到的，但事實並非如此。

在真實的交易環境中，訂單是在交易所的 Tick 資料流程中完成撮合的，交易所的撮合規則是價格優先、時間優先。如果此時盤口訂單不太厚，那麼所掛的 5000 買單是有可能被動成交的。

6.1.4 Tick 資料回測引擎原理

Tick 資料回測引擎的原理是，根據價格優先、時間優先的交易規則撮合訂單，並且透過計算盤口掛單量，判斷當前掛單是否大於或等於使用者的訂單，如果是，那麼會正常撮合；如果不是，那麼使用者的訂單會自動順延到下一個 Tick 撮合，從而真正地模擬實盤環境，如圖 6.1 所示。

▲ 圖 6.1 Tick 資料回測

第 1 個 Tick 資料的買價是 100 元、掛單量是 30 手，此時產生了買入訊號，以 100 元的價格買入 20 手，等待被動成交；第 2 個 Tick 資料產生了，買價是 100 元、掛單量是 50 手，這裡面有我們的 20 手掛單；第 3 個 Tick 資料產生了，買價是 100 元、掛單量是 30 手，這證明已經有 20 手買單被成交或撤單了，我們離成交又近了一步；第 4 個 Tick 資料產生了，買價是 100 元、掛單量是 10 手，是一個大賣家，一下子將我們的買單全部成交了。

透過上面的例子，我們可以發現，在 Tick 資料中價格未變的前提下，可以根據盤口掛單量的變化情況推算自己的掛單有沒有被動成交。利用的就是價格相同、時間優先的方法。這種回測引擎可以在很大程度上模擬實盤交易環境，從而杜絕見價成交和虛假成交，讓每一個 Tick 資料真實重播，使回測與實盤最大可能地保持一致。

6.1.5 如何選擇最佳回測方式

在大部分的情況下，中低頻策略交易次數不多，滑點成本對策略的影響較小，對資料精度要求也不是很高，所以一般使用 K 線資料回測，在回測時加上幾跳的滑點即可，真正需要注意的是過擬合的問題。

對於一些日內交易或涉及日內開平倉交易的策略，在必要時可以在回測的設定參數頁面中調整資料細微性。例如，如果在 1 小時週期上回測，則可以調整為更精細的 15 分鐘資料細微性。在必要時，也可以使用 Tick 等級的資料，用於提高回測的精度。

注意
　　如果是隔夜的中低頻策略，那麼儘量以商品指數為資料；如果是日內的中低頻策略，那麼儘量以商品主力連續為資料。

　　高頻交易策略因為交易的次數足夠多，單品種一天就能交易幾十甚至上百次，所以只要撮合引擎是合理的，在大數定律的作用下，回測的結果就基本可靠，一般不存在過擬合的問題。

　　由於高頻交易的次數很多，因此對回測資料有非常高的要求。因為在高頻交易回測中，交易頻率越高，持倉的時間週期越短，單筆的平均利潤就越低，此時如果回測引擎設計得不合理，或者撮合方式與實盤交易環境不一樣，就會出現「差之毫釐，謬以千里」的現象，所以對高頻交易來説，盤口等級的回測引擎是不二之選。

6.2　回測績效報告詳解

　　量化交易與主觀交易最重要的區別之一是量化交易透過歷史資料復盤，得出一系列績效報告，交易者可以從績效報告中發現策略的缺點，進而最佳化和改進策略。當然最佳化和改進策略的前提是對策略有一個正確的評價，因此需要對回測的績效報告有一定的了解。只有在正確地解讀回測績效報告後，才能知道策略需要改進的方向。

6.2.1　回測設定參數

　　即使採用相同的策略，回測設定參數不一樣，也會影響最終的回測結果。在解讀回測績效報告前，先來看一下回測設定。發明者量化交易平台的回測設定介面如圖 6.2 所示，每個參數的解釋説明如下：

　　① 回測開始時間。

　　② 回測終止時間。

　　③ 資料週期，可以設定為任意數值的天、小時及分鐘。

　　④ 回測資料等級，可以設定為「模擬級 Tick」或「實盤級 Tick」。

　　⑤ 底層資料週期，可以設定為任意數值的天、小時及分鐘。

▲ 圖 6.2　發明者量化交易平台的回測設定介面

⑥ 滑點。

⑦ 最低手續費，手續費是雙向收取的。

⑧ 行情圖表，可以設定為「繪製行情圖表」或「隱藏行情圖表」。

⑨ 回測起始資金。

⑩ 增加交易所。

⑪ 策略外部參數。

⑫「開始回測」按鈕。

　　某個策略的回測績效報告如圖 6.3 所示。很多人認為盈利率高、勝率高的模型就是一個好模型，真的是這樣嗎？下面我們來看看衡量策略好壞的重要參考指標有哪些。

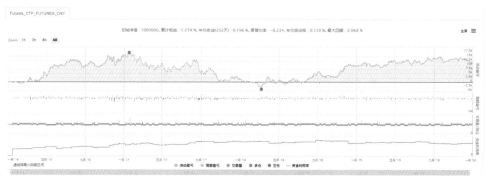

▲ 圖 6.3 回測績效報告範例

6.2.2 年化收益率

年化收益率表示投資期限為 1 年的理論收益率，日收益率、月收益率、季度收益率都可以換算成年化收益率。如果一個策略回測的日收益率是 0.01%，那麼年化收益率是 2.52%。其計算公式如下：

$$年化收益率 = (收益 / 本金) / 投資天數 × 252 × 100\%$$

注意 策略回測的年化收益率不是從開始開倉時算起的，而是從資料開始日期算起的。實際上，年化收益率表示策略的盈利效率。此外，期貨市場的有效投資時間是一年，扣除節假日約等於 252 天。

6.2.3 年化波動率

波動率是衡量策略性風險的指標之一，主要用於描述策略資金曲線的漲跌幅程度，對策略穩健性進行衡量，進而反映策略的風險水準。其計算公式如下：

$$波動率 = (最高級 - 最低價)/ 最低價 × 100\%$$

年化波動率就是每日波動標準差的年化值。

波動率越高，資金曲線的波動越劇烈，策略的穩健性就越低；波動率越低，資金曲線的波動越平緩，策略的穩健性就越高。

6.2.4　最大回撤率

　　比波動率更能直觀反映策略風險的績效指標是最大回撤率。最大回撤率是統計資金曲線任意週期內最高點到最低點回撤幅度的最大值，主要用於描述策略可能出現的最糟糕情況。最大回撤率是一個重要的策略風險指標，對量化交易而言，該指標甚至比波動率還重要。

6.2.5　夏普比率

　　很多人喜歡用收益率衡量一個策略的好壞，這無可厚非，因為從投資交易的角度來看，賺錢的策略都是好策略。例如，兩個策略的資金曲線如圖 6.4 所示，左邊策略和右邊策略的收益都是 100%，但左邊策略的最大回撤率是 50%，右邊策略幾乎沒有回撤，毫無疑問右邊的策略好於左邊的策略。所以僅用收益率衡量一個策略的好壞是不科學的。

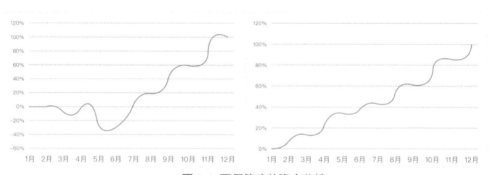

▲ 圖 6.4　兩個策略的資金曲線

　　回撤意味著風險，也意味著波動，在衡量策略好壞時，應該將收益率和風險都考慮在內。也就是說，不僅要考慮收益率，還要考慮每承擔一單位風險所產生的超額收益。夏普比率就是一個綜合考慮收益率和風險的指標，其計算公式如下：

$$夏普比率 = (策略收益率 - 無風險利率) / 策略收益率的標準差$$

　　舉個例子，假如十年期國債收益率是 3%，而策略回測的收益率是

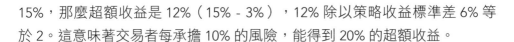

15%，那麼超額收益是 12%（15% - 3%），12% 除以策略收益標準差 6% 等於 2。這意味著交易者每承擔 10% 的風險，能得到 20% 的超額收益。

每個策略回測都可以計算夏普比率，如果值為正數，則表示策略收益大於策略波動風險；如果值為負數，則表示策略波動風險大於策略收益。也就是說，在設計策略時，需要考慮風險，儘量用最小的風險換取最大的回報。

6.3　如何避開回測中的陷阱

量化交易回測雖然可以快速驗證策略在歷史資料中是否有效，但很多時候回測並不代表未來能盈利，回測看起來非常好的策略，往往實盤表現不佳。因此需要在策略設計過程中避開回測中的陷阱，使策略回測反映真實的結果。

6.3.1　未來函數

未來函數利用的是未來的價格。交易策略如果包含未來函數，在實盤執行時期會造成訊號閃爍的問題。下面來看一個例子，一個策略邏輯為，當收盤價高於開盤價時買入，當收盤價低於開盤價時賣出，這在回測時是沒有問題的，因為收盤價是已經完成，固定不變的資料。

注意　在實盤交易中，收盤價只有在收盤時才能固定下來，所以程式會將當前的最新價格作為收盤價，這種利用未來價格的策略，會導致交易訊號頻繁出現和消失。如果一個策略的交易點位不是固定的，那麼其回測的資料也是沒有意義的。

如何避免使用未來函數？最簡單的方法是使用落後的價格，可以將這個策略邏輯修改為，當上根 K 線收盤價高於開盤價時買入，當上根 K 線收盤價低於開盤價時賣出。因為無論是在回測中，還是在實盤中，上根 K 線始終都是已經完成的，從而使回測與實盤保持一致。

6.3.2 偷價

偷價利用的是已經過去的價格。偷價並不會造成交易訊號頻繁出現和消失，但會造成交易訊號無效。下面來看一個例子，有一個策略邏輯為，如果收盤價高於開盤價，就在開盤時買入；如果收盤價低於開盤價，就在開盤時賣出。顯然這個策略條件在實盤時是不能成交的，因為當收盤價出現時，開盤價早就過去了。但是在回測中，程式是會以開盤價買入、賣出的，這相當於在原本的資金曲線上疊加了一條斜率為正的直線，會形成一種非常誇張的回測圖表。

為了避免發生這種情況，在策略撰寫完成後，首先要檢查策略邏輯，如果策略回測的收益曲線非常平滑，回撤極小，就要警惕了；如果策略邏輯存在隱蔽性偷價行為，則務必在進行實盤交易前先用模擬交易測試一段時間。

6.3.3 成本衝擊

在實盤交易中，為了保證訂單能及時成交，通常需要用對手價或市價下單，商品期貨買一價和賣一價至少相差一個點差，如果是交易不活躍的期貨合約，就需要更高的點差成本。當自己的訂單量超過市場現有的訂單量時，就會導致自己的訂單消耗了市場流動性，使價格向不利於自己的方向移動，使交易成本進一步提升。此外，手續費、極端行情、軟體系統、硬體系統、伺服器回應、網路延遲都會提高實盤的交易成本。交易頻率較高的策略受市場衝擊的成本更高，為了讓回測環境更接近實盤環境，可以在回測時加上固定 2 跳左右的滑點。

6.3.4 倖存者偏差

倖存者偏差是一種邏輯上的謬誤，意思是沒有意識到資料篩選的過程，忽略被篩選掉的資料，只根據篩選後的資料得出與實際偏離的結論。

下面來看一個例子，兩個策略的資金曲線如圖 6.5 所示。左邊的資金曲線穩定向上，沒有最大回撤，對應的是一個非常好的交易策略；右邊的資金曲線是 100 次隨機交易回測中表現最好的一個。透過這個例子可以知道，回測也有運氣的成分，有時回測結果很好，可能是因為這個策略剛好適應了歷史資料，再換幾個參數或回測品種就不一定有這麼好的結果了。

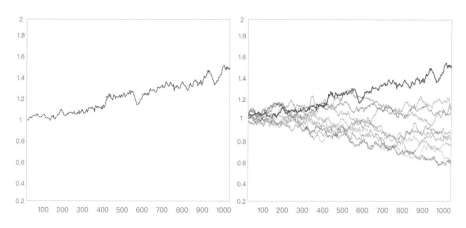

▲ 圖 6.5 兩個策略的資金曲線

6.3.5 過擬合

過擬合是統計學中的術語，是指過於精確地匹配資料特徵，以至於無法在其他資料中良好地擬合。量化交易中的過擬合是一種在回測時表現很好、在實盤交易中表現較差的現象。

模型欠擬合、適當擬合、過擬合的影像如圖 6.6 所示。實際上，策略回測應該像圖 6.6（b）那樣，在資料中匹配普遍規律，而非像圖 6.6（c）那樣試圖匹配所有規律，這樣才能在新的資料中更好地適應，否則會導致策略泛化能力下降。

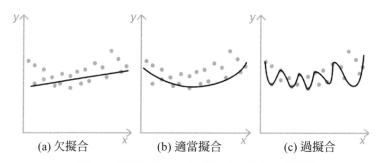

▲ 圖 6.6 模型欠擬合、適當擬合、過擬合的影像

由於商品期貨歷史資料有限，因此過擬合問題非常嚴重，尤其是中低頻策略，幾乎不可能完全避免過擬合，但可以利用下面幾種方法減少擬合。

- 減少核心參數。
- 簡化處理邏輯。
- 增加資料樣本。
- 進行樣本內回測和樣本外回測。

如果策略核心參數過多或策略邏輯非常複雜，就很容易過擬合歷史資料，尤其是當資料樣本過少，不足以讓策略獲得整個全域特徵時。在樣本過少的情況下驗證策略是否有效，無異於坐井觀天，可能會將回測資料自身的特性當成所有潛在樣本的共通性，這樣一來，策略在面對實盤時就不適應了。當資料樣本足夠多時，回測結果就不會被局部特徵迷惑了。

6.4 遞進和交叉回測

巴菲特曾經說過：「在投資市場裡，後視鏡永遠比擋風玻璃讓你看得更清楚。」他的投資哲學是，除非投資標的的「過去」和「未來預期」一樣穩定可靠，否則絕不投資。量化交易回測就像後視鏡，如何透過回測判斷策略預期結果，應該使用科學的回測方法。

6.4.1 樣本內回測和樣本外回測

期貨交易往往當時很難理解，但事後分析起來很簡單。量化交易回測也存在這個問題，回測是站在資料的終點往資料的起點看，企圖在有限的資料中發現規律，無異於坐井觀天。

為了解決這個問題，我們通常將資料分成樣本內資料和樣本外資料。樣本內資料相當於上課學習的課本知識，樣本外資料相當於課後作業和期末考試。而量化交易主要在樣本內資料上進行策略參數最佳化，在樣本外資料上驗證策略是否有效。

資料的劃分並沒有嚴格的要求，但至少有幾個原則：在資料樣本有限的情況下，樣本內資料與樣本外資料的比例通常是6：4或7：3；如果資料充足，那麼這個比例可以更寬限一些，可以為5：5或8：2；對於邏輯簡單的日內短線策略，可以減少樣本內資料，增加樣本外資料。

6.4.2 樣本遞進回測

僅憑一次測試就判定策略的好壞顯然是不合理的，因為回測的結果有運氣的成分，有可能保留了不好的策略，也有可能將好的策略篩選掉了。因此樣本遞進回測是一種更好的回測方式。

樣本遞進回測會將資料分為多個階段，每個階段又分為樣本內資料和樣本外資料，透過對樣本內資料進行最佳化，得到策略參數，再將策略參數放到樣本外資料上進行檢驗，並且不斷以遞進的方式移動樣本段，最後將所有樣本外資料的測試報告組合成一個整體的回測績效報告。例如，螺紋鋼指數大約有10年的歷史資料，可以將該歷史資料分為5個階段。

第1階段：2010—2015年的資料為樣本內資料，2016年的資料為樣本外資料。

第2階段：2011—2016年的資料為樣本內資料，2017年的資料為樣本外資料。

第3階段：2012—2017年的資料為樣本內資料，2018年的資料為樣本外資料。

第4階段：2013—2018年的資料為樣本內資料，2019年的資料為樣本外資料。

第5階段：2014—2019年的資料為樣本內資料，2020年的資料為樣本外資料。

樣本遞進回測的兩種方式如圖6.7所示。

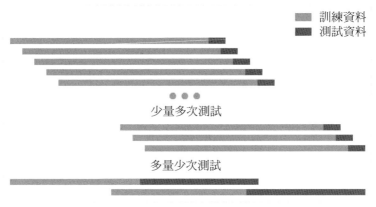

▲ 圖 6.7 樣本遞進回測的兩種方式

第 1 種：在每次檢驗時，測試資料較少，測試次數較多。

第 2 種：在每次檢驗時，測試資料較多，測試次數較少。

注意 在實際應用中，可以透過改變測試資料的數量，進行多次測試，從而判斷策略在應對非平穩資料時的穩定性。

6.4.3 樣本交叉回測

除了樣本遞進回測，還有一種回測方式，即樣本交叉回測。樣本交叉回測也是一種動態的回測方式，它將資料分為多個階段，每個階段又分為樣本內資料和樣本外資料，透過回測並最佳化樣本內資料，得到最優的策略參數，然後將最優的策略參數放到樣本外資料上進行檢驗，最後將所有樣本外資料的回測結果組合成一個整體的回測績效報告。例如，螺紋鋼指數大約有10 年的歷史資料，可以將該歷史資料分為 5 個階段。

第 1 階段：2010—2011 年的資料為樣本外資料，其他資料為樣本內資料。

第 2 階段：2012—2013 年的資料為樣本外資料，其他資料為樣本內資料。

第 3 階段：2014—2015 年的資料為樣本外資料，其他資料為樣本內資料。

第 4 階段：2016—2017 年的資料為樣本外資料，其他資料為樣本內資料。

第 5 階段：2018—2019 年的資料為樣本外資料，其他資料為樣本內資料。

樣本交叉回測原理如圖 6.8 所示。

▲ 圖 6.8 樣本交叉回測原理

樣本交叉回測的優點是可以充分利用有限的資料，每個樣本內資料同樣也是樣本外資料。但樣本交叉回測在應用時也存在明顯的缺點。

- 當價格資料處於非平穩狀態時，策略回測結果往往不可靠。例如，用 2018 年的資料作為樣本內資料，用 2015 年的資料作為樣本外資料，2018 年的市場環境與 2015 年相比，可能發生了很大的變化，所以策略回測的結果不可信。

- 與第 1 筆類似，在樣本交叉回測中，如果用最新的資料作為樣本內資料最佳化策略，用較老的資料回測策略，那麼是不符合邏輯的。

優秀的交易策略應該能夠在未來具有獲利性，在大部分的情況下，直接在全部的歷史資料上選擇最優參數是非常危險的，如果先利用樣本內資料對參數進行最佳化，再利用樣本外資料進行樣本外回測，除了能客觀檢測交易策略的好壞，還能有效節省時間。

量化交易策略本質上是一個從大量似乎隨機的資料中尋找局部非隨機資料的過程，如果不借助統計學知識，那麼很容易掉進資料陷阱中。如果發現樣本外資料表現不好，又覺得丟掉策略太可惜，因此繼續對樣本外資料進行最佳化，直到樣本外資料表現良好，那麼最後受傷的一定是自己的真金白銀。

雖然擁有龐大的歷史資料，但面對浩瀚無盡且不可預測的未來，歷史資料顯得極度匱乏。因此基於歷史資料倒推出來的交易系統，終究會隨著時間流逝變得無效。因為歷史不能窮盡未來，所以一個完整的正期望交易系統必須由其內在原理或邏輯支撐。

6.5 量化交易實盤

發明者量化交易平台是最專業的量化社區之一，支持商品期貨 CTP、易盛介面，在該平台上可以學習、撰寫、分享、買賣量化策略，可以線上回測和使用模擬盤模擬交易，還可以執行、公開、圍觀實盤。

發明者量化交易平台適用於量化交易初學者，即使無基礎，也可以快速入門。該平台功能強大、靈活，還可以滿足使用者的進階需要。本節分別從設定期貨帳戶、建立策略、建立實盤等方面，將之前所學的知識應用於實戰。

6.5.1 設定期貨帳戶

首先註冊並登入發明者量化交易平台，在控制中心頁面點擊「交易所」按鈕，跳躍到交易所頁面，然後點擊「增加交易所」按鈕，如圖 6.9 所示，即可增加期貨帳戶資訊，如圖 6.10 所示。

名稱	API Name	操作項
永安期貨	Futures_CTP	刪除 修改 交易
銀河期貨	Futures_CTP	刪除 修改 交易
国投安信	Futures_CTP	刪除 修改 交易
光大期貨	Futures_CTP	刪除 修改 交易
海通期貨	Futures_CTP	刪除 修改 交易
南华期貨	Futures_CTP	刪除 修改 交易
兴证期貨	Futures_CTP	刪除 修改 交易

▲ 圖 6.9 點擊「增加交易所」按鈕

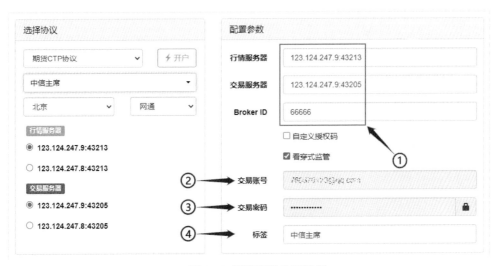

▲ 圖 6.10　增加期貨帳戶資訊

下面來看一個選擇期貨公司的例子，選擇期貨 CTP 協定和中信主席（看穿式監管），在選擇對應的網路節點後，系統會自動匹配行情伺服器、交易伺服器及 Broker ID，然後輸入交易帳號和交易密碼，如圖 6.11 所示。

▲ 圖 6.11　選擇期貨公司範例

① 在選擇了期貨公司後,行情伺服器、交易伺服器、Broker ID 會自動填充,也可以根據自己的網路,選擇期貨公司的其他線路節點。通常不用設定,保持預設設定即可。

② 設定期貨公司資金帳號(CTP 登入驗證)。

③ 設定期貨公司資金帳號的密碼(CTP 登入驗證)。

④ 設定標籤,可以使用預設標籤,如果需要區分不同的帳戶,則可以自行修改。

注意　如果需要設定自訂授權碼,則需要選取「自訂授權碼」核取方塊。如果選取「看穿式監管」核取方塊,則可以直接在設定期貨公司時搜尋「看穿式」,會彈出對應的期貨公式串列,如圖 6.12 所示,發明者量化交易平台已經對這些期貨公司進行了自動設定。

▲ 圖 6.12 選取「看穿式監管」核取方塊後的期貨公司串列

　在增加期貨公司設定資訊後,在交易所頁面會顯示已經增加的期貨公司設定資訊,如圖 6.13 所示。

▲ 圖 6.13 已經增加的期貨公司設定資訊

6.5.2 在 Windows 作業系統中部署託管者

部署託管者有兩種方式，可以透過發明者量化交易平台將託管者一鍵部署到阿裡雲端服務器上，也可以手動將託管者部署在自己的裝置、伺服器、電腦上。在控制中心頁面點擊「託管者」按鈕，跳躍到託管者頁面，點擊「部署託管者」按鈕，如圖 6.14 所示，跳躍到部署託管者頁面。

▲ 圖 6.14 點擊「部署託管者」按鈕

託管者程式支援多種作業系統，如 Windows、Linux、Mac、ARM Linux，可以部署到大部分裝置上。以 Windows 作業系統為例，看下如何手動部署一個託管者，如圖 6.15 所示。

▲ 圖 6.15 手動部署託管者（1）

可以選擇對應作業系統的託管者，在下載並解壓縮後執行。然後複製貼上「介面版」字樣後的位址資訊。Windows 作業系統對應的位址是 node.***.cn/xxxxxxx，「x」表示數字，每個帳戶都對應不同的數字序列，如圖 6.16 所示。

▲ 圖 6.16 手動部署託管者（2）

輸入執行位址，輸入當前發明者量化交易平台帳號的密碼，點擊「啟動」按鈕，即可執行。如果顯示如下資訊，則說明託管者正常啟動了，如圖 6.17 所示。

```
2020/06/22 17:50:30 Login OK, SID: 9XXXX6, PID: 3XXXX6
```

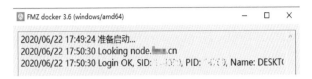

▲ 圖 6.17 手動部署託管者（3）

注意
　　在一個裝置或伺服器上可以運行多個託管者，在一個託管者上可以運行多個實盤。即使在設定最低的阿里雲端服務器上，同時運行 6 ～ 7 個實盤也是沒有壓力的。

　　在部署託管者、設定交易所後，不要輕易修改發明者量化交易平台的帳號密碼，修改密碼會導致設定的交易所設定故障，需要重新設定交易所資訊並重新啟動託管者才能正常使用（已經運行起來的沒有影響）。

6.5.3 在 Linux 作業系統中部署託管者

　　在 Linux 作業系統中部署託管者比在 Windows 作業系統中部署託管者複雜，但如果想長期從事量化交易工作，建議使用便宜又好用的 Linux 伺服器。在 Linux 作業系統中登入託管者，如圖 6.18 所示。

　　（1）購買伺服器，一般選擇 CentOS 系統，最低設定即可。

　　（2）登入伺服器，使用 SSH 工具登入 Linux 作業系統。

```
root@138:~                                                    —   □   ×
login as: root
root@         .      's password:
Last login: Mon Jun 22 06:02:56 2020 from      .      .     .
(base) [root@138 ~]# ./robot -s node.    .cn/7255411
Password:
2020/06/22 06:06:17 Login OK, SID: 114032, PID: 2362, Name:          .16clo
uds.com
```

▲ 圖 6.18 在 Linux 作業系統中登入託管者

（3）下載託管者，根據 Linux 作業系統的位元數選擇對應版本的託管者。

（4）執行 tar -xzvf robot_linux_amd64.tar.gz 命令，將下載的託管者壓縮檔解壓縮。

（5）測試託管者執行，在解壓後的目錄中執行如下命令。

```
./robot -s node.***.cn/2XXXX8 -p 密碼
```

-p 後面輸入空格，然後輸入發明者量化交易平台帳戶的密碼。「2XXXX8」只是舉個例子，每個帳戶的位址都不一樣。

如果提示「202X/XX/XX 06:06:17 Login OK, SID: 114032, PID: 2362, Name: host.localdomain」，則說明執行成功。如果遇到許可權問題，那麼在執行 chmod +x robot 命令後重試。

（6）託管者在 Linux 作業系統的前台執行，關閉 SSH 工具的連接，就可以斷開託管者與 Linux 作業系統之間的連接。

（7）如果需要在關閉 SSH 工具後讓託管者保持執行，則可以執行如下後台命令：

```
nohup ./robot -s node.***.cn/2XXXX8 -p 密碼 &
```

也可以使用 Linux 作業系統的 screen 軟體工具在後台執行託管者。在完成部署工作後，即可在託管者頁面看到部署的託管者。

6.5.4 一鍵租用託管者

如果覺得手動部署託管者比較麻煩，或者不方便使用自己的電腦執行託管者，則可以選擇一鍵租用託管者。

在佈置託管者頁面點擊「一鍵租用託管者」按鈕，如圖 6.19 所示。在輸入發明者量化交易平台帳戶的密碼後，即可自動部署託管者，如圖 6.20 所示。稍等幾分鐘，即可正常執行，如圖 6.21 所示。

一鍵租用託管者採用阿里雲的 Linux 伺服器，內建 Python 3 及常用的協力廠商 Python 函數庫，包括 talib 函數庫、numpy 函數庫、matplotlib 函數庫。

 一鍵租用託管者不支持機器學習 TensorFlow 函數庫。

▲ 圖 6.19 一鍵租用託管者（1）

▲ 圖 6.20 一鍵租用託管者（2）

▲ 圖 6.21 一鍵租用託管者（3）

6.5.5 建立策略

在設定好交易所、部署好託管者後，即可選擇需要讓實盤執行的交易策略了。本節介紹如何建立管理策略和實盤。實盤可以視為以託管者程式為底層支援，在託管者上執行的策略實例，用於操作設定好的期貨帳戶（透過交易所設定資訊）。

建立策略的方法有 2 種：新建策略和從策略廣場中複製別人分享的開放原始碼策略到自己的策略庫中。

1・新建策略

（1）點擊「新建策略」按鈕，如圖 6.22 所示。

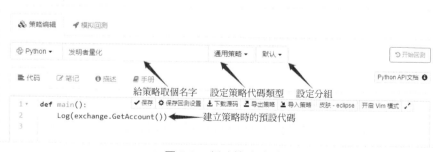

▲ 圖 6.22 新建策略（1）

（2）輸入策略名稱，點擊「保存」按鈕，該策略就會顯示在策略庫頁面。也可以在頁面右邊設定策略類型和策略分組，如圖 6.23 所示。

▲ 圖 6.23 新建策略（2）

2．從策略廣場中複寫原則到自己的策略庫中

（1）點擊網站首頁的「策略」按鈕，跳躍到策略廣場頁面，選中一個策略，點擊策略名稱，如圖 6.24 所示，跳躍到策略描述頁面，如圖 6.25 所示。

 對於複製的策略，在實盤運行前，必須檢測該策略程式的安全性。

（2）點擊「點擊完整複製並進行線上回測」按鈕，會自動跳躍到該策略的編輯頁面，可以對策略進行修改，在修改完成後，點擊「保存」按鈕，如圖 6.26 所示，即可將所選策略儲存於當前帳號的策略庫中。

▲ 圖 6.24 複寫原則（1）

▲ 圖 6.25 複寫原則（2）

▲ 圖 6.26 複寫原則（3）

6.5.6　管理策略

　　在策略庫頁面中，可以為不同的策略設定分組，點擊右上角的「分組管理」按鈕，如圖 6.27 所示，彈出「增加分組」對話方塊，在「分組名稱」文字標籤中輸入分組名稱，這裡輸入「MY 語言」，如圖 6.28 所示，即可建立對應的策略標籤。

商品期货 16 　　数字货币 1 　　默认 146				分组管理
名称 ⇕		最后修改 ↓⅞	创建日期 ⇕	操作项
Python版商品期货跨期布林对冲策略		7 天前	2020-10-14 16:12:03	操作项 ▾
动态阶梯突破策略	已公开	7 天前	2019-10-30 16:45:03	已公开 ▾
鳄鱼交易法则策略	已公开	7 天前	2020-04-16 09:53:53	已公开 ▾
使用DMI辅助MACD策略	已公开	7 天前	2019-11-14 17:09:14	已公开 ▾
经典MACD交易策略	已公开	7 天前	2019-10-25 16:43:14	已公开 ▾
自适应动态双均线策略Python版	已公开	7 天前	2019-10-18 17:16:54	已公开 ▾
日内高低点突破策略	已公开	7 天前	2019-11-19 15:43:04	已公开 ▾
增强版唐奇安通道策略	已公开	7 天前	2019-11-28 12:24:20	已公开 ▾

▲ 圖 6.27　管理策略（1）

　　在設定好分組後，即可將上一節從策略廣場中複製的策略拖入設定好的分組「MY 語言」中，如圖 6.29 所示。

▲ 圖 6.28　管理策略（2）

MY语言 **0** 默认 **46**		分组管理
名称 ⇕	最后修改 ⇕ 创建日期 ⬇️ᶻₐ	操作项
Ⓗ Dual Thrust 策略麦语言版 ⧉	2019-10-08 17:22:00	内置库 ▾
简单预定买入后卖出机器人 ⧉	2019-10-08 17:12:00	内置库 ▾
C++商品期货高频交易策略Penny Jump ⧉	2019-08-24 12:16:00	内置库 ▾
可视化编程体验之 - 动态平衡策略	2018-10-12 15:43:00	内置库 ▾
商品期货交易类库 (Copy) ⧉	2018-03-12 14:56:43	操作项 ▾
商品期货跟单系统（HKB）(Share 1520837711)	2018-03-12 14:55:11	操作项 ▾

▲ 圖 6.29 管理策略（3）

在「MY 語言」分組中可以看到上一節從策略廣場中複製過來的策略，點擊該策略的名稱，進入策略庫頁面，點擊右側的「操作項」下拉按鈕，在彈出的下拉串列中選擇對應的選項，可以對策略庫中的策略進行編輯、複製、刪除、公開、售賣、運行操作，如圖 6.30 所示。

▲ 圖 6.30 管理策略（4）

選擇「編輯」選項，可以跳躍至所選策略的編輯頁面。

選擇「分享」選項，可以將所選策略以兩種方式分享。

● 內部分享：在設定時間、複製次數等資訊後，會生成一個複製碼和一個複製位址，打開這個複製位址，輸入複製碼，即可獲取所選策略。

● 公開分享：所選策略會顯示在策略廣場中，其他使用者可以透過複製獲取該策略。

選擇「售賣」選項，可以將所選策略以兩種方式出售。

- 內部出售：在設定使用時間、併發實盤個數等資訊後，會生成一個註冊碼和一個註冊位址，打開這個註冊位址，輸入註冊碼，即可獲得所選策略的使用權限，但是無法看到策略程式。

- 公開出售：申請在策略廣場中上架所選策略，需要審核，並且需要滿足上架條件。

注意 分享、出售等操作建立的複製碼、註冊碼等資訊，可以在「授權管理」頁面中進行管理。點擊「授權管理」按鈕，即可進入「授權管理」頁面，如圖 6.31 所示。

▲ 圖 6.31 管理策略（5）

6.5.7 建立實盤

實盤是量化交易策略的具體實現，它會按照策略邏輯自動進行交易，在滿足設定的條件時，可以自動買入或賣出，如圖 6.32 所示。可以透過策略實現自動警告等功能。

如果已經增加了期貨公司設定資訊、部署了託管者、建立了策略,那麼點擊「建立實盤」按鈕,跳躍到建立實盤頁面,設定相關參數,如圖 6.33 所示。往下滑動,需要繼續設定,如圖 6.34 所示。

▲ 圖 6.32 建立實盤(1)

▲ 圖 6.33 建立實盤(2)

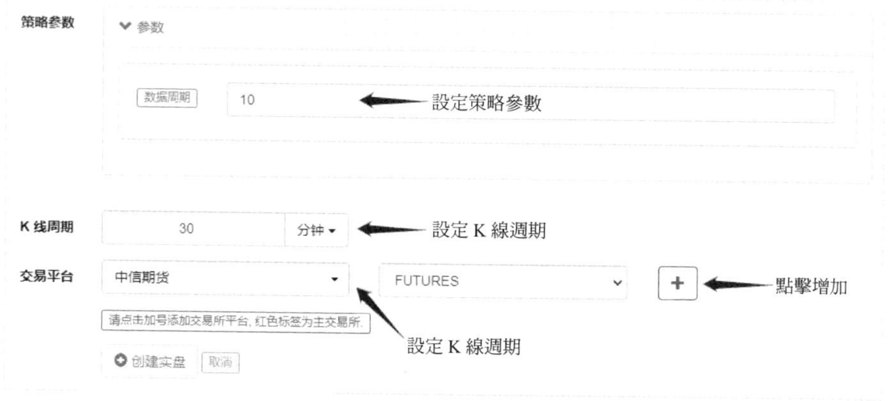

▲ 圖 6.34 建立實盤(3)

在實盤的相關設定設定完成後，點擊「建立實盤」按鈕，跳躍到實盤管理頁面，該頁面顯示了實盤的運行狀態，如圖 6.35 所示。

▲ 圖 6.35　建立實盤（4）

點擊具體的實盤名稱，進入實盤運行頁面，該頁面展示了實盤的詳細情況。一般在撰寫策略時，可以使用 Log() 函數列印一些必要資訊或資料，方便在實盤執行時期查看，如圖 6.36 所示。

▲ 圖 6.36　建立實盤（5）

由於實盤沒有連接期貨公司前置機（未開市時間），因此圖表資訊、狀態列資訊都沒有顯示出來。在學習完本節內容後，讀者可以在開市時間嘗試運行一個實盤。

6.5.8 管理實盤

如果需要了解實盤運行情況，則可以對運行中的實盤開啟監控功能。在發明者量化交易平台首頁點擊「控制中心」按鈕，跳躍到控制中心頁面，然後點擊「實盤」按鈕，跳躍到實盤頁面，在狀態列中顯示每個實盤的運行狀態，以及每個實盤的具體盈利額度，如圖 6.37 所示。有時策略會出於某些原因出現錯誤，導致實盤停止，錯失開平倉機會，可以在建立實盤後，點擊「監控」按鈕，彈出「確認提示」對話方塊，如圖 6.38 所示，點擊「確定」按鈕，開啟監控功能。在開啟監控功能後，實盤一旦停止，電子郵件與綁定的微信就會收到通知。

▲ 圖 6.37 管理實盤（1）

▲ 圖 6.38 管理實盤（2）

- 點擊「停止」按鈕，實盤會停止，操作按鈕也會發生變化。
- 點擊「刪除」按鈕，在確定刪除之後，會刪除實盤。
- 點擊「重新啟動」按鈕，可以重新啟動該實盤。

注意 以上是手動管理實盤的方法，發明者量化交易平台還開放了擴充API，可以使用程式批次自動管理實盤。

6.6 溫故知新

學完本章內容，讀者需要回答：

1・量化交易回測績效報告中有哪些資料？

2・如何避開回測中的陷阱？

3・樣本遞進回測和樣本交叉回測有哪些區別？

在下一章中，讀者會了解到：

1・期貨市場的三大風險。

2・等值鞅和反等值鞅的倉位管理。

3・投資組合和風險控制。

Chapter

7

風險管理與投資組合

量化交易的關鍵常識是存在風險，但對大多數交易者來說，風險是一個令人不愉快的話題。雖然嚴格控制風險意味著與暴利絕緣，但對優秀的量化交易者來說，資金和風險管理絕對都有必要。

7.1 認識期貨中的風險

大部分初學者熱衷於談交易技術，這無可厚非，因為技術是基礎的東西，是初入市場的人可以直觀學到的。技術就像撰寫程式時使用的程式設計語言、函數庫、框架，合理地使用技術可以初步增加你在市場中的優勢。

資金管理同樣很重要。知己知彼，百戰百勝。資金管理就是風險管理，在介紹正確的資金管理前，我們先介紹市場的三大風險，這樣有助於理解本節內容。

7.1.1 系統性風險

金融市場的系統性風險是非常複雜的，它與大海有點類似。大海是高風險環境，時而平靜、時而瘋狂。無論是捕魚，還是運輸，都要獲得利潤。如果不下海，就得不到我們想要的利潤；如果下海，就有可能被大海吞噬，並且無論採取多麼周密的計畫，這個風險都始終存在。你能控制、計算大海嗎？盈虧同源的道理就是從這裡來的。既然註定無法逃避，就無須逃避。在交易系統中，除了利用合理的規則包容市場的系統性風險，我們還有別的選擇嗎？沒有，我們只能包容系統性風險。

7.1.2 人為主觀性風險

有一句老話：「人才是最大的風險來源，最該小心的那個人是自己。」這話向我們揭露了另一種類型的風險，那就是人為主觀性風險。人在極端環境下，很難做出客觀理性的選擇。例如，在面對巨大虧損時，如果心態失去控制，那麼很容易衝動，就像賭紅眼的賭徒。

交易做的時間長了，難免遇到心態失去控制的情況，而老手一般可以在 10 分鐘之內平復心情，因為他們知道，發脾氣根本沒有任何幫助。可以說，一個交易者的素質好不好，主要看他是如何控制自己、控制人為主觀性風險的。

注意 因為系統性風險是不可控制、不可避免的，所以這樣的損失是恒定的，並且利潤也是恒定的。但這個利潤還要減去人為主觀性風險所帶來的損失。因此，在實戰中，完美理論因為人的不同，導致最終結果出現嚴重偏差。

7.1.3 策略性風險

做交易的人一定知道期貨市場是有主力的，主力會刻意誤導散戶，主力明明要啟動行情卻故意先來個大跌，導致我們看不清楚真實的方向，在該買的時候賣，在該賣的時候買。這樣的行為就是透過策略強加於我們的風險。

理論上盈虧同源，但與系統性風險不同的是，策略性風險並沒有辦法在機率上被衡量，而系統性風險可以被機率統計與衡量。因為策略性風險的技巧化與因人而異化，所以策略性風險並不存在交易多少次就一定會成功多少次或失敗多少次的統計模型。

主力背後或許是一個精英團隊，水準比散戶高多了，並且在消息面、基本面分析、資金實力上，都比廣大散戶有壓倒性的優勢。從承擔風險類型的區別來看，散戶面對主力就已經很吃虧了，所以散戶的成功率很低，總是賺不到錢再自然不過了。

7.1.4 資金管理的意義

期貨市場的風險規模大，涉及面廣，具有放大性、複雜性與可預防性等特徵。期貨的風險成因主要有價格頻繁波動、保證金交易的槓桿效應、非理性投機及市場機制不健全等。

需要注意的是，要對資金管理持正確的態度。資金管理的功能是控制淨值回撤和提高穩定性，不是盈利。透過總倉位比例控制虧損，保證交易能夠無限重複。資金管理無法將一個本身是負期望的交易策略從虧損狀態扭轉為盈利狀態，但可以避免將一個本身是正期望的交易策略，從盈利狀態變成虧損狀態。所以資金管理並不是萬能的，但它是整個交易系統中必備的一部分。

7.1.5 資金管理的方法

第 1 種：固定百分比資金管理。

固定百分比資金管理是一種非常流行、穩健的方法，它的優點是在回撤期可以延緩本金的下跌速度，而在行情來的時候，可以加快本金的上漲速度。這種方法非常簡單，建議初學者採用這種資金管理方法，其計算公式如下：

$$頭寸量 = \frac{剩餘本金（美元）\times N\%}{止損距離（點）\times 每一點代表的美元}$$

注意
　N 表示你能承受的虧損額度的最大百分比，止損距離就是開倉點減去止損點。

第 2 種：贏沖輸縮。

從風險控制的角度來看，「輸沖贏縮」類資金管理策略的風險是開放性的，會導致破產風險加速升高，而「贏沖輸縮」類資金管理策略可以維持破產風險的穩定。

假設我們有 100 元，每次只拿總資金的 10%，第 1 次是 10 元，第 2 次是 9 元，不管第幾次我們都還有 10 次以上的機會。所以「贏沖輸縮」類資金管理策略可以保證我們在市場中「活」得更久些。

第 3 種：分散式交易。

華爾街有句名言：「不要把所有的雞蛋放在同一個籃子裡。」多元化資產設定是唯一的免費「午餐」。單品種的穩定性和抗風險性極差，並且單一品種的市場容量是有限的，大資金出入會對市場造成很大的衝擊，出入場都很難成交在理想價位。可以試著分散投資品種，如股票、ETF、黃金等。除了分散品種，還可以採用多策略、多參數、多週期組合的方法，從而達到「削峰填谷」的目的。

第 4 種：凱利公式。

凱利公式是一個在特定賭局中，使擁有正期望值重複行為的長期增長率最大化的公式，該公式如下：

$$f^* = \frac{bp - q}{b} = \frac{p(b+1) - 1}{b}$$

- f^* 為現有資金應進行下次投注的比例。
- b 為投注可得的賠率（不含本金）。
- p 為獲勝率。
- q 為落敗率，即 $1 - p$。

注意 凱利公式的適用場景是反覆多次下注的場景。「沒有把握，決不下注」，不下注，就不會輸，這是一切投資的基本道理。

暴利背後往往背負著風險，資金管理的重要性無論怎麼強調都不為過。不同的交易者有不同的資金管理方法，如同沒有策略「聖杯」一樣，沒有一種資金管理方法是放之四海皆準的，沒有一種資金管理方法是適合所有投資方法的，適合的才是最好的。

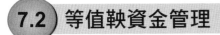

7.2 等值鞅資金管理

　　鞅是概率論中的一種隨機過程，這個隨機過程未來的期望值與當前時間點的值相同。在量化交易中，鞅表示收益期望為 0，如果某個策略的交易過程是鞅，那麼在理想情況下，其未來的淨值跟當前的淨值一樣。

7.2.1 什麼是馬丁格爾策略

　　馬丁格爾策略是一種等值鞅式的資金管理方法，英文直譯為 martegal，最初是指控制馬車的馬具，後來馬丁格爾策略代表一種賭博策略。

　　馬丁格爾策略最初應用在輪盤賭博中，逐漸延伸到金融交易中，直到今天，在股票、期貨、外匯領域仍然可以看到馬丁格爾策略的影子。馬丁格爾策略之所以經久不衰，是因為從理論上講，這是一種永不虧錢的策略。

7.2.2 正向馬丁格爾策略

　　正向馬丁格爾策略永不虧錢的秘訣在於，在每次賠錢後，都將賭注加倍，而在贏錢後，將賭注恢復到初始資金。無論在贏錢之前輸了多少次，只要讓下注者贏一次，不僅能贏回之前的所有損失，還能獲得最後一次賭注的收益。馬丁格爾策略在金融市場中，創造了很多盈利奇蹟和虧損滑鐵盧。

　　以拋硬幣為例，出現正面和反面的機率都為 50%，連續出現正面或反面的次數，都是以 50% 的機率開始遞減的，也就是説，在任意一次拋硬幣過程中，出現正面的機率是 50%，連續 2 次出現正面的機率是 25%，連續 3 次出現正面的機率是 12.5%，依此類推。

　　如果最開始賭注是 1 元，連續輸錢的賭注以 2 的倍數增加，也就是 1、2、4、8、16、32、64、128、256、512 等，直到贏錢，一個回合才結束，那麼每個回合都能贏得 1 元。雖然在理論上，馬丁格爾策略可以做到永不虧錢，但隨著一連串的損失發生，賭注的規模會呈幾何倍的速度增加。

> **注意**
>
> 為了避免資金雄厚的賭徒運用這個策略，幾乎所有的賭場對每一次賭局都有最高下注限制。

7.2.3 正向馬丁格爾策略的測試程式

下面是正向馬丁格爾策略的測試程式，在該程式中，初始資金為 10,000 元，隨機盈虧的機率均為 50%，初始投入資金為 1 元，即贏的時候贏 1 元，虧的時候虧 1 元，但在每次虧損後將投入資金加倍，在盈利後將投入資金重置為 1 元。最後統計隨機次數、最大連續虧損次數、最大投入資金及最終資金，並且繪製資金曲線圖表。

```
'''backtest
start: 2020-01-01 00:00:00
end: 2020-01-02 00:00:00
period: 1d
basePeriod: 1d
exchanges: [{"eid":"Futures_CTP","currency":"FUTURES"}]
'''

import random

chart = {
    "__isStock": True,
    "tooltip": {
        "xDateFormat": "%Y-%m-%d %H:%M:%S, %A"
    },
    "title": {
        "text": "資金曲線"
    },
    "rangeSelector": {
        "buttons": [{
            "type": "hour",
            "count": 1,
            "text": "1h"
        }, {
            "type": "hour",
            "count": 2,
```

```
            "text": "3h"
        }, {
            "type": "hour",
            "count": 8,
            "text": "8h"
        }, {
            "type": "all",
            "text": "All"
        }],
        "selected": 0,
        "inputEnabled": False
    },
    "xAxis": {
        "type": ""
    },
    "yAxis": {
        "title": {
            "text": ""
        },
        "opposite": False,
    },
    "series": [{
        "name": "",
        "id": "",
        "data": []
    }]
}

# 策略入口函數
def main():
    global chart
    ObjChart = Chart(chart)                   # 繪圖物件
    ObjChart.reset()                          # 在啟動前，先清空繪圖物件
    now = 0                                    # 隨機次數
    bet = 1
    maxBet = 0                                 # 最大投入資金
    lost = 0
    maxLost = 0                                # 最大連續虧損次數
```

```
initialFunds = 10000                    # 初始資金
funds = initialFunds                    # 即時資金
while True:
    if random.random() > 0.5:           # 勝率為 50%
        funds = funds + bet             # 盈利
        bet = 1                         # 在每次盈利後，將投入資金重置為 1 元
        lost = 0
    else:
        funds = funds - bet             # 虧損
        bet = bet * 2                   # 在每次虧損後，將投入資金加倍
        lost += 1

    if bet > maxBet:
        maxBet = bet                    # 計算最大投入資金

    if lost > maxLost:
        maxLost = lost                  # 計算連續虧損次數

    ObjChart.add(0, [now, funds])       # 增加畫圖資料
    ObjChart.update(chart)              # 畫圖
    now += 1                            # 隨機次數加 1
    if funds < 0:                       # 如果破產，則結束程式
        Log("初始資金：" + str(initialFunds))
        Log("隨機次數：" + str(now))
        Log("最大連續虧損次數：" + str(maxLost))
        Log("最大投入資金：" + str(maxBet))
        Log("最終資金：" + str(funds))
        return
```

運行上面的正向馬丁格爾策略的測試程式，在日誌中的輸出結果如下：

初始資金：10000
隨機次數：511660
最大連續虧損次數：19
最大投入資金：524288
最終資金：-257889

運行上面的正向馬丁格爾策略的測試程式，繪製資金曲線圖表，如圖 7.1 所示。

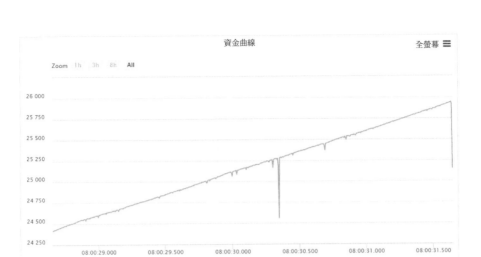

▲ 圖 7.1　正向馬丁格爾策略的資金曲線圖表

7.2.4　反向馬丁格爾策略

　　與正向馬丁格爾策略相反，反向馬丁格爾策略會在每次贏錢後，都將賭注加倍，而在賠錢後，將賭注恢復到初始金額。這是馬丁格爾策略的延伸，理論上這種策略更適合用在趨勢行情中，因為順勢而為的操作有很高的成功率。成功率的提高伴隨的是逐步加倉獲取的超額收益。

7.2.5　反向馬丁格爾策略的測試程式

　　下面是反向馬丁格爾策略的測試程式，在該程式中，初始資金為 10,000元，隨機盈虧的機率均為 50%，初始投入資金為 1 元，即贏的時候贏 1 元，虧的時候虧 1 元，但在每次盈利後將投入資金加倍，在虧損後將投入資金重置為 1 元。最後統計隨機次數、最大連續虧損次數、最大投入資金及最終資金，並且繪製資金曲線圖表。

```
'''backtest
start: 2020-01-01 00:00:00
end: 2020-01-02 00:00:00
period: 1d
basePeriod: 1d
exchanges: [{"eid":"Futures_CTP","currency":"FUTURES"}]
'''
```

```python
import random

# 建立圖表設定變數
chart = {
    "__isStock": True,
    "tooltip": {
        "xDateFormat": "%Y-%m-%d %H:%M:%S, %A"
    },
    "title": {
        "text": "資金曲線"
    },
    "rangeSelector": {
        "buttons": [{
            "type": "hour",
            "count": 1,
            "text": "1h"
        }, {
            "type": "hour",
            "count": 2,
            "text": "3h"
        }, {
            "type": "hour",
            "count": 8,
            "text": "8h"
        }, {
            "type": "all",
            "text": "All"
        }],
        "selected": 0,
        "inputEnabled": False
    },
    "xAxis": {
        "type": ""
    },
    "yAxis": {
        "title": {
            "text": ""
        },
        "opposite": False,
    },
    "series": [{
        "name": "",
        "id": "",
        "data": []
```

```
        }]
}

# 策略入口函數
def main():
    global chart
    ObjChart = Chart(chart)                    # 繪圖物件
    ObjChart.reset()                           # 在啟動前，先清空繪圖物件
    now = 0                                     # 隨機次數
    bet = 1
    maxBet = 0                                  # 記錄最大投入資金
    lost = 0
    maxLost = 0                                 # 最大連續虧損次數
    initialFunds = 10000                        # 初始資金
    funds = initialFunds                        # 即時資金
    while True:
        if random.random() > 0.5:              # 勝率為50%
            funds = funds + bet                # 盈利
            bet = bet * 2                      # 在每次盈利後，將投入資金加倍
            lost = 0
        else:
            funds = funds - bet                # 虧損
            bet = 1                            # 在每次虧損後，將投入資金重置為1
            lost += 1

        if bet > maxBet:
            maxBet = bet                       # 計算最大投入資金

        if lost > maxLost:
            maxLost = lost                     # 計算連續虧損次數

        ObjChart.add(0, [now, funds])          # 增加畫圖資料
        ObjChart.update(chart)                 # 畫圖
        now += 1                               # 隨機次數加1

        if funds < 0:                          # 如果破產結束程式
            Log("初始資金：" + str(initialFunds))
            Log("隨機次數：" + str(now))
            Log("最大連續虧損次數：" + str(maxLost))
            Log("最大投入資金：" + str(maxBet))
            Log("最終資金：" + str(funds))
            return
```

執行上面的反向馬丁格爾策略的測試程式，在日誌中的輸出結果如下：

```
初始資金：10000
隨機次數：19984
最大連續虧損次數：13
最大投入資金：2048
最終資金：-1
```

執行上面的反向馬丁格爾策略的測試程式，繪製資金曲線圖表，如圖 7.2 所示。

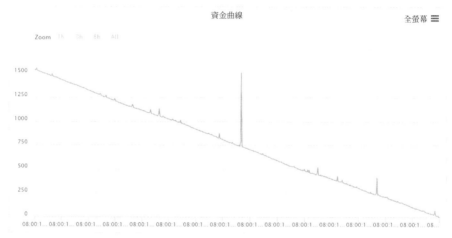

▲ 圖 7.2 反向馬丁格爾策略的資金曲線圖表

7.2.6 馬丁格爾策略在期貨市場中的應用

雖然在期貨市場中沒有對最高下單量進行限制，但與賭場不同的是，期貨的漲跌並不是完全隨機的，真實的金融交易市場比賭場更加複雜。如果將馬丁格爾策略用在期貨交易中，一旦市場按照反方向趨勢行情運行，後面隨著行情的發展，頭寸加倍會越來越大，風險也隨之增大。因此，要將馬丁格爾策略用於期貨市場的交易者至少需要解決 3 個問題：

- 起始倉位。
- 加倉倍數。
- 加倉距離。

> **注意** 起始倉位需要根據你的資金量設定，也就是在交易之前計算好資金能承受的最大連續虧損次數。如果起始倉位過高，則會導致在每次加倍加倉後投入過大的資金量。此外，加倉倍數太大也會導致同樣的問題，馬丁格爾策略預設採用雙倍加倉，如果設定成 3 倍加倉，那麼破產的速度會更快；如果設定成 1.5 倍加倉，則可以降低風險。最後需要考慮的是加倉距離。例如，在 5000 點開多單，價格下跌 15 點加倉和價格下跌 30 點加倉是不一樣的，這完全取決於交易者的風險承受能力和交易習慣。

7.3 反等值鞅資金管理方法

等值鞅策略的特點是賺錢的時候賺一點，賠錢的時候賠很多，這種資金管理方法順應了人性，人有厭惡風險，不願承認錯誤的共通性，在交易中表現為，有一點盈利就獲利為安，在虧損時卻緊握頭寸不肯認虧。而反等值鞅的資金管理方法是違反人性的表現。

7.3.1 什麼是凱利公式

反等值鞅策略的典型代表是凱利公式，該公式最早應用於賭博中，在一個正期望的獨立重複賭局中，凱利公式可以計算出每次投注的額度，實現本金最快速的增長。如果在一個負期望的賭局中，那麼凱利公式會舉出不賭即贏的結論。

假設總共有 100 元資金，那麼在一個拋硬幣遊戲中，如果硬幣正面向上，則贏 2 元；如果反面向上，則賠 1 元。可以使用任意金額進行投注，可以每次只投注 1 元，也可以一次將 100 元全部投注。

很明顯這是一個正期望的賭局，硬幣只有正、反兩面，出現正、反兩面的機率均為 50%，即勝率為 50%；但每次贏錢都贏 2 元，每次賠錢都賠 1 元，即賠率為 2。雖然這是一個正期望的賭局，但每次只投注 1 元，或者一次將 100 元全部投注肯定不是最優解。

如果一次將 100 元全部投注,則有 50% 的機率賠錢,在賠錢後,這個賭局就破產終止了。如果每次只投注 1 元,雖然不會有破產的風險,但會錯失很多機會和利潤,導致資金增長效率很低。利用凱利公式可以計算每次投注多少金額可以使利潤最大化。

7.3.2 凱利公式的計算方法

凱利公式的計算方法非常簡單,公式如下:

$$f^* = (bp - (1 - p)) / b$$

- $f\star$:最佳投注比例。
- p:勝率。
- b:賠率。

將上面拋硬幣例子的資料代入這個公式:

$$f^* = (2 \times 0.5 - (1 - 0.5)) / 2 = 0.25$$

也就是說,每次投注資金的 25%,可以使利潤最大化。接下來使用 Python 撰寫一個策略驗證一下。

7.3.3 用資料驗證凱利公式

由於程式中使用了隨機數,因此先使用 import 關鍵字匯入 random 函數庫,然後建立圖表設定變數,接著在無限迴圈中使用 random() 函數隨機生成一個 0 到 1 之間(包括 0)的數字,如果該數字大於 0.5,則表示盈利,否則表示虧損,最後分別使用 10%、25%、50% 的比例投注。

```
import random

chart = {
    "title": {
        "text": '資金曲線'
    },
    "rangeSelector": {
```

```
        "buttons": [{
            "type": 'all',
            "text": 'All'
        }],
        "selected": 0,
        "inputEnabled": false
    },
    "yAxis": {
        "title": {
            "text": '資金曲線'
        },
        "opposite": false,
    },
    "series": [{
        "name": "10%頭寸",
        "id": "",
        "data": []
    }, {
        "name": "25%頭寸",
        "id": "",
        "data": []
    }, {
        "name": "50%頭寸",
        "id": "",
        "data": []
    }]
};
# 圖表設定變數

def main():
    now = 0                                  # 模擬投注次數
    ObjChart = Chart(chart);                 # 繪圖物件
    ObjChart.reset();                        # 在啟動前，先清空繪圖物件
    funds1 = 100                             # 初始資金
    funds2 = 100                             # 初始資金
    funds3 = 100                             # 初始資金
    while True:
        betRatio1 = funds1 * 0.10            # 以10%的比例投注
        betRatio2 = funds2 * 0.25            # 以25%的比例投注
        betRatio3 = funds3 * 0.50            # 以50%的比例投注
        if random.random() > 0.5:            # 勝率為50%
            funds1 = funds1 + betRatio1 * 2  # 賠率為2
            funds2 = funds2 + betRatio2 * 2  # 賠率為2
            funds3 = funds3 + betRatio3 * 2  # 賠率為2
        else:
```

```
    funds1 = funds1 - betRatio1 * 1              # 賠率為 2
    funds2 = funds2 - betRatio2 * 1              # 賠率為 2
    funds3 = funds3 - betRatio3 * 1              # 賠率為 2
ObjChart.add(0, [now, funds1])                   # 增加繪圖資料
ObjChart.add(1, [now, funds2])                   # 增加繪圖資料
ObjChart.add(2, [now, funds3])                   # 增加繪圖資料
ObjChart.update(chart)                           # 繪圖
now = now + 1                                    # 投注次數
if now > 1000:
    return                                       # 模擬投注 1000 次
```

上面的程式使用 random 函數庫中的 random() 隨機函數，模擬了拋硬幣遊戲，值大於 0.5 表示硬幣正面向上，值小於或等於 0.5 表示硬幣反面。在勝率為 50%、賠率為 2 的情況下，分別用 10%、25%、50% 的比例投注，觀察它們的資金曲線，如圖 7.3 所示。

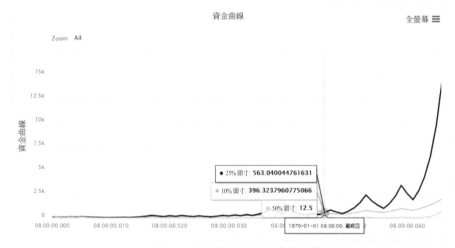

▲ 圖 7.3 不同投注比例的資金曲線

根據圖 7.3 可知，經過 1000 次投注，整體來看，使用 25% 的頭寸盈利最佳。注意資金曲線圖表左邊，雖然 50% 的投注在連續正面時資金增長很快，但是也承擔了更大的風險，在連續反面時資金下跌也很快。

一部分在不同勝率和賠率組合下的最佳投注比例如表 7.1 所示。

表 7.1 最佳投注比例

勝　率	賠　率	期　望	最佳投注比例
0.1	5	負期望	−0.08
0.5	1	零期望	0
0.6	2	正期望	0.4
0.6	5	正期望	0.52
0.9	5	正期望	0.88

根據表 7.1 可知：

- 只有在期望值為正時，遊戲才可以進行下去。
- 在勝率相同的情況下，賠率越高越好。
- 在賠率相同的情況下，勝率越高越好。

7.3.4 凱利公式在量化交易中的應用

在量化交易中，透過策略回測可以得出勝率和賠率的關鍵資料，可以計算出最佳的投注比例。例如，一個 CTA 趨勢策略的勝率為 38%，賠率（盈虧比）為 2.8，根據凱利公式計算可得：$f = (0.38 \times 2.8\text{-}(1\text{-}0.38))/2.8 \approx 0.15$，即每次投注資金的 15%，最終可以獲得最大化收益。

7.3.5 凱利公式的局限性

運用凱利公式的前提是有順序。在拋硬幣遊戲中，每次結果都是一個完全獨立的賭博事件，當前結果並不受上次結果的影響。對賭博來說或許是一個好模型，但並不一定適用於投資領域。

在賭博中盈虧是隨機的，但在金融市場中，盈虧並不是完全隨機的，價格不僅受其本身價值的認同度、外在宏觀事件的影響，還受交易者是否理性的影響。也就是說，價格在這些因素影響下，上漲或下跌的機率難以量化計算。此外，在金融市場中，同時面對多個交易品種，每個品種的盈虧幅度不同，出現的漲跌機率不同，每個品種的連結度也不同（當品種 A 上漲，品種 B 也可能跟著上漲）。

理論上，凱利公式遵循「日取其半，萬世不竭」的道理，在資金可以無限拆小的情況下，永遠不會破產，從而使利潤最大化。但在非線性的市場中，凱利公式的意義遠不如在賭博中那麼大。對凱利公式的學習，反映了資金管理的重要性。

7.4 建構投資組合和風險控制

「全球資產設定之父」加里·布林森曾經做過一個研究，長期來看，在整個投資收益中，來自擇時部分的不足 5%，剩下的投資收益主要來自成功的投資組合。

7.4.1 投資分散與均衡

一個好的投資組合有助於家族財富的傳承。例如，洛克菲勒家族、摩根家族、羅斯柴爾德家族等，基本都是靠某個行業發家，而後代靠均衡的資產設定，使這些財富長期保持增長。

在量化交易中，一個好的投資組合可以在跌宕起伏的金融市場中造成「削峰填谷」的作用。均衡的資產設定就跟合理的膳食搭配一樣，如圖 7.4 所示。營養學界流傳著這種說法：「沒有不好的食物，只有不合理的膳食」。

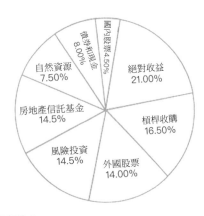

▲ 圖 7.4 均衡的資產設定

但在投資領域，「資產設定」這個詞一直飽受爭議。有人說，不能將所有的雞蛋放在同一個籃子裡；也有人說，與其雞蛋放在多個籃子裡，不如放在一個籃子裡，然後看好這個籃子。

金融市場的變化是紛繁複雜的，在不同時期，每種資產的收益都大不相同，有的是正收益，有的是負收益。如果僅設定單一的資產，那麼其收益會比設定均衡的資產組合有更加劇烈的波動。因此，分散和均衡的投資方法可以讓投資者更好地實現財務目標。

7.4.2 投資組合分類

在量化交易投資組合中，商品期貨只是其中的一部分，還包括基金、債券、股票等。從收益的角度來看：基金 < 債券 < 股票 < 期貨。從風險的角度來看：基金 < 債券 < 股票 < 期貨。

除了多品種組合，還可以將不同的策略組合到一起，如將 CTA 趨勢策略、CTA 震盪策略、跨期套利策略組合到一起。在實際應用中，不同週期的資料也可以組合到一起，如將 15 分鐘、1 小時、2 小時、日線資料組合到一起。

7.4.3 建構投資組合

將上述不完全相關的資產加入投資組合，可以有效降低系統性風險，使收益最大化；也可以在整體回報率不變的情況下，有效降低虧損的機率，使波動（風險）最小化。例如，雞蛋不要放在同一個籃子裡（分散），籃子也不要放在同一個地方（分散），不要一次性將雞蛋都放進去（定投），也不要在籃子裡只放雞蛋（多元）。

投資組合可以最大限度地分散風險，穩健增值。即使在不利的市場環境中，也能具備足夠的防禦性。此外，投資是違反人性的，科學的投資組合可以稍微順從一些人性，提高投資的容錯率。

在投資組合中，首先需要解決保障性設定，也就是保險，它是整個資產設定的前提和基礎保障。此外，設定低風險、低收益的貨幣基金，兼顧日常消費和周轉資金的流動性，低風險的政府債券、企業債券、債券基金、黃金、房地產等是較好的選擇。其次，設定一些收益能跑贏 GDP 增速的投資品種，確保整個投資組合有好的收益基礎。如果要跑贏「印鈔機」的速度（M2 增速），就需要設定一些高風險、高收益的資產，如個股、ETF、股票型基金、混合型基金及風險更高的美股、港股、商品期貨、外匯現貨等。最後，用很少的一部分錢購買勝率小賠率大的投資專案，如專案股權、數位貨幣。

7.4.4 收益與風險

投資組合沒有固定的模式和比例，一切取決於自己的風險偏好、收益預期、投資期限，將資金在不同資產類別之間合理分配。從收益風險比的角度來看，可以將資產劃分為保守型、穩健型、激進型。

注意
　　如果你對風險的承受能力較弱，就需要多設定一些保守型資產和穩健型資產；如果你對收益要求較高，就需要多設定穩健型資產和激進型資產。

投資組合並不是一成不變的，而是因人而異的，並且需要根據資本市場行情動態調整。在大部分的情況下，股市與債券的相關係數大約為 0.6，如果股市比較低迷，那麼債券市場會相對比較火爆。例如，在 2008 年股市低迷時，債券市場風生水起。

客觀地講，擺在投資者面前的工具，並不只有投資組合，還有品種選擇和市場擇時，但對大多數人而言，真正有用的只有投資組合。

但是人們往往醉心於在品種選擇與市場擇時中找「聖杯」，如果這個市場真的有規律，那麼這些規律遲早會被智商很高、又很努力的人發現，他會賺到市場中絕大多數錢，直到壟斷整個市場。可事實呢？華爾街迄今已經幾百年了。

總之，投資是一種具有極高不確定性的行為，任何風險會在任何時候一觸即發，所以投資組合絕對不能缺席，因為在崩盤的時候會讓你稍微好過一些，而且在最應該買入的時候，也能產生足夠的現金。

7.5 溫故知新

學完本章內容，讀者需要回答：

1．期貨市場有哪些風險？

2．正向馬丁格爾策略和反向馬丁格爾策略有什麼區別？

3．如何計算凱利公式？

4．如何建構投資組合？

在下一章中，讀者會了解到：

1．設定止損的正確方法。

2．量化交易與基本面資料。

3．常用的數理知識。

Chapter

8

交易技巧及交易理念

華羅庚在談讀書方法時提道：「讀書是由薄到厚再由厚到薄的過程。」交易與之類似，剛開始什麼都不懂，自然很「薄」，等到入門發現需要學習的內容很多，就感到很「厚」，隨著日積月累，理解了交易的核心，昇華到交易理念，又變得很「薄」。

8.1 常用的止盈、止損方法

你是否有過這樣的經歷：當價格朝開倉的反方向移動時，你認為是小幅度回呼，當價格繼續移動時，你認為調整這麼多了，價格也該反轉了吧。但如果行情繼續如此反覆下去，一般人不能忍受這樣快速且長時間的回撤。這時「止損」也許是多數人心中所想並執行的。

8.1.1 止損的成本

止損是有成本的。例如，在止損之後，接著出現了一段非常迅速的行情。回頭一看，止損止到了低谷，結果明明是賺錢的單子，卻以止損提前離場，還白白損失了前幾次的試錯成本。面對這種情況，不僅資金縮水，還會有一種被左右愚弄的痛苦。尤其是在連續出現幾次這樣的情況後，對自信心的打擊是難以承受的。

曾經有家機構做過統計：在止損後，大約有 80% 的機率，價格會重返原點附近。換句話說，大約有 80% 的止損是錯誤的，如果不止損，則有大約 80% 的機率不僅不會虧損，還會小賺。如果將週期拉得足夠長，大部分股票、債券、商品、外匯的價格都會在一個大的範圍內上下波動，畢竟趨勢行情的占比還不足三分之一。

那麼，在行情中間，無論是多，還是空，我們的單子在被套後，只要不止損，就都能扛過來，甚至能獲得一些利潤。既然如此，為什麼要傻乎乎地止損呢？

8.1.2 止損的意義

假如沒有止損，卻真的碰到反向的大行情，那麼資金遭到重創，回本豈不是更加困難了？如表 8.1 所示，在本次交易虧損 10% 後，下次交易需要盈利 11% 才能回本，在本次交易虧損 50% 後，下次交易需要盈利 100% 才能回本。也就是說，虧損幅度越大，越難回本。

表 8.1 虧損與盈利

虧損	10%	20%	30%	40%	50%	60%	70%	80%	90%	100%
盈利	11%	25%	43%	67%	100%	150%	233%	400%	900%	∞

如果在必要的時候沒有止損，而是心存僥倖，期待價格能回歸，就會更難回本。因此，交易一定要堅決止損。你下次回歸到成本的難度，取決於你上次是否保護好了你的本金。賺多少取決於市場，虧多少通常取決於自己。

雖然 80% 的止損都是錯誤的，但是為了避免 80% 的錯誤不止損，那麼在剩餘的 20% 行情中，如果遇到反向大行情或大調整、大反彈，就容易「死亡」。因此，在大部分情況下，我們止損並不是我們方向錯了，而是控制損失的需要。

在市場中，鱷魚法則就是，當你發現自己的交易背離了市場的方向時，必須立即止損，不得有任何延誤，不得存有任何僥倖心理。「鱷魚吃人」聽起來很殘酷，但市場就是一個殘酷的地方。

8.1.3　如何止損

　　既然要止損，那麼如何止損，虧多少才止損，是固定數額、固定百分比，還是動態止損？筆者認為，止損是對結果和演進路徑都不確定事物的利用方法，可以幫助我們取得好的一面，捨棄壞的一面。正確的止損策略需要建立新的未來觀。下面介紹幾種止損方法。

　　第 1 種：價格止損，程式如下：

```
if 現價 > (1 + X%) * 開倉價:
    平倉止盈
elif 現價 < (1 - Y%) * 開倉價:
    平倉止損
else:
    繼續持倉
```

　　將買入價或持倉均價設定為止損價，一旦價格漲幅超過 X% 或跌幅超過 Y%，就賣出。價格止損是一個具有固定止損價位的止損方法，這種方法存在一些弊端，因為止損標準和行情本身沒有太大連結，所以很有可能出現剛剛離場，行情就出現反轉的情況。

　　第 2 種：時間止損，程式如下：

```
if 持倉時間 > X 天 and 漲幅 < Y%:
    平倉止損
else:
    繼續持倉
```

　　時間也是有價值的，如果在一定時間內的收益低於一個預設值，就認為該交易低於預期，選擇賣出。時間止損是一個非常簡單的止損方法，由於止損線是固定的，因此該方法不能極佳地減少回撤。

　　第 3 種：移動止損，程式如下：

```
X = 允許的最大回撤
if 現價 < 持倉週期內最高價 * (1 - X%):
    平倉止損
else:
    繼續持倉
```

移動止損比較客觀，其考慮的是價格的回撤，如果價格回撤大於某預設值 X% 就將其賣出。移動止損的止損價會隨著最高價的創新高而變化。

> **注意** 因為移動止損的止損標準和行情發展有密切的邏輯關係，並且能覆蓋止盈策略，所以是很多交易老手常用的方法之一。但因為移動止損是結合具體行情決定的，所以不像固定止損那樣可以將每一筆交易的虧損控制在一定數額內。因此該方法要求進場點的選擇要更準確、風險更小。

第 4 種：階梯止損，程式如下：

```
X = fx( 開倉後最高價 , 初始止損價 , 階梯長度 , 階梯變化率 )
if 現價 < X:
    平倉止損
else:
    繼續持倉
```

階梯止損是另一種移動止損方法。止損價會根據持股週期內最高價的變化而變化。與移動止損不同的是，階梯止損止損價的計算方法略有不同。

第 5 種：時間 + 階梯止損，程式如下：

```
X = fx( 持倉週期 , 期望回報率 )
if 現價 < X:
    平倉止損
else:
    繼續持倉
```

時間 + 階梯止損是將「時間有價值」和「移動止損」這兩種思路結合在一起的方法。止損價會隨著持股週期的變化而變化，一旦跌破止損價，就賣出。因為這種止損方法相容了一些主觀成分，所以最好和其他方法結合起來使用，從而保證在止損上做到「軟硬兼施」。

8.1.4 止損的本質

止損是必要條件，不是充分條件。止損是整個交易系統中的一個分支，前提是有一個正期望的交易系統，否則止損只會讓你虧損得慢些。交易中八成的止損是雜亂無序的波段造成的。

人生和投機一樣，大部分都是自己打敗自己。止損要止得適當才是成功的止損，頻繁地止損只會讓人一點點步入失敗的泥沼。可以這樣說，止損本質上是對市場的敬畏、對不確定性的承認、對市場的尊重。

會不會買只是我們能賺多少的因素之一，而會不會止損是我們能虧多少的全部因素。未來是不確定的，錯誤的持倉，未必就是錯誤的方向。止損雖不能決定市場，但能界定你面對怎樣的市場。

如果將交易比作生活，那麼市場中所有的價格都是合理的，如同我們無法在生活中決定什麼應該存在，我們也無法決定市場的價格應該是什麼。但我們可以決定我們能在生活中做什麼，在市場中做什麼。在生活中的底線，就如同在市場中的止損一樣。

8.1.5　正確的止盈

俗話說：「會買是徒弟，會賣才是師傅」。交易是一個系統工程，止盈也是這個系統中的一部分。止盈分為固定止盈、移動止盈、分批止盈。所謂固定止盈，就是設定一個止盈目標，如設定盈利 10% 止盈，這種止盈方式與止損方式類似，當盈利超過 10% 時，即可止盈出局。

但對於趨勢追蹤策略，如果以固定止盈作為唯一的出場方式，就違背了「讓利潤奔跑」的初衷，所以較為有效的止盈應該是移動止盈和分批止盈，或者一部分倉位固定止盈，另一部分倉位移動止盈。

8.1.6　如何止盈

下面介紹幾種止盈方法。

第 1 種：在固定點位止盈。

在固定點位止盈是最簡單的一種止盈方法，如在開倉後盈利 100 個點止盈，範例程式如下。需要注意的是，每一波行情所釋放的能量都不相同，價格會上漲多少點、回撤多少點，都不是固定的數值，這種止盈方法嚴格來說不是科學的方法。

```
# 多頭
if 現價 - 開倉價 > 100:
    平倉止盈

# 空頭
if 開倉價 - 現價 > 100:
    平倉止盈
```

第 2 種：在固定百分比止盈。

在固定百分比止盈與在固定點位止盈的原理類似，只不過是以百分比的形式計算止盈價格的。例如，在多頭持倉時，如果當前價格與開倉價格的商大於 10%，則止盈；在空頭持倉時，如果開倉價格與當前價格的商大於 10%，則止盈，程式如下：

```
# 多頭
if 現價 / 開倉價 > 0.1:
    平倉止盈

# 空頭
if 開倉價 / 現價 > 0.1:
    平倉止盈
```

第 3 種：根據價格回落幅度止盈。

如果當前浮盈比開倉後最大浮盈減少了一定的比例，則可以認為價格在見頂後開始回落，此時可以選擇落袋為安。例如，在開倉後記錄並更新最大浮盈，如果當前浮盈與歷史最大浮盈的商小於 10%，則止盈，程式如下：

```
if 當前浮盈 / 歷史最大浮盈 < 0.9:
    平倉止盈
```

第 4 種：技術形態止盈。

以均線為例，10 日均線為短期均線，50 日均線為中期均線，100 日均線為長期均線。如果價格向上突破 100 日均線，則開多倉；如果價格跌破 10 日均線，則止盈一半倉位，剩下一半倉位在跌破 50 日均線後全部平倉，程式如下：

```
# 多頭
if 價格 > MA100:
```

```
    多頭開倉
if 價格 < MA10:
    多頭平倉一半
if 價格 < MA50:
    多頭平倉一半

# 空頭
if 價格 < MA100:
    空頭開倉
if 價格 > MA10:
    空頭平倉一半
if 價格 > MA50:
    空頭平倉一半
```

　　技術形態止盈的方法遠不止於此，也可以利用布林帶指標的上、中、下軌作為止盈、止損的依據，或者參考真實波動幅度均值（ATR），在開倉價格的基礎上，以正負 2 倍 ATR 設定止盈、止損。

8.2　量化交易與基本面資料

　　在期貨交易市場，關於技術分析和基本面分析誰好誰壞的爭論從來沒有停止過。技術分析者認為價格已經包含了一切，相信未來價格還會以趨勢方式演變，只關心圖表上價格行為本身的變化，判斷它能賣多少錢。基本面分析者認為真正的價值最終會反映在價格上，並不需要關心短期價格走勢，更傾向於分析影響價格的基本面因素，根據基本面因素判斷期貨價格。

8.2.1　常用的基本面資料

　　影響期貨價格的基本面因素非常多，包括宏觀因素、品種因素、其他因素。如果要細分的話會多達幾十項，並且這些因素是不停變化的。

- 宏觀因素：宏觀政策、產業政策、政治因素、外匯匯率、經濟週期、貨幣政策等。
- 品種因素：升水貼水、供需關係、商品庫存、產業利潤等。
- 其他因素：季節因素、天氣因素、新聞事件、市場情緒等。

要綜合分析這些因素綜合產生的結果,首先需要獲取與之連結的資料,這些資料必須是全面、準確的,否則只會得出片面的結果。但對個人交易者來說,準確獲取這些龐大的資料似乎是力所不及的事情,那麼有沒有適合散戶的基本面分析法呢?

8.2.2 基本面分析鐵三角

根據奧卡姆剃刀原則,期貨的基本面分析只要抓住核心要素,就能從錯綜複雜的資訊中找出規律。宏觀經濟資料複雜多變,每時每刻,地球上都有大量的經濟資料公佈,各國政界、央行、投行,官方的和非官方的。除了政治和經濟危機外,宏觀分析是聊天的好材料,實用性不強。此外,季節因素、天氣因素、新聞事件、市場情緒等,本身就是無法精確分析預測的。所以散戶只需將精力放在品種因素上。

期貨是現貨未來的價格,理論上期貨到期時的價格應該約等於現貨價格,期貨價格高於現貨價格的現象稱為期貨升水,期貨價格低於現貨價格的現象稱為期貨貼水。期貨和現貨的價格都是公開的資料,可以計算出是升水還是貼水,從而判斷期貨未來的大概價值。

注意
　　相同的品種在現貨市場與期貨市場的價格差稱為基差。無論是期貨升水,還是期貨貼水,隨著交割日期的臨近,期貨價格和現貨價格都會趨於一致,有時候是現貨向期貨回歸,有時候是期貨向現貨回歸,更多時候是期貨和現貨雙向回歸。

影響商品現貨價格的因素雖然有很多,但最終大都表現在供需關係上。如果買者多於賣者,價格就會上漲;如果賣者多於買者,價格就會下跌。商品期貨大致上可以分為農產品和工業品。期貨圈子中流傳著這樣一句話:「農產品看供給,工業品看需求。」農產品是剛需,需求是相對穩定的,決定價格的因素主要看供給;工業品是下游需求帶動的,並且基本都產能過剩,因此決定價格的因素主要看需求。

雖然在實際操作中很難獲取工業品的需求資料,也很難計算出農產品的供給資料，但是價格波動依賴於供給與需求的相互作用，這種相互作用的結果就是庫存。如果庫存處於低位，則說明市場供不應求，需求量大於供給量，未來價格看漲；如果庫存處於高位，則說明市場供大於求，供給量大於需求量，未來價格看跌。

倉單是指交易所的交割倉庫在入庫現貨後開具的標準倉單，它反映的是交易所公佈的庫存數量。當期貨價格較高時，現貨商就會註冊倉單，然後在市場上銷售。根據這個原理，我們可以反推出期貨的交易方向。

- 期貨多頭：如果倉單大量減少，則說明期貨價格低於現貨價格，應該做多。
- 期貨空頭：如果倉單大量增加，則說明期貨價格高於現貨價格，應該做空。

此外，可以利用倉單判斷庫存。倉單既可以註冊，又可以登出，當期貨主力想讓價格上漲時，會將持有的註冊倉單登出掉，改變交易所公佈的庫存數量，造成交割貨物不足的假像，從而影響期貨價格上漲的預期。當期貨主力想讓價格下跌時，會註冊倉單，造成交割貨物增多的假像，從而被動影響期貨價格下跌。

庫存、基差、倉單就是基本面分析的三大因素。有些做基本面分析的朋友可能還會加上產業利潤、技術分析，增加窺視市場的維度，因為知道更多資訊，用更多的角度去觀察市場，可以做出更好的決策。基本面交易策略的條件如下。

- 多頭：貼水 + 低庫存 + 倉單減少。
- 空頭：升水 + 高庫存 + 倉單增加。

8.2.3　獲取基本面資料

接下來用程式獲取基本面資料，首先匯入必要的協力廠商函數庫，然後在 main() 函數中建立 3 個基本面資料圖表設定變數，接著分別呼叫基差、庫存、倉單函數獲取資料，最後將這些資料增加到圖表中並列印出來。

```
# 匯入協力廠商函數庫
import requests
from bs4 import BeautifulSoup
import time
import datetime
import json

# 建立全域變數
diff_data = reserve_data = receipt_data = 0

# 時間戳記轉換函數
def to_timestamp(date_str):
    time_array = time.strptime(date_str + " 00:00:00", "%Y-%m-%d %H:%M:%S")
    return int(round(time.mktime(time_array) * 1000))

# 時間序列轉換函數
def date_arr(year, month, day):
    begin, end = datetime.date(year, month, day), datetime.date.today()
    arr = []
    for i in range((end - begin).days + 1):
        day = begin + datetime.timedelta(days=i)
        arr.append([str(day).replace('-', ''), str(day),
                    day.weekday() + 1, to_timestamp(str(day))])
    return arr

# 獲取基差資料
def spot_futures_diff_data(date, futures_name):
    global diff_data
    url = f"http://www.100ppi.com/sf2/day-{date}.html"
    try:
        url_text = requests.get(url).text
    except BaseException:
        return int(diff_data)
    soup = BeautifulSoup(url_text, "html5lib")
    if len(soup.select("#fdata")) > 0:
        results = soup.select("#fdata")[0]
        for i in results.find_all('tr'):
            if len(i.find_all('td', text=futures_name)) > 0:
                data = i.find_all('font')[0].text
                if data is not None:
                    diff_data = data
    return int(diff_data)

# 獲取現貨價格
def spot_data(date, futures_name, url_type, types):
    global reserve_data, receipt_data
    data_type = reserve_data if types == 'WHSTOCKS' else receipt_data
```

```python
    url = f'http://www.shfe.com.cn/data/dailydata/{date}{url_type}.dat'
    try:
        url_text = requests.get(url).text
    except BaseException:
        return data_type
    total = count = 0
    if url_text[0] == '{':
        for i in json.loads(url_text)['o_cursor']:
            if futures_name in i['VARNAME']:
                if ' 合計 ' not in i['WHABBRNAME']:
                    if ' 總計 ' not in i['WHABBRNAME']:
                        try:
                            inventory = int(i[types])
                        except BaseException:
                            return data_type
                        if inventory > 0:
                            total, count = total + inventory, count + 1
        if count > 0:
            data_type = int(total / count)
    return data_type


# 策略入口函數
def main():
    # 建立基差圖表設定變數
    cfgA = {
        "extension": {"layout": 'single', "col": 4, "height": "500px"},
        "title": {"text": " 基差圖表 "},
        "series": [{"name": " 基差 ", "data": []}]
}
    # 建立庫存圖表設定變數
    cfgB = {
        "extension": {"layout": 'single', "col": 4, "height": "500px"},
        "title": {"text": " 庫存圖表 "},
        "series": [{"name": " 庫存 ", "data": []}]
}
    # 建立倉單圖表設定變數
    cfgC = {
        "extension": {"layout": 'single', "col": 4, "height": "500px"},
        "title": {"text": " 倉單圖表 "},
        "series": [{"name": " 倉單 ", "data": []}]
    }
    LogReset()                                   # 清空 Log 日誌資訊
    chart = Chart([cfgA, cfgB, cfgC])            # 建立圖表物件
    chart.reset()                                # 清空圖表內容
    for i in date_arr(2018, 1, 1):               # 迴圈遍歷時間序列
        # 分別獲取基差、庫存、倉單資料
        diff = spot_futures_diff_data(i[1], ' 天然橡膠 ')
```

```
reserve = spot_data(i[0], '天然橡膠', 'weeklystock', 'WHSTOCKS')
receipt = spot_data(i[0], '天然橡膠', 'dailystock', 'WRTWGHTS')
if diff != 0 and reserve != 0 and receipt != 0:
    # 在基差、庫存、倉單圖表設定變數中加入資料
    chart.add(0, [i[3], diff])          # 在基差圖表設定變數中加入資料
    chart.add(1, [i[3], reserve])       # 在庫存圖表設定變數中加入資料
    chart.add(2, [i[3], receipt])       # 在倉單圖表設定變數中加入資料
    chart.update([cfgA, cfgB, cfgC])    # 更新圖表物件
    time.sleep(1)                        # 休眠
    Log(f' 基差：{diff} 庫存：{reserve} 倉單：{receipt} 日期：{i[1]}')
```

8.2.4 繪製基本面資料圖表

上面的程式分別獲取了基差、庫存、倉單等資料，然後利用 Python 中的 Highcharts 函數庫將這些資料繪製出來，如圖 8.1 所示。

基本面分析和技術分析探究的是同一個市場，只是站的角度不同。沒有人可以僅從一個角度進行分析，就能窺視市場全部。我相信二者相加是大於二的，因為能知道更多資訊，從更多的角度去觀察市場，從而做出更好的決策。

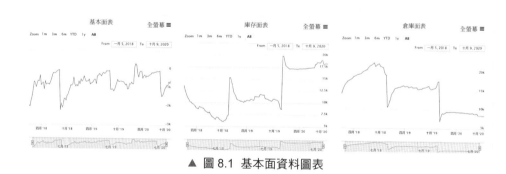

▲ 圖 8.1 基本面資料圖表

8.3 交易中常用的數理知識

交易是一門藝術，涉及對經濟的分析、政策的判斷、人性的理解。交易是一門嚴謹的科學，涉及隨機微積分、機率統計、最佳化理論。交易中常用的數理知識有以均價為基準的 VWAP 演算法、以固定時間間隔執行的 TWAP 演算法、趨勢跟隨的 Momentum Trader 等。

8.3.1 VWAP 演算法

VWAP 演算法主要用於將大額委託單在間隔時間段內拆分成小的委託單並分批交易,從而使最終買入或賣出成交均價儘量接近這段時間內整個市場成交均價。它是量化交易系統中的一個常用基準,其作用是減少自身大額訂單對市場的衝擊,最低化交易成本。VWAP 演算法的計算公式如下:

$$Vwap = \frac{\sum_{i=1}^{n} price_i \times volume_i}{\sum_{i=1}^{n} volume_i}$$

VWAP 演算法可以根據歷史成交量預測出未來的成交量,並且結合總成交量和拆單時間段等條件,將大額委託單分割成許多小的委託單,在指定的時間段逐步發送出去。使用 VWAP 演算法可以提高訂單的執行效率,增強大額訂單的隱蔽性。

8.3.2 TWAP 演算法

與 VWAP 演算法不同的是,TWAP 演算法主要用於將大額委託單平均地分配到交易時段上,並且在每個時間段上提交拆分後的訂單。例如,將一天的交易時間分為 N 段,將大額委託單平均分配在 N 個時間段上,TWAP 演算法會在每個時間段內執行委託交易。TWAP 演算法的計算公式如下:

$$Twap = \frac{\sum_{i=1}^{n} price_i}{n}$$

TWAP 演算法並不考慮成交量因素,其基準是交易時段的平均價格,目的是降低交易成本。在分時成交量無法準確估計的情況下,TWAP 演算法模型可以較好地達到演算法交易的基本目的。

注意 當委託的訂單過大時,即使採用 TWAP 演算法將訂單拆分到每個時間段內,也會出現下單量較大的可能,當市場流動性不足時,依然有可能對市場造成衝擊。

8.3.3 布朗運動

布朗運動是一種非常簡單的連續隨機過程，是描述期貨價格隨機運行的模型，普遍應用於不可預測、隨機遊走的金融市場。很多科學領域都涉及布朗運動。二維布朗運動和一維布朗運動如圖 8.2 所示。

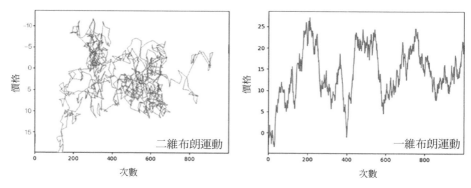

▲ 圖 8.2 二維布朗運動和一維布朗運動

儘管影響股票價格漲跌的原因有很多，但價格的運動並不是「完全隨機遊走」。每個因素的影響力通常被回饋力牽制（索羅斯的反身性），市場不但有正回饋機制，還有負反饋機制。在大部分的情況下，價格會有各種正、負反饋機制，導致正態分佈建模的前提不再成立。因此，可以將價格看作一種帶「漂移」的布朗運動。

8.3.4 維納過程

在數學中，維納過程是一種連續時間內的隨機過程，與物理學中的布朗運動有密切關係。在金融數學中，可以使用維納過程描述期權定價模型。一維維納過程如圖 8.3 所示。

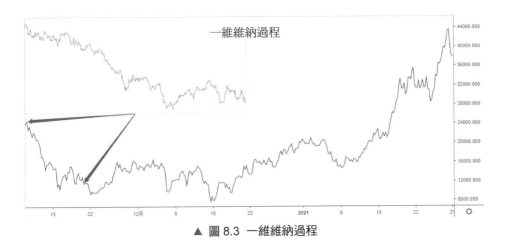

▲ 圖 8.3 一維維納過程

如果在一個馬可夫過程中，增量的機率分佈服從一個關於時間 t 的正態分佈，那麼將這個過程稱為維納過程或布朗運動。維納過程的表示方法如下：

$$\Delta x \sim N\left(a\Delta t, b^2\Delta t\right)$$

維納過程本質上是伊藤過程的一個特殊形式。維納過程可以基於 Donsker 定理，用隨機漫步或任意擁有平穩獨立增量的離散隨機過程的尺度極限構造。

8.3.5 伊藤引理

在金融學中，布朗運動是描述價格隨機波動的基本模型，伊藤引理則提供了隨機過程函數的微分框架，對期權定價有非常重要的意義。透過伊藤引理可以得到期權價格的隨機微分方程，從而得到期權價格模型。

以拋硬幣為例，假如有一枚正面和反面一樣重的硬幣，正面朝上贏 1 元，反面朝上輸 1 元。一共拋了 N 次（次數足夠多），截取前 N-1 次拋硬幣的所有結果，可以發現結果服從正態分佈。

拋硬幣是一個獨立事件，其結果與其他任意一次拋硬幣的結果無關。如果將價格分解為預期收益和波動率兩部分，並且預期收益率和波動率是確定的，那麼可以用隨機變化表示價格的變化。期權的 BS 公式就是一個很好的例子。

8.3.6 馬可夫過程

在概率論及統計學中，馬可夫過程是一個具備馬可夫性質的隨機過程。馬可夫過程是不具備記憶特質的。換言之，馬可夫過程的條件機率只與系統的當前狀態有關，與它的過去歷史或未來狀態無關。

> **注意** 馬可夫過程時點前和時點後的取值是相互獨立的，也就是說，下一分鐘發生的事情，完全不受歷史時期的變動影響，只與現在的狀態值有關。

使用馬可夫過程的優勢是，在對未來做預測時，完全可以不用看歷史價格，只關注當前價格即可。因為這樣預測的資料具有不確定性，所以預測結果是一個機率分佈的形式。假設豆粕在時點 n 的價格為 S_n，對下一個時點 $n+1$ 而言，其價格 S_n+1 的條件機率並不取決於時點 n 之前的歷史價格，計算公式如下：

$$P(S_{n+1} = x | S_1 = x_1, S_2 = x_2, \ldots) = P(S_{n+1} = x | S_n)$$

在上述公式中，$S_1, S_2, S_3, \ldots, S_n$ 是一個馬可夫過程。其中 x_i 是一個狀態價格，其取值範圍稱為狀態空間。上述公式針對的是離散的馬可夫過程。連續的馬可夫過程的計算公式如下：

$$P(S_{n+1} \leq x | S_1 = x_1, S_2 = x_2, \ldots) = P(S_{n+1} \leq x | S_n)$$

8.4 建立機率思維，提升交易格局

期貨有很多種交易方法，如價值投資、技術分析、事件熱點、套利對沖等。價值投資的優勢是可以根據價值給價格波動劃分一個安全邊際，技術分析的優勢是三大假設使交易具有一定的科學性。但它們都有一個共同的特點，那就是對未來的價格分析只能做大概預測，不能做精準預測。即使將基本面分析與技術分析相結合，也不能解決提高「精準度」的問題。因此，交易自始至終都是一個機率遊戲。

8.4.1 交易來自生活

在我們的生活中，小到過馬路、交什麼樣的朋友，大到從事什麼樣的事業、跟什麼人結婚，都是評估風險與回報的機率遊戲。對於任意一件事情，因為我們沒有未卜先知的能力，所以即使有很大把握，也是存在風險的。

許多人在交易過程中犯錯的重要原因是缺少機率思維，在做交易時過於感性，不夠理性。感性是我們的原始本能，在市場中，這些原始本能可以激發人的許多弱點，並且成倍放大。

8.4.2 機率思維

機率思維通俗點説就是賭博思維。如果你的策略是負期望，就是賭徒；如果你的策略是正期望，就是賭博。

如果將「賭博」中的貶義去掉，將之理解為承擔一定風險而獲得一定回報的活動，那麼人生處處是賭博，如上學選擇哪個專業、買不買房、專案上不上馬、是打工還是創業等。總之從搖籃到墳墓，生命的每個過程都是在賭博。

8.4.3 久「賭」必贏

在研究久「賭」必贏策略之前，先來研究一下，那些久「賭」必贏策略的原理。除了印鈔機，還有什麼是能久「賭」必贏的呢？

賭場裡面的百家樂、輪盤賭、老虎機、21 點等，不管怎樣變換形式，都隱藏著一個賭場從來不説的秘密：在 1 比 1 的賠率下，莊家的勝率總是大於 50% 的。舉個例子，有 3 個骰子，點數是 4～10 為小，點數是 11～17 為大，如果押對了，就贏錢。有一種情況成為圍骰，就是 3 個骰子點數相同，這時賭場莊家通殺。圍骰出現的機率是 2.8%，出現大和出現小的機率各是 48.6%。如果每個賭客每局都押 100 元，那麼利用這 2.8% 的機率，玩 100 局，賭場大約能贏 280 元。具體計算公式如下：

$$(0.486 + 0.028) \times 100 \times 100 - 0.486 \times 100 \times 100 = 280$$

這個賭場策略是有漏洞的，如果有一個玩家心血來潮押了幾百億元，又恰好贏了，賭場就一下子破產了。所以，賭場會設定一個押注上限，如果超過這個上限，就不能押注了，並且一次一結帳。這樣，就算賭客可能一時運氣好贏錢了，在多次的骰寶遊戲中，賭客還是會輸掉大約 2.8% 的錢。

賭場的優勢僅僅比賭客多 2.8%，在單次賭博中，賭場可能是虧損的，甚至可能遇到連續虧損的情況。但是根據大數定律，只要有人繼續在賭，只需要 2% 的微弱優勢，就能長期穩定地盈利下去。

8.4.4 機率的變化

假設有一個正、反面一樣重的硬幣，拋出字（背面）和花（正面）的機率都是 50%，而且每次拋硬幣與前次結果無關。連續拋 10,000 次這個硬幣，那麼出現正面的機率約等於 50%。

但是如果只拋 10 次，則出現正面的機率就變了，這個機率就不一定約等於 50% 了。所以賭場莊家必須保證觸發這個正期望策略的次數足夠多，這個正期望的策略才有效。這也是私募機構在開啟量化交易策略時，除非有特殊條件，否則不會停止策略的原因。

8.4.5 交易中的大數定律

在理解了賭場必賺的原因後，就可以將這些經驗應用於期貨市場。

- 在技術面或基本面，只做有勝率優勢的交易。
- 長期來看勝率很難超過 50%，所以策略的賠率越大越好。
- 賭場每次投注都有上限，做交易也要設定止損點。
- 賭場每次投注都是獨立的事件，交易也一樣，當次交易應該與上次交易無關。
- 交易次數要足夠多，才能發揮大數定律的優勢，最好採用多品種、多策略的方法。

賭場不會因為某次或多次虧損而修改它的規則，量化交易也是這樣的。

如果交易策略是已經驗證過的正期望策略，那麼單筆的盈虧沒有意義，甚至連續幾次交易盈虧的意義也不大，只要交易的次數足夠多，最後的結果一定是賺錢的。大數定律對具有機率思維的交易者非常有幫助，因為知道贏錢是必然的結果，就不會受中間過程的浮盈、浮虧困擾，從而提高策略的執行率。

8.5 溫故知新

學完本章內容，讀者需要回答：

1‧常用的止損方法有哪些？

2‧基本面分析的三大因素是什麼？

3‧如何在交易中久「賭」必贏？

Note

Note

深智數位
股份有限公司